欧·亨利
小说全集

The
Complete
Stories
by
O. Henry

6

剪亮的灯盏
+毫不通融

〔美〕欧·亨利——著

王永年——译

人民文学出版社
PEOPLE'S LITERATURE PUBLISHING HOUSE

目　次

剪亮的灯盏

剪亮的灯盏………3
麦迪逊广场的天方夜谭………17
苏格兰威士忌的《鲁拜集》………24
钟摆………31
两位感恩节的绅士………37
良知未泯………43
加克图斯市来的买主………50
警察奥伦的徽章………57
砖粉街………62
一个纽约人的诞生………71
虚荣心和貂皮………77
社会三角………85
紫衣………91
九九消防队的对外政策………97
遗失的配方………104
哈莱姆的悲剧………110
"有罪的当事人"………117
人各有志………125

仲夏侠之梦………132

最后的常春藤叶………138

伯爵和婚礼客人………145

遁世的地方………152

失之交臂………161

一张肮脏的十元钞票的自白………166

埃尔西在纽约………173

毫不通融

毫不通融………183

闪亮的金子………195

丛林中的孩子………204

复活的日子………211

第五个车轮………219

诗人和乡巴佬………231

安宁的长袍………238

姑娘和骗局………242

驯性的呼唤………249

未知数………256

人生如戏………262

失而复得………270

市政报告………282

灵魂与摩天大楼………300

巴格达的鸡………307

恭贺佳节………315

新天方夜谭………325

目　　次

姑娘和习惯………*340*

空谈不如实验………*347*

午夜一点钟后………*358*

风险家………*372*

决斗………*384*

"人各有志"………*390*

剪亮的灯盏

剪亮的灯盏

当然,这个问题有两方面。我们看看问题的另一方面吧。我们时常听人说起"商店女郎"。事实上这种人是不存在的。只有在商店里售货的女郎。那是她们赖以糊口的职业。为什么要把她们的职业作为形容词呢?我们应当讲点公道。我们可没有把五马路的姑娘们说成是"结婚女郎"呀。

卢和南希是好朋友。她们来这个大城市里找工作是因为家乡不够吃的。南希十九岁,卢二十岁。两人都是漂亮的、好动的农村姑娘,都没有登上舞台的野心。

高高在上的小天使指点她们找到了便宜而体面的寄宿所。两人都找到了工作成了雇佣劳动者。她们仍旧是好朋友。一晃过了六个月,我才请你们上前一步,给你们介绍介绍。爱管闲事的读者啊,这两位是我的女朋友,南希小姐和卢小姐。你同她们握手的时候,请注意她们的装束——不过别露痕迹。是的,别露痕迹,因为她们和赛马场包厢里的贵妇人一样,遇到别人瞪着眼睛看她们的时候,也会不高兴的。

卢在一家手工洗衣店当熨衣工,拿计件工资。她穿着一件不称身的紫色衣服,帽子上的羽饰比应有的长出了四英寸;她的貂皮手筒和围脖值二十五元,但是在季节过去之前,它的同类产品在橱窗里的标价为七元九角八分。她面颊红润,淡蓝色的眼睛晶莹明亮。她浑身散发着心满意足的气息。

至于南希呢，你会管她叫商店女郎的——因为你已经养成了习惯。商店女郎是根本不存在的；但是一些顽固的人总是要寻找典型，那么就算南希是个典型吧。她把头发梳成蓬松高耸的庞巴杜式，脸上显出一副矫枉过正的严肃神情。她的裙子的质料相当差，式样却很合时。她没有皮大衣来抵御料峭的春寒，但穿着一件绒毛呢的短大衣，趾高气扬的样子仿佛那是波斯羔羊皮做的。无情的寻找典型的人啊，她脸上和眼睛里流露出来的就是典型的商店女郎的神情。那是对虚度芳华的沉默而高傲的反抗，抑郁地预言着即将到来的报复。即使在她开怀畅笑的时候，那种神情依然存在。同样的神情可以在俄罗斯农民的眼睛里看到，等到加百列吹响最后审判的号角时，我们中间还活着的人在加百列脸上也可以看到。那种神情原应该使男人们自惭形秽，但他们老是嬉皮涎脸，别有用心地奉献鲜花。

现在你可以掀掀帽子，走你的路了。你已经接受了卢的愉快的道别和南希的讥讽而又甜蜜的微笑。不知怎么搞的，那种微笑仿佛从你身边擦过，像白蛾子似的扑翼飞过屋顶，直上云霄。

她们俩在街角上等丹恩。丹恩是卢的好朋友。你问他忠实吗？嗯，如果玛丽需要招用十来个传票送达员去寻找她的羔羊时，丹恩总是在场帮忙的。

"你冷吗，南希？"卢说，"你在那家老铺子里干活，每星期只有八块钱工资，真是个傻瓜！我上星期挣了十八块五。当然，熨衣服的活儿不如在柜台后面卖花边那么气派，但是能挣钱。我们熨衣工每星期至少挣得到十块钱。并且我认为那也不是不光彩的工作。""你干你的好啦，"南希翘起鼻子说，"我甘愿一星期拿八块钱，住过道间。我喜欢待在有好东西和阔人来往的地方。何况我的机会有多好啊！我们手套部的一个姑娘嫁给了一个匹茨堡来的——炼钢的人，或者铁匠——或者别的什么——身价足足有一百万呐。总有一天,我自己也会找到一个阔佬。我倒不是在夸耀我的长相或者别的长处,可是既然有大好机会,我总得碰碰运气。待在洗衣作里有什么出息呢?"

"不见得吧,我就是在洗衣作里碰到丹恩的,"卢得意洋洋地说,"他那次来取他星期日穿的衬衫和领子,看见我在第一张台子上熨衣服。我们洗衣作里的姑娘都希望在第一张台子上干活。那天艾拉·马金尼斯病了,我顶了她的位置。丹恩说他一眼就注意到我的胳膊是多么丰满,多么白皙。我是把袖管卷起来干活的。来洗衣作的也有上等人。你从他们把衣服藏在手提箱里突然溜进来的样子,就可以认出他们。"

"你怎么能穿那样的坎肩呢,卢?"南希说,她眯缝着眼睛,关心而又责备地盯着那件惹厌的衣服,"它说明你的审美力太差啦。"

"这件坎肩吗?"卢睁大眼睛愤愤地说,"嘿,这件坎肩花了我十六块钱呢。事实上要值二十五块。一个女人送来洗熨,再也没有来取。老板把它卖给了我。上面的手工刺绣有好几码呢。你还是评评你自己身上那件又难看又素淡的东西吧。"

"这件难看素淡的东西,"南希不动声色地说,"是按照范·阿尔斯丁·费希尔太太身上一套衣服的式样缝制的。店里的女同事们说,去年她在我们店里买了一万两千块钱的东西。我这件是自己做的,花了一块五。你在十步以外简直看不出我这件同她那件有什么区别。"

"哦,好吧,"卢温和地说,"假如你愿意饿着肚子摆阔,尽管请便。我还是干我的活儿,拿我的好工资,干完活以后,在我经济条件许可的情况下替自己添置一些花哨好看的衣服。"

这当儿,丹恩来了,他是电工,周薪三十元,戴着活扣领带,显得少年老成的样子,丝毫没有城市的轻浮习气。他以罗密欧般的悲切眼色瞅着卢,并且认为她那件绣花坎肩是一张任何苍蝇都愿意黏上去的蜘蛛网。

"这位是我的朋友,欧文斯先生——跟丹佛斯小姐握握手吧。"卢说。

"认识你十分高兴,丹佛斯小姐,"丹恩伸出手说,"我时常听到卢提起你。"

"多谢,"南希冷冰冰地用指尖碰碰丹恩的手指说,"我也听到她提起你——有那么几次。"

卢吃吃地笑了。

"你那种握手的方式也是从范·阿尔斯丁·费希尔太太那儿学来的吗,南希?"她问道。

"如果我是学来的,你更可以放心大胆地照搬。"南希说。

"哟,我根本不配。那种方式对我来说太花哨了。那种把手抬得高高的架势是为了炫耀钻石戒指。等我弄到几枚之后,我再开始学。"

"你不如先学着,"南希精明地说,"那你就更有希望弄到戒指。"

"为了解决你们的争论,"丹恩愉快地微笑着说,"我来提个建议吧。我既然不能陪你们两位到蒂法尼①那儿去尽我的本分,你们可愿意去游乐场逛逛?我有入场券。我们没有机会同真正戴钻石戒指的人握手,那就去看看舞台上的钻石,怎么样?"

这个忠实的侍从走在人行道上靠马路的一边;卢挨着他,穿着鲜艳美丽的衣服,有点像孔雀;南希走在最里面,窈窕纤弱,打扮得像麻雀那般朴素,可是走路的姿态却是地道的范·阿尔斯丁·费希尔式——他们三人就这样出发,去寻找他们花费不多的晚间消

---

① 美国商人查尔斯·蒂法尼(1812—1902)在纽约开设的高级首饰店。

遭了。

我想,把一家大百货商店当做教育机构的人并不多。但是南希工作的那一家对她来说倒有点像。她周围尽是带有高雅精致气息的漂亮东西。假如你处在奢华的气氛里,无论花钱的人是你还是别人,那种奢华就属于你了。

南希接待的主顾大多是妇女,她们的衣着、风度和社交界的地位都被她引为典范来议论。南希开始从她们身上取长补短——根据自己的意见从每一个人那儿撷取最好的地方。

她模仿了一个人的某种手势,加以练习;从另一个人那儿学会了一种意味深长的眉毛一扬的样子;又从其余的人那儿吸收了走路、提钱包、微笑、招呼朋友和答理"身份低"的人的姿态。从她最钦佩的模特儿范·阿尔斯丁·费希尔太太那儿,她征用了那个美妙的特点:一种轻柔低沉的嗓音,像银铃一般清晰,像鸫鸟的啭鸣那么圆润。她沉浸在这种雍容华贵的氛围中,不可能不受到深刻的影响。据说好习惯能胜过好原则,那么好风度也许能胜过好习惯了。父母的教诲不一定能使你保持新英格兰①的良知;但是,如果你坐在一把笔直的靠背椅上,把"棱柱和香客"这几个字念上四十遍,魔鬼就不敢侵犯你了。当南希用范·阿尔斯丁·费希尔太太的声调说话时,她从骨子里感到"贵人不负众望"的舒坦。

大百货学校里还有一个学问的源泉。每当你看到三四个商店女郎一起交头接耳,在手镯丁零作响的伴奏下,仿佛谈着无关紧要的话题时,你可别以为她们在议论埃瑟尔的发式。这种碰头会也许没有男人的审议会那么隆重,可是它的重要性并不亚于夏娃同她的大女儿的第一次会议。在那次会议上,她们使亚当明白了他

---

① 新英格兰是美国东北部缅因、佛蒙特、新罕布什尔、马萨诸塞、罗得岛和康涅狄格六州的统称,在美洲殖民史上有"清教徒之地"之称。

在家庭中应有的地位。那是对抗世界和男人的共同防御和交流攻守战略的妇女大会。世界是个舞台，男人则是使劲往台上扔花束的看客。女人是所有小动物中最荏弱无助的——她们有小鹿的优雅，却没有它的敏捷；有小鸟的美丽，却没有它的飞遁能力；有蜜蜂的甘酿，却没有它的——哦，我们放弃那个比喻吧——有人也许会被蜇着呢。

在这种军事会议上，她们互相提供武器，交换她们在人生战术中创造和制订的战略。

"我对他讲，"萨迪说，"你太放肆啦！你把我当成什么人啦，竟敢对我说这种话？你们猜猜看，他用什么话来回答我？"

各色头发的脑袋，褐色的、黑色的、亚麻色的、红色的、黄色的，凑在一起，找到了答复，决定了针锋相对的言语，准备以后大伙向共同的敌人——男人——展开论战时采用。

因此，南希学会了防御的艺术，对女人来说，成功的防御意味着胜利。

百货商店里的课程包罗万象。恐怕再也没有别的大学堂能够更好地培养她，让她达到她生平的愿望，抽中婚姻的彩头了。

她在店里的位置是有利的。音乐部离她工作的部门不远，使她有机会熟悉一流作曲家的作品——至少让她达到耳熟能详的程度，在她试图插足的社交界里假充具有音乐鉴赏能力。她还从艺术品、贵重精美的衣料，以及几乎可以代替女人修养的装饰品中得到陶冶。

没多久，其余的女店员都发觉了南希的野心。"你的百万富翁来啦，南希。"只要有一个像是富翁的男人走近南希的柜台，她们就这样招呼南希。男人们陪女眷出来买东西的时候，在一旁等得无聊，总是逛到手帕柜台那儿，看看麻纱手帕。南希的模仿出身高贵的神态和真正的秀丽对他们很有吸引力。因此有很多男人到她面前来卖弄他们的气派。有几个也许是地道的百万富翁,其余的只不过是依样画葫芦的假货。南希学会了识别人的窍门。手帕柜台的尽头有一扇窗,她从上面可以望见街上一排排汽车,在等主人买了东西从店里出来。她看得多了,知道汽车同他们的主人一样,也是有区别的。

　　有一次,一位风度不凡的先生买了四打手帕,带着科斐图亚王①的气派隔着柜台向她调情。他走后,一个女店员说:

　　"怎么啦,南希,刚才你对那个人一点也不亲热。依我看,他倒是个货真价实的阔佬呢。"

　　"他吗?"南希带着那种最冷漠、妩媚、超脱的范·阿尔斯丁·费希尔太太式的笑容说,"我才看不上眼呢。我看见他坐车来的。一辆十二匹马力的汽车,一个爱尔兰司机!你知道他买了什么样的手帕吗?——绸的!而且他还有手指发炎的毛病。对不起,要就要地道的阔佬,否则宁愿不要。"

　　店里有两个最高级的女人——一个是领班,另一个是出纳——她们有几个"阔气的男朋友",时常一起下馆子。有一次,他们邀了南希同去。那顿饭是在一家富丽堂皇的餐馆里吃的,那里除夕晚餐的座位要提前一年预订。在座的有两个"男朋友",一个是秃头(我们可以证明,奢华的生活害他的头发脱得精光),另一个是年轻人,他用两种有说服力的方式来使你领教他的身价和老练:一种是他佩戴的钻石袖扣,另一种是他老是咒骂任什么酒都有软木塞的气味。这个年轻人在南希身上发现了不同一般的优点。他的爱好本来就倾向于商店女郎,而他面前的这位,除了她本阶层的比较率真的妩媚之外,还具有他所属的上流社会的谈吐与风度。于是,第二天他就来到百货商店,一边买了用土法漂白的爱

---

① 传说中一个豪富的非洲国王。

尔兰麻纱手帕,一边郑重其事地向她求婚。南希一口回绝了。十步开外,一个褐色头发梳成庞巴杜式的同事一直在旁观倾听。等那个碰了一鼻子灰的求婚者离去之后,她狠狠地一五一十把南希数落了一通。

"你真是个不可救药的小傻瓜!那家伙是个百万富翁——他是范·斯基特尔斯老头的侄子呀。并且他是一片真心。你疯了吗,南希?"

"我吗?"南希说,"我没有答应他,是吗?其实他并不是什么百万富翁,这一点不难看出来。他家里每年只给他两万块钱。那天吃晚饭的时候,那个秃头的家伙还拿这件事取笑他来着。"

褐色头发梳成庞巴杜式的女郎眯缝着眼睛,走近了一些。

"你到底要什么呀?"她说,由于没嚼口香糖,声音也比较沙哑了,"那还不够你受用吗?莫非你想当摩门教徒①,同时和洛克菲勒、格拉德斯通·道威以及西班牙国王一起结婚?一年两万块钱还不够你满意的?"

在那对浅薄的黑眼睛的逼视下,南希脸上泛起了红晕。

"并不是完全为了钱,卡丽,"她解释说,"那天吃晚饭的时候,他睁着眼睛说瞎话,被他的朋友戳穿了。他说他没有陪某个女的去看戏,其实去了。我就是看不惯说假话的人。种种因素加起来——我不喜欢他,因此吹了。我待价而沽,决不挑一个大拍卖的日子。总而言之,我非得找一个坐在椅子上像是男子汉的人。不错,我是在找对象,但是这个对象总得有点儿出息,不能像小孩的扑满那样只会丁当发响。"

"精神病院就是为你这种人开的!"褐色头发梳成庞巴杜式的

---

① 约瑟弗·史密斯(1805—1844)于1830年在美国创立的一个教派,初期的教徒实行一夫多妻制。

姑娘说着走开了。

南希继续靠每星期八元的工资来培养这些崇高的思想——如果不能算是理想的话。她日复一日地啃着干面包,束紧腰带,披星戴月地追踪那个不可知的大"猎物"。她脸上老是挂着那种注定要以男人为猎物的淡漠而又坚定,甜蜜而又冷酷的微笑。百货商店是她的猎场。有好几次,她发现了仿佛是珍奇的大猎物,就举枪瞄准,但是某种深刻而正确的本能——那也许是猎户的本能,也许是女人的本能——总是阻止了她,使她重新追踪。

卢在洗衣作里很得意。她从每周十八元五的工资中提出六元钱来支付房租和伙食。其余的大多花在衣着上。和南希相比,她要提高鉴赏力和风度的机会少得多。在蒸汽弥漫的洗衣作里,只有工作、工作,和对未来的晚间娱乐的遐想。各种各样值钱而漂亮的衣服在她的熨斗底下经过,她对衣着的有增无减的喜爱也许正是从那个导热金属传到她身上去的。

一天的工作结束后,丹恩在洗衣作外面等她,不论她站在哪种亮光下面,丹恩总是她忠实的影子。

有时候,他老实而惶恐地朝卢的衣服瞥一眼,那些衣服与其说是式样上有了进步,不如说是越来越刺眼,不过这不能算是变心,他不赞成的只是这些衣服在街上给她招来的注意。

卢对她的好朋友仍旧像以前那样忠实。她和丹恩到什么地方去玩,总是邀了南希一起去,这已经成了惯例。丹恩高高兴兴、毫无怨言地接受了额外的负担。可以这么说,在这个寻找消遣的三人小组中,卢提供了色彩,南希提供了情调,丹恩担负着重量。这个护卫穿着整洁但显然是买现成的衣服,系着活扣领带,带着可靠、真诚而现成的机智,从来没有因为这种重担而大惊小怪或者垮下去。有些善良的人,当他们在你眼前的时候,你往往不放在眼里,可是等他们离开之后,你却清晰地想起他们来,丹恩就是这种人。

对南希高雅的兴趣来说,这些现成的娱乐有时带些苦涩,但她年轻,青春不能做挑肥拣瘦的美食家时,只能将就一点,做个随和的吃客了。

"丹恩老是催我赶快同他结婚,"卢有一次对南希说,"可是我干吗要这样呢?我不依赖别人。现在我自己挣钱,高兴怎么花就怎么花;结婚以后,他肯定不会让我继续干活。顺便提起,南希,你为什么还要待在那家商店,吃又吃不饱,穿又穿不好?假如你愿意,我马上可以在洗衣作里替你找一个位置。我始终有这么一种想法,假如你能多挣一些钱,你就不至于那么高傲了。"

"我并不认为自己高傲,卢,"南希说,"不过我宁愿待在老地方,半饥半饱也不在乎。我想大概是养成习惯了。我要的是那儿的机会。我并不打算站一辈子柜台。我每天可以学到新的东西,从早到晚接触的都是高尚富有的人——即使我只是在侍候他们,我得风气之先,见多识广。"

"你的百万富翁到手了没有?"卢揶揄似的笑着问道。

"我还没有选中,"南希回说,"我正在挑选呢。"

"哎呀!你居然还想抓一把挑挑吗!有那种人的话千万别轻易放过,南希——即使他的身价只差几块钱而不够格的话。话得说回来,你说的不见得是真心话吧——百万富翁们才瞧不起我们这种职业妇女呢。"

"他们还是瞧得起的好,"南希冷静而明智地说,"我们这种人能教他们怎样照料他们的钱财。"

"假如有一个百万富翁跟我说话,"卢笑着说,"我准会吓得手足无措。"

"那是因为你不认识他们。阔佬同一般人之间的区别只在于你对阔佬更要管得严一些。卢,你那件外衣的红缎子衬里仿佛太鲜艳了一点,你说是吗?"

卢却朝她朋友的朴素的淡绿色短上衣瞥了一眼。

"唔,我倒没有这种看法——但是同你身上那件仿佛褪了色的东西比起来,也许是鲜艳了一点。"

"这件短上衣,"南希得意地说,"跟上次范·阿尔斯丁·费希尔太太穿的式样一模一样。我这件的料子只花了三块九角八分。我猜想她那件比我要多花一百块。"

"好吧,"卢淡淡地说,"依我看,这种衣服不见得会让百万富翁上钩。说不定我会比你先找到一个呢。"

老实说,这两个朋友各有一套理论,恐怕要请哲学家来,才能评判它们的价值。有些姑娘由于爱面子,喜欢挑剔,甘心待在商店和写字间里工作,勉强糊口,卢却没有这种脾气,她在喧闹闷人的洗衣作里高高兴兴地摆弄她的熨斗。她的工资足够她维持舒适的生活而绰绰有余,因此她的衣服也沾了光,以致她有时候会不耐烦地瞟瞟那个穿得整整齐齐、然而不够讲究的丹恩——那个忠贞不渝、始终如一的丹恩。

至于南希,她的情况和千千万万的人一样。温文尔雅的上层社会所必需的绸缎、珠宝、花边、饰品、香水和音乐等等——这些东西都是为女人而设的,也是理应属于她的。如果她认为这些东西是生活的一部分,如果她心甘情愿的话,就让她接近接近它们吧。她不会像《圣经》里的以扫那样出卖自己的利益,她挣得的红豆汤尽管往往十分有限,却保持着她的继承权。

南希待在这种气氛中怡然自得。她坚定不移地吃她节俭的饭食,筹划她便宜的服饰。她了解女人,现在正从习性和入选条件两方面来研究作为猎物的男人。总有一天,她会捕获她看中的猎物,但她早就对自己许下诺言,不下手则已,一下手就非得打中她认为是最大最好的猎物不可,小一点的都在摈弃之列。

因此,她剪亮了灯盏,一直在等待那个到时候会到来的新郎。

但她另外学到了一个教训,说不定是在不知不觉中学到的。她的价值标准开始转变。有时候,金元的符号在她心目中变得模糊起来,形成了"真理""荣誉"等等字样,有时候干脆就成了"善良"两个字。我们拿一个在大森林里猎取麋鹿的人打比方吧。他看到了一个小幽壑,苔藓斑驳,绿阴掩映,还有一道细流慢咽的溪水,潺潺向他诉说着休憩和舒适。遇到这种情况,就连宁录的长矛也会变得迟钝的①。

有时候,南希想知道穿着波斯羔羊皮大衣的人,心里对于波斯羔羊皮的评价是不是始终像市价那么高。

一个星期四的傍晚,南希从商店里出来,穿过六马路,往西到洗衣作去。卢和丹恩上次约了她一起去看音乐喜剧。

她走到的时候,丹恩正好从洗衣作里出来。他脸上有一种古怪而紧张的神色。

"我想来这里打听打听她的消息。"他说。

"打听谁?"南希问道,"卢不在洗衣作吗?"

"我以为你早知道了呢,"丹恩说,"从星期一起,她就没有来过这里,也不在她的住处。她把所有的衣物都搬走了。她对洗衣作的一个同事说,她也许要到欧洲去。"

"有人见过她没有?"南希问道。

丹恩坚定的灰眼睛里闪出钢铁般的光芒,阴沉地咬着牙,瞅着南希。

"洗衣作里的人告诉我,"他嘶哑地说,"昨天他们看见她经过这儿——坐在汽车里,我想大概是和一个百万富翁一起吧,就是你和卢念念不忘的那种百万富翁。"

---

① 《旧约·创世记》第10章第9节说宁录在耶和华面前是个英勇的猎户。

南希破题儿头一遭在男人面前畏缩起来。她微微颤抖的手按在丹恩的袖管上。

"你可不能对我说这种话,丹恩——我跟这件事毫无关系!"

"我不是那个意思。"丹恩说,态度和缓了一些。他在坎肩口袋里摸索了一会儿。

"我有今晚的戏票,"他装作轻松的样子说,"假如你——"

南希见到男子气概总是钦佩的。

"我和你一起去,丹恩。"她说。

过了三个月,南希才见到卢。

一天黄昏,这个商店女郎顺着一个幽暗的小公园的边道匆匆回家。她听见有人叫她的名字,一转身,正好抱住那个奔过来的卢。

她们拥抱了一下后,像蛇那样,往后扬起头,仿佛准备进攻或者镇住对方,她们迅捷的舌头上颤动着千百句问话。接着,南希发现卢的境况大有好转,身上都是高贵的裘皮、闪烁的珠宝和裁缝艺术的成就。

"你这个小傻瓜!"卢亲热地大声说,"我看你还是在那家店里干活,还是穿得那么寒酸。你打算猎取的对象怎么样啦——我猜想还没有眉目吧?"

接着,卢把南希打量了一下,发现有一种比好境况更好的东西降临到了南希身上——那种东西在她眼睛里闪烁得比宝石更明亮,在她脸颊上显现得比玫瑰更鲜艳,并且像电子一般跳跃着,随时想从她的舌头上释放出来。

"是啊,目前我还在店里干活,"南希说,"可是下个星期就要离开那儿了。我已经找到了我的猎物——世上最好的猎物。卢,你现在不会在意了,是吗?——我要和丹恩结婚了——和丹恩结婚!现在丹恩是我的了——怎么啦,卢!"

公园的拐角那儿慢慢走来一个新参加工作、光脸盘的年轻警察,这些年轻警察装点着警察的队伍,让人觉得好受些——至少在感观上如此。他看见一个穿着华丽的裘皮大衣、戴着钻石戒指的女人伏在公园的铁栏杆上,伤心地哭着,一个苗条朴素的职业妇女在她身旁竭力安慰她。这个新派的吉布森①式的警察装作没看见,自顾自地踱了过去,他的智慧也足以使他明白,以他所代表的权力而言,对于这类事情他是无能为力的,尽管他把巡夜的警棍在人行道上敲得响彻云霄。

---

① 吉布森(1867—1944),美国插图画家,他笔下的人物形象是19世纪90年代美国时髦社会的代表。

麦迪逊广场的天方夜谭

卡森·查默斯的公寓坐落在麦迪逊广场附近,菲利普斯给他送来了下午的邮件。除了惯常的信件之外,还有两封盖有同样的国外邮戳的信。

一封里面有一张女人的照片。另一封是长得没完没了的信,查默斯专心致志地看了好久。信是另一个女人写来的;简直是在蜜糖里浸泡过的羽支,羽毛则是对照片上那个女人的指桑骂槐的影射。

查默斯把那封信撕成无数碎片,开始在他昂贵的地毯上踱来踱去。丛林里的野兽被关在笼中后都这么做,困在疑惑的丛林中的人也会这么做。

过了一会儿,他克服了不安的情绪。地毯没有魔力。他能踱步的距离只有十六英尺,三千英里以外就不是地毯力所能及的了。

菲利普斯出现在门口。他从不进来;他老是像百依百顺的神灵似的出现。

"先生,你在家用餐还是到外面去吃?"他问道。

"在家里吃,"查默斯说,"半小时内开饭。"他闷闷不乐地听着一月份的大风在阒无一人的街上像吹长号似的呼啸而过。

"等一等,"他对准备离去的神灵说,"刚才我回家路过广场时,看到许多人排队。有一个人站在高处说话。那些人排队干吗,待在广场上干吗?"

"他们是无家可归的人,先生,"菲利普斯说,"站在板条箱上说话的人帮他们找过夜的住处。围观的人听他讲话,给他钱。他根据募集到的钱数多少尽可能安排那些人去寄宿所过夜。因此他们排好队,依次去睡觉的地方。"

"开饭时,"查默斯说,"你从那些人中间叫一个来。他可以和我一起吃饭。"

"叫——叫——叫哪一个呢。"菲利普斯自从侍候查默斯以来,说话第一次这么不利索。

"随便找一个,"查默斯说,"只要你觉得他没有喝醉,身上相当干净就可以了。"

卡森·查默斯难得扮演哈里发的角色。但是那晚他觉得常规的解毒剂已经不能解除他的悲哀了。他必须找些荒唐而厉害的、强烈而带有天方夜谭式的东西来提高他的情绪。

半小时后,菲利普斯完成了他作为阿拉丁神灯的奴隶的任务。楼下饭馆的侍者把美味菜肴的香气带了上来。摆好两副刀叉的餐桌在粉红色玻璃罩里烛光的照耀下显得喜气洋洋。

菲利普斯像是引进一位红衣大主教——或者揪住一个小偷似的——把他从等候过夜铺位的队伍中硬拽来的、冷得瑟瑟发抖的客人带了进来。

落魄的人通常被比作失事的船只;如果把比喻用在这个具体客人身上,那就是火灾后的海难船。漂流的船壳仍有零星闪烁的火苗。他的脸和手刚刚洗过——这是菲利普斯坚持要他履行的、作为悼念惨遭杀害的习俗的仪式。在烛光下,他成了布置精致的公寓里的一个瑕疵。他的面色白得像有病,满脸都是爱尔兰猎狗的红毛似的胡子茬,只露出两个眼睛。乱蓬蓬的淡褐色头发被整天戴着的帽子压得定了型,菲利普斯的梳子已无法纠正。他的眼睛像一条被折磨得走投无路的野狗似的,充满了狡猾然而无望的反抗。他的破旧的上衣扣好了所有的纽扣,仍旧露出四分之一寸的衣领。奇怪的是,当查默斯从圆餐桌对面的椅子上站起身时,来人的举止丝毫没有窘迫的迹象。

"假如你肯赏光的话,"主人说,"我很高兴和你共进晚餐。"

"我姓普卢默,"这位随遇而安的客人带着挑衅性的、刺耳的声调说,"假如你和我一样,你一定也想知道同你一起吃饭的人姓什么。"

"我正准备告诉你,"查默斯急忙说,"我姓查默斯。你请坐在对面好不好?"

衣衫褴褛的普卢默弯弯膝盖,让菲利普斯从背后替他把椅子推近桌子,像是以前吃饭也有人侍候的样子。菲利普斯端上鲲鱼和橄榄。

"好!"普卢默大声说,"看来是一顿有好几道的大餐,是吗?好吧,巴格达快活的统治者。我可以充当讲故事的山鲁佐德,奉陪到底。你是我落魄以来遇到的第一个有真正的东方情调的哈里发。多么运气!我排的位置是第四十三个。我刚数完,你派的人就来叫我吃饭了。今晚我得到铺位的机会微乎其微,和当选下一届总统差不多。你希望我用什么方式叙说我的悲惨经历,阿尔·拉希德①先生?每吃一道菜讲一章,还是吃完饭在抽雪茄、喝咖啡的时候一气呵成?"

"今晚的情况你似乎不是第一次遇到。"查默斯微笑着说。

"凭先知的山羊胡子起誓——绝不是第一次!"客人回答说,"纽约多的是二三流的哈隆·阿尔·拉希德,正如巴格达多的是跳蚤一样。我像遭人拦路抢劫被逼着讲故事,已经不下二十次了,

---

① 哈隆·阿尔·拉希德(766—809),公元786年巴格达的哈里发,《天方夜谭》中的主要人物。

不过顶着我脑袋逼我的不是手枪,而是饭菜。纽约找不到一个会平白无故给你些什么的人!他们用同一套积木拼成'好奇'和'慈善'字样。扮演哈里发的时候,许多人给你一毛钱和一盘杂碎;个别人大方一点,给你一盘牛腰肉;但是所有的人都牢牢盯着你,直到挖出你的自传,连同注脚、附录和尚未发表的片断。哦,我在有地下铁道的古老的小巴格达①看见食物朝我端来时,就知道自己该做些什么。我在柏油马路上用前额触地三次,准备大谈特谈,混一顿晚饭。我自称是汤米·塔克的后代,他不得不拿出和谐的声乐换取便于消化的麦片粥。"

"我并不要你讲你的生平。"查默斯说,"我坦率地告诉你,我忽发奇想,才派人找个陌生人来和我一起吃饭。我向你保证,我绝没有任何好奇心会使你难堪。"

"得啦!"客人兴致勃勃地开始喝汤,"我根本不在乎。我无非是一本红色封面的东方杂志,哈里发在国外时,我就削减篇幅。事实上,我们这些排队等铺位的人在这方面都有工会定价。路上总是有些人停下脚步,想知道我们怎么会落到这种地步。给我一客三明治和一杯啤酒,我就说由于酗酒。给我咸牛肉熬白菜和一杯咖啡,我就说由于生病,在医院里躺了六个月,丢掉了工作,被狠心的房东赶出来的故事。给我一盘牛腰肉和两角五分的铺位费,我就说华尔街投机失败,家道中落,一蹶不振。像今晚这么丰盛的饭菜我还是第一次碰到。我没有旗鼓相当的故事。我把我的打算告诉你,查默斯先生。假如你愿意听的话,我说出真相。那要比编造出来的故事更使你难以置信。"

一小时后,客人吃饱喝足,舒了一口气,身子朝后一靠,菲利普斯端来咖啡和雪茄,撤了桌上的餐具。

---

① "有地下铁道的巴格达"是欧·亨利首创的对纽约的称谓。

"你知不知道谢拉德·普卢默这个名字?"他带着古怪的笑容问道。

"我记得,"查默斯说,"我印象中是个画家,前几年很红。"

"五年前,"客人说,"后来一落千丈。我就是谢拉德·普卢默!我最后画的一幅肖像卖了二千元。那以后,即使分文不收也没有人找我画像了。"

"出了什么问题呢?"查默斯不禁好奇地问道。

"说来也怪,"普卢默紧锁双眉回说,"我自己也不太清楚。有一个时期,我相当得意。我跻身名流,左右逢源,找我画像的人多得应付不过来。报上把我说成是当红的画家。接着开始出现怪事了。我完成一幅画后,人们前来观看,看后窃窃私语,露出奇怪的表情。

"不久,我发现毛病出在什么地方。我有一个独到之处:在画像面部把本人隐蔽的品格表现了出来。我不知道自己是怎么做到的——我只是把我看到的画了下来——这下却害了我。有些请我画像的人看到自己的像又惊又怒,拒绝接受。我替一个非常美丽的、社交界有名的夫人画像。她的丈夫看到完成的画像突然脸色大变,一星期后提出了离婚。

"我记得我替一个有名的银行家画像的例子。我把画像放在我的画室里展览时,银行家的一个朋友来看。'天哪,'他说,'难道他真是这样的吗?'我告诉他说,看过的人都认为十分逼真。'我以前从未注意到他的眼神竟是那样的,'他说,'我想我得去一次市中心,换一家银行存钱。'他果然去了,但发现他的存款和那个银行家先生都已不知去向。

"不久后,我在绘画界站不住脚了。人们不愿意在画面上展现他们隐秘的卑鄙。他们可以在自己的脸上堆起笑容欺骗你,画像却办不到。我再也找不到委托我画像的主顾,不得不放弃这一行。我替一家报馆和平板印刷厂做美术,但也遇到同样的麻烦。如果我根据照片画像,我的作品揭示的特征和表情是照片上所没有,但我确信是本人有的。主顾们,特别是女性,闹得不可开交,我在任何单位都待不长。于是我开始把头靠在老酒的怀里寻求慰藉。我很快就站在等候免费铺位的行列里,在食品市场编造故事讨些施舍。我这番真话是不是让你厌烦了,哈里发?如果你愿意,我可以把话题转到华尔街灾难上去,不过那需要眼泪,吃过那顿美餐之后,我恐怕挤不出来。"

"不,不,"查默斯诚恳地说,"你讲的使我很感兴趣。你的画像是不是全都揭示一些不愉快的特征,有没有什么作品能经受你那支奇特的画笔的考验呢?"

"有,"普卢默说,"一般是儿童,妇女也不少,还有相当数量的男人。你知道,人并不都是坏的。如果本人没有问题,画像也没有问题。我说不出什么道理,只是实事求是地讲出事实。"

查默斯的书桌上放着他当天收到的国外邮件中的照片。十分钟后,他请普卢默根据照片画一幅粉笔素描。一小时后,画家站起来,疲惫地伸了一个懒腰。"画好了,"他打着哈欠说,"我花了这么多时间,真抱歉。我画出了兴趣。天哪!我累了。你知道,昨夜没有床铺可睡。现在我得告辞了,大教长①!"

查默斯送他到大门口,塞了几张钞票在他手里。

"哦!我收下,"普卢默说,"我落到这个地步也不推辞了。谢谢。还有那顿美餐。今晚我可以睡在羽毛褥子上梦到巴格达了。但愿不是白日做梦。后会有期,最善良的哈里发!"

查默斯又开始在地毯上不安地踱来踱去。他的脚步尽可能远离粉笔素描所在的书桌。有两三次,他试图走过去,但做不到。他

---

① 大教长是哈里发或者苏丹的称号。

看得到素描的暗褐色、金黄色和棕色,然而他的担心似乎在那幅素描和他之间筑了一堵墙,不容他接近。他坐下来,让自己平静一点。随后他跳了起来,摇铃召唤菲利普斯。

"有个年轻的画家住在这幢房子里,"他说,"——一个姓赖纳曼的先生——你知道在哪一层吗?"

"顶层,前房,先生。"菲利普斯说。

"上去请他劳驾到这里来几分钟。"

赖纳曼马上来了。查默斯做了自我介绍。

"赖纳曼先生,"他说,"那张桌子上有一张粉笔素描。我想听听你从艺术观点和绘画方面谈谈你的意见。"

年轻的画家走到桌子前,拿起素描。查默斯半转过身,靠在椅子背上。

"你——觉得——怎么样?"他缓缓地说。

"作为绘画,"画家说,"我怎么称赞也不过分。大师的手笔——豪放、潇洒、逼真。它使我有点困惑;多年来我没有见过这样好的粉笔画了。"

"我指的是脸部——人物——本人——你有什么看法?"

"那张脸,"赖纳曼说,"是上帝的一个天使的脸。请问是谁呀——"

"我的妻子!"查默斯说着转过身来,跳到画家面前,抓住他的手,拍拍他的后背,"她目前在欧洲旅行。老弟,把素描拿去,拿出你的全部本领,画一幅油画,不论多少润笔我都照付。"

苏格兰威士忌的《鲁拜集》

本文的目的介于戒酒讲座和《酒吧侍者手册》之间。关于后者,酒类将有助于拓展主题,大量供应。为了适应前者,文中绝没有举杯祝酒的意思。

鲍勃·巴比特告别了"杯中物"。那就是说——你查阅一下波希米亚的足本字典就会明白——他"戒了酒",开始"洁身自好"。鲍勃突然对"恶魔朗姆"——系白领结的酒吧侍者把威士忌误称为"恶魔朗姆"(参看《酒吧侍者手册》)——抱有敌对态度的原因,肯定会使改革家和酒馆老板感到有兴趣的。

清醒时从不承认自己醉过的人总是有希望的。然而当一个人用发声器官恰如其分地说"昨晚我喝得痛快极了"的时候,你就要在他的咖啡里加点醒酒的东西,求上天保佑他了。

一天傍晚,巴比特顺路走进百老汇路上他最喜欢的一家酒吧。那里总有三四个他认识的市中心写字间的人。他们就一起喝威士忌聊天,然后他匆匆赶回家去吃晚饭,比平时稍稍晚一点,但心情舒畅,并且为可怜的标准石油公司①稍稍感到惋惜。今晚他进去时听到有人说:"昨晚巴比特喝得像是开水烫过的猫头鹰。"

---

① 1870年美国约翰·洛克菲勒创建标准石油公司(即美孚公司),1883年在全美成立标准石油托拉斯,1911年解散,改组为38家地区性公司,为世界上最大的石油垄断组织。作者这里说的是反话,惋惜洛克菲勒没有垄断全国的酒吧。

巴比特走到酒吧前面,从镜子里看到自己脸色煞白。他第一次直面真实。平时别人不对他说实话;他也自欺欺人。他是酒鬼,自己却不知道。他自得其乐地当做欢快的兴奋只是可悲的醉态。他想象的机智只是胡言乱语,他风趣的幽默只是撒酒疯。但以后再也不会了!

"一杯矿泉水。"他对酒吧侍者说。

原以为他会走过去,同他们一起喝酒的那几个朋友,突然静了下来。

"打算戒酒了吗,鲍勃?"其中一个客客气气地问道,口气比要威士忌的时候拘谨得多。

"不错。"巴比特说。

另一个接着讲他刚才正讲着的黄段子;酒吧侍者收了巴比特两角五分的银币,找给他一角五分,脸上失去了惯有的笑容;巴比特喝了矿泉水就走了。

如今巴比特有了家和妻子——不过那是另一个故事了。我不妨讲讲那个故事,说明好习惯不一定带来好故事。

故事是在沙利文县开始的,那里河道纵横,麻烦不少。时值七月,杰西住在依山旅馆度夏,一天,刚从大学毕业的鲍勃同她邂逅相遇——他们九月份便结了婚。那是小报上的小说——喝了一口水,小说就完了。

可是那些七月的日子多么美妙!

让那个惊叹号去铺陈经过吧,我这里不多说了。读者如想了解详情,不妨看看《罗密欧与朱丽叶》、亚伯拉罕·林肯的使人激动的十四行诗《你可以蒙骗一部分人》等等,以及达尔文的有关进化论的著作。

但是有一点我必须告诉你们。他们两人对莪默·伽亚谟的《鲁拜集》都情有独钟。他们熟记那个老骗子的每一行诗——不是连贯地背下来,而是东挑一句,西挑一句,正如你吃五毛钱一客的波尔多牛排时,挑出配菜里的蘑菇一样。沙利文县多的是岩石和树木,杰西喜欢坐在上面——请你别动坏念头——她喜欢坐在岩石上,鲍勃则喜欢站在她背后,抱着她的肩膀,握住她的手,他们两人的脸挨得很近,不断地重复他们喜爱的那个住帐篷的老家伙的名句。他们当时领会的只是句子的诗意和哲学——认为诗里的"酒"只是一个形象,诗人赞美的实际上是某一个神,也许是"爱情"或者"生命"。不过当时他们两人都没有尝过那种只在六毛钱的客饭里才有的饮料。

我讲到哪儿了?哦,他们结了婚,来到纽约。鲍勃出示了他的大学文凭,接受了一份每周工资十五元、在一家法律事务所里灌满墨水瓶的职务。两年后,他的工资加到每周五十元,初次尝到了波希米亚的滋味——那种经不起硼砂和甲醛试验①的玩意儿的滋味。

他们有两个带家具的房间和一间小厨房。杰西习惯于乡村小镇温和美丽的情调,对她说来,混浊的波希米亚仿佛是糖和香料。她把鱼网挂在房间的墙上作为软雕塑装饰,买了一个漂亮的餐具柜,学弹班卓琴。他们每星期下两三次馆子,在香烟烟雾弥漫、高谈阔论、头发留得很长的人中间吃法国式或者意大利式客饭。杰西学着喝鸡尾酒,为了吃里面的樱桃。她在家吃完晚饭后抽支香烟。在外面,她学意大利红酒名称的发音,扔掉橄榄核,让侍者去拣。有一次,她尝试在大庭广众大喊啦!啦!啦!可是只喊了两声就住嘴了。他们外出吃饭时遇到一两对夫妇,同他们交上了朋友。他们的餐具柜里摆满了苏格兰和裸麦威士忌以及一种甜露

---

① 化学试验用硼砂珠蘸测试物加热,根据火焰颜色可以测出所含金属成份;甲醛用于制造染料。劣质酒内重金属或甲醛含量超标。

酒。他们请了新朋友来家吃饭,凌晨一点钟还哄笑闹腾。楼下住户的天花板掉下几块灰泥,鲍勃不得不赔了四元五毛钱。他们快活地踏上既无疆界又无政府的危险边缘。

不久后,鲍勃交了一批好朋友,每天下午回家前,把脚搁在离地板六英寸的酒吧横档上泡一个来小时。他喝了酒,通体舒畅,回家时快活得像是在沙滩上玩耍的孩子。杰西在门口迎接他,他们多半会疯狂地跳起二步舞。有一次,鲍勃乱了步法,绊在脚凳上,摔了一个狗吃屎,杰西止不住地放声大笑,他不得不把所有的枕头朝她扔去,让她平静下来。

日子就这样飞快地过去,直到有一天,鲍勃首次感到了天赋的力量。

我们还是回到烤小羊肉和薄荷卤汁上去吧。

那天傍晚,鲍勃回家时发现杰西系着一条长围裙在切龙虾,准备用纽堡酱拌着吃。在通常情况下,鲍勃略有醉意从酒吧回来时,总是热热闹闹的,虽然带着威士忌的酒气。

他总是用尖叫、没头没尾的歌词和赞扬家庭幸福的表示宣布他的来到。住在穿堂间的老姑娘一听到他的脚步声就用棉花塞住耳朵。杰西面对这种粗鲁和带有酒气的真情招呼时,最初有点畏缩,但是当虚假的波希米亚的雾气逐渐包围了她,她也就把它当作爱情的真实和恰当的表示。

鲍勃一言不发地进了屋,笑了一笑,在她脸上简洁地吻了一下,但没有吻的声音,他拿起报纸坐了下来。穿堂间的老姑娘拿着两个棉花球,焦急地等着。

杰西放下龙虾和刀子,眼睛里露出惊恐,跑到他面前。

"怎么回事,鲍勃,你不舒服吗?"

"一点也没有,亲爱的。"

"那你是怎么啦?"

"没怎么。"

听着,弟兄们。当有权提问的她发现你情绪有些变化向你发问时,你应该这么回答:告诉她你无名火起,杀害了你的姥姥;告诉她你抢了孤儿的钱财,后悔莫及;告诉她你破了产;告诉她你为仇人、拇指囊炎或者任何厄运所苦,但是只要你在乎安宁和幸福的话,千万不能说"没怎么"。

杰西不声不响地回去整龙虾了。她向鲍勃投去猜疑的目光。他以前从来没有这样过。

晚饭摆上桌子后,她取出威士忌酒瓶和杯子。鲍勃谢绝了。"告诉你实话,杰西,"他说,"我戒酒啦。当然,你要喝的话尽管请便。你不在意的话,我想喝点矿泉水。"

"你不喝酒了?"她盯着他,不带笑容地说,"为什么?"

"喝酒对我没有一点好处,"鲍勃说,"你不赞成这个想法吗?"

杰西扬起眉毛,耸耸一个肩膀。

"完全赞成,"她皮笑肉不笑地说,"我不会劝任何人喝酒抽烟,或者在星期日吹口哨。"

两人几乎一声不吭地吃完了那顿饭。鲍勃试图引起话头,但是他的努力缺乏以前晚上的刺激。他觉得难受,不由得朝酒瓶看了一两眼,但耳朵里响起他的酒友们尖刻的话语,他抿紧了嘴唇。

杰西深切地感到了变化。他们生活的要素似乎突然消失了。他们乐在其中的波希米亚的动荡的狂热、虚假的欢乐、不自然的兴奋在瞬息之间化为乌有。她好奇地偷看了鲍勃几眼,鲍勃垂头丧气的内疚样子至少像是打老婆的家庭暴君。

晚饭后,每天来干些杂活的黑种侍女收拾了桌子。表情捉摸不透的杰西又拿出威士忌酒瓶和杯子还有一碗敲碎的冰块,放在桌上。

"请问一句,"她冷冷的声调也像冰块,"你的突然改恶从善是不是把我也包括在内？如果不是，我想调一杯酒喝。今晚不知怎的好像有点冷飕飕。"

"哦，杰西，"鲍勃和蔼地说，"别叫我难堪。你想喝尽管喝。你不会有喝过头的危险。可是我觉得我的情况不同，所以我戒了。你喝你的酒，然后把班卓琴拿出来，弹弹那支新的快步舞曲。"

"我听说，"杰西煞有介事地说，"一个人喝闷酒是有害的习惯。不，今晚我没有兴致弹琴。既然要改恶从善，我们不如把弹班卓琴的坏习惯也改掉。"

她拿起一本书，坐在桌子那面的一张小柳条摇椅里。两人半小时没有说话。

鲍勃放下报纸，带着古怪的恍惚神情站起来，走到她椅子后面，两臂围住她的肩膀，握住她的手，脸挨着她的脸。

刹那间，杰西仿佛觉得挂着鱼网的墙壁消失了，看到了沙利文县的山山水水。鲍勃开始念老袁默的诗句，觉得她的手在颤抖：

> 来吧，把酒杯斟满，春花欲燃，
> 冬天抛掉了它懊悔的外衣：
> 时间的小鸟飞不了多远——
> 看哪！鸟已经振翼高飞！

接着，他走到桌子前，斟了一杯威士忌。

那时候，似乎吹来一阵山间的微风，驱散了虚假的波希米亚的雾气。

杰西跳起来，使劲一挥手，把酒瓶和酒杯扫到地板上，摔得粉碎。她的手臂趁势搂住鲍勃的脖子，两人紧紧抱在一起。

"哦，天哪，鲍比——不是那首诗——我现在明白了。我不老是那么傻，不是吗？另一首，亲爱的——那首'把它改造得更合乎我们的心意'。念念那一首——'更合乎我们的心意'。"

"我记得,"鲍勃说,"是这样的:

"啊,爱情,你我和苍天是否合计一下
把这叫人伤心的大千世界——"

"让我念下去。"杰西说。

"打得粉碎——然后重新安排
把它改造得更合乎我们的心意!"

"已经粉碎了。"鲍勃踩着碎玻璃片说。

在地下室里,耳朵灵敏的房东皮根斯太太辨出了打碎玻璃的地方。

"那个荒唐的巴比特先生又喝醉酒回来了,"她说,"还有他那个可爱的小妻子!"

钟　摆

"第八十一街到啦——劳驾,让他们下车。"穿蓝制服的牧羊人嚷道。

一群市民绵羊般推推搡搡地挤了下去,另一群推推搡搡地挤了上来。丁——丁!曼哈顿高架电车公司的牲口车卡嗒卡嗒地开走了。约翰·帕金斯混在下车的羊群中间慢慢走下车站的梯级。

约翰慢吞吞地朝他的公寓走去。慢吞吞地,因为在他日常生活的词典里,"也许"之类的词汇是没有的。对于一个结婚已经两年,住在公寓里的人来说,家里是不会有什么意外事在等着他的。他一面走,一面带着郁郁不乐的玩世心情,琢磨着当天一成不变的单调的情况。

凯蒂会在门口迎候,给他一个带有润肤霜和黄油硬糖气味的亲吻。然后,他脱掉上衣,坐在一张发硬的长椅上看晚报,报纸的排印真够呛,杀伤了不少俄罗斯人和日本佬①。晚饭准是一锅炖肉、一盘调料"保证不伤皮革"②的凉拌菜,煨大黄和草莓果酱,面对果酱瓶子商标纸上保证用料纯净的说明,觉得好不害臊。饭后,凯蒂会把她用各色碎布拼缝起来的被套上的新补丁指点给他看,补丁料子是送冰人从自己的活扣领结上剪下来送给凯蒂的。七点

---

① 指1904—1905年的日俄战争。
② 原文是鞋油广告上的字句。

半,他们把报纸铺在家具上,承接天花板上掉下来的灰泥片屑,因为住在楼上的胖子开始体操锻炼了。八点整,住在过道对面的希盖和穆尼,那两个没人请教的歌舞杂耍班子的搭档,有了几分酒意,不免胡言乱语,幻想哈默斯坦①拿着周薪五百元的演出合同在追逐他们,开始在屋子里胡闹,把椅子都翻了个儿。然后,天井对面的那位先生取出长笛,在窗前吹弄,每晚要漏出来的煤气会溜到街上去闲荡,送菜升降机会滑脱,看门人再度把柴诺维茨基太太的五个孩子赶过鸭绿江②,那位穿淡黄色鞋子,养着一条长毛短腿狗的太太会轻盈地走下楼来,把她星期四用的姓名贴在她的电铃和信箱上——这一来,弗洛格摩尔公寓晚间的常规活动就开始了。

约翰·帕金斯知道这些事准会发生的。他也知道,到了八点一刻的时候,他会鼓起勇气去拿帽子,他太太则会没好气地说出下面一番话:

"约翰·帕金斯,我倒要知道知道,你这会儿想到哪里去?"

"我打算去麦克洛斯基那儿,"他总是这样回答,"跟朋友打一两盘弹子。"

最近,约翰·帕金斯养成了打落袋弹子的习惯。每晚要玩到十点、十一点才回家。有时候,凯蒂已经睡了,有时候却在等候,准备把镀金的婚姻钢链在她怒火的坩埚里再熔下一点金衣来。将来爱神丘比特和弗洛格摩尔公寓的受害者在法庭上对质时,他总得为这件事负责的。

今晚,约翰·帕金斯到家时,遇到了他的刻板生活中从未有过的大变化。凯蒂和她那热情而带有糖果味的亲吻都不在。三间屋

---

① 指叔侄同名的奥斯卡·哈默斯坦,他们原籍德国,叔于1863年移居纽约,创办曼哈顿歌剧院,侄系作曲家。
② 日俄战争期间,鸭绿江畔曾有激烈战斗。柴诺维茨基是俄罗斯人的姓,"看门人"原文字首和"日本人"相同。

子乱得一团糟。兆头仿佛不妙。她的衣物胡乱地摊得到处都是。皮鞋扔在地板当中,卷发钳子、头发结、睡衣、粉盒堆在梳妆台和椅子上——凯蒂的脾气一向不是这样的。约翰看到梳子齿上勾着她的一团褐色头发,心中不禁一沉。她准是遇到了什么特别紧急的事故,才会这么慌乱,因为她总是仔仔细细地把散落的头发收藏在火炉架上那个蓝色的小瓶子里,准备凑多了以后做女人特别喜爱的假发卷。

煤气灯的喷嘴上触目地用绳子挂着一张折好的纸。约翰赶忙抓过来。那是他妻子留给他的字条,上面写道:

亲爱的约翰:

  我刚接到电报,说我母亲病重。我准备乘四点三十分的火车。山姆弟在那边的火车站等我。冰箱里有冷羊肉。我希望母亲这次的病不是扁桃腺脓肿复发。付五角钱给送牛奶的人。去年春天她这个病发得很凶。煤气表的事,别忘了给煤气公司去信。你的好袜子放在最上面的抽屉里。我明天再写信。匆此。

凯蒂

约翰和凯蒂结婚两年来,从没有分离过一个晚上。他目瞪口呆地把字条看了又看。一成不变的日常生活起了波折,竟然使他不知所措了。

椅子背上搭着她做饭时必定披在身上的那件红底黑点子的晨衣,显出一副空虚而不成形的凄凉样子。她匆忙中把平日穿的衣服扔得东一件、西一件的。一小袋她爱吃的黄油硬糖连绳子都没有解开。一份日报趴在地板上,剪去火车时刻表的地方张开了一个长方形的口子。屋子里每一样东西都表明一种缺损,一种消逝的要素,表明灵魂和生命的离去。约翰·帕金斯站在没有生气的遗物中间,心头涌起一阵莫名的哀愁。

他着手收拾屋子,尽力搞得整齐些。当他触摸到凯蒂的衣服时,浑身起了一种近乎恐怖的感觉。他从没有考虑过,假如没有凯蒂,生活会变成什么样子。她已经彻头彻尾地融入他的生活,仿佛成了他呼吸的空气——须臾不可缺少,但他始终没有注意到。如今,事先毫不知晓,她走了,不见了,毫无踪影,好像从来就没有她这个人似的。当然啦,那只是几天的事,至多一两个星期,可是对他来说,仿佛死神已经对他平安无事的家庭伸出了一根手指。

约翰从冰箱里取出冷羊肉,煮了一些咖啡,面对着草莓果酱瓶上保证用料纯净的商标纸,孤零零地坐下来吃饭。炖肉和那调料像皮鞋油的凉拌菜,如今仿佛也成了已经消逝的幸福里值得留恋的东西。他的家给拆散了。一个扁桃腺化脓的丈母娘把他的家神轰到了九霄云外。约翰吃了这顿冷冷清清的晚饭,坐在临街的窗口。

他不想抽烟。窗外的市声在召唤他,邀他去参加它那放荡欢乐的舞蹈。夜晚是属于他的。他可以不受盘问地出去,像任何一个逍遥自在的单身汉那样,无拘无束地寻欢作乐。只要他高兴,他可以痛饮、游荡、尽情地玩到天亮;不会有怒气冲冲的凯蒂在等着他,扫他的兴。只要他高兴,他可以在麦克洛斯基那儿同一班嘻嘻哈哈的朋友打落袋弹子,直到黎明的光辉盖过电灯光。以往当弗洛格摩尔公寓的生活使他厌烦的时候,他总是苦于婚姻的羁绊。现在羁绊解除了。凯蒂不在了。

约翰·帕金斯不习惯于分析自己的感情。但是当他坐在那间没有凯蒂、十英尺宽十二英尺长的客厅里时,他确切地猜中了烦恼的主要原因。他现在领悟到,凯蒂是他幸福生活的必要条件。他对凯蒂的感情,以往被单调枯燥的家庭琐事搞得麻木了,如今却因为凯蒂不在面前而猛然觉醒。歌喉美妙的鸟儿飞走之后,我们才体会到它的歌声的可贵——这一类词藻华丽而意义真实的格言、说教和寓言不是早就谆谆教导过我们了吗?

"我一直这么亏待凯蒂,"约翰·帕金斯暗忖道,"我真是个双料混蛋。每天晚上出去打弹子,同朋友鬼混,不待在家里陪陪凯蒂。这个可怜的姑娘孤零零的,没有什么消遣,而我又是那样对待她!约翰·帕金斯,你真是个最坏的坏蛋。我要弥补过去对不住那个姑娘的地方。我要带她出去,让她也有点娱乐。从现在起,我要同麦克洛斯基那帮人一刀两断,不再来往。"

不错,城市在外面喧嚷,召唤约翰·帕金斯出去,跟着莫摩斯跳舞。在麦克洛斯基那儿,朋友们正在悠闲地消磨时光,玩着每晚的游戏,把弹子打落到网袋里去。但是花花世界也好,嗒嗒作响的弹子棒也好,都提不起那个因为妻子不在而心情懊丧的帕金斯的兴致了。他本来有的东西被剥夺了,以往他不加珍惜,甚至有点轻视,现在却需要它了。以前有一个叫亚当的人被天使们从果园里赶了出来,懊丧的帕金斯大概就是他的后裔。

约翰·帕金斯右边有一把椅子。椅子背上搭着凯蒂的蓝色衬衫。它多少还保持着凯蒂身形的轮廓。袖子上有几条细微的皱纹,那是凯蒂为了他的舒适和安乐而挥臂操作时留下的。衬衫散发出一丝微妙而又逼人的野风信子的香气。约翰把它拿起来,认真地朝这件无动于衷的薄纱衣服看了又看。凯蒂从来没有无动于衷。泪水——是啊,泪水——涌上了约翰·帕金斯的眼睛。她回来之后,局面非改观不可。他一定要弥补自己所有对不起她的地方。没有了她,生活又有什么意义呢?

门打开了。凯蒂拎着一个小提包走了进来。约翰呆呆地瞅着她。

"啊呀!我回来了真高兴。"凯蒂说,"妈妈病得不厉害。山姆在车站上等着我,他说妈妈的病只不过稍微发作了一下,电报发出后就没事了。于是我搭了下一班火车回来了。我现在真想喝杯咖啡。"

弗洛格摩尔公寓三楼前房的生活机器又营营作响,恢复了常态,可惜没有人听到它的齿轮的卡嗒声和嘎嘎声。传动皮带滑进了槽,弹簧触发了,齿轮对准了牙,轮子又循着旧有的轨道转动了。

约翰·帕金斯看了看钟。八点一刻。他伸手拿起帽子,朝门口走去。

"约翰·帕金斯,我倒要知道知道,你这会儿想到哪里去?"

"我打算去麦克洛斯基那儿,"约翰说,"跟朋友打一两盘弹子。"

两位感恩节的绅士

有一天是属于我们的。到了那一天,只要不是从石头里蹦出来的美国人都回到自己的老家,吃苏打饼干,看着门口的旧抽水机,觉得它仿佛比以前更靠近门廊,不禁暗自纳闷。祝福那一天吧。罗斯福总统把它给了我们。我们听到过一些有关清教徒的传说①,可是记不清他们是什么样的人了。不用说,假如他们再想登陆的话,我们准能把他们揍得屁滚尿流。普利茅斯岩石②吗?唔,这个名称听来倒有些耳熟。自从火鸡托拉斯垄断了市场之后,我们有许多人不得不降格以求,改吃母鸡了。不过华盛顿方面又有人走漏消息,把感恩节公告预先通知了他们。

越橘沼泽地东面的那个大城市③使感恩节成为法定节日。一年之中,惟有在十一月的最后一个星期四,那个大城市才承认渡口以外的美国。惟有这一天才纯粹是美国的。是的,它是独一无二的美国的庆祝日。

现在有一个故事可以向你们证明:在大洋此岸的我们,也有一

---

① 1620年,英国清教徒不堪宗教压迫,首批乘坐"五月花号"船来到美洲普利茅斯,船上有英格兰、苏格兰和荷兰移民102人。移民定居后的次年,为庆祝第一次收获,感谢上帝的恩惠,制定了感恩节,后成为美国法定节日,由联邦总统或各州州长发表公告,一般在每年11月的最后一个星期四。这里的罗斯福总统指西奥多·罗斯福(1858—1919),在任期为1901—1909年。
② 普利茅斯岩石在马萨诸塞州普利茅斯港口,相传为首批清教徒登陆之地,其实登陆地点是普罗文斯顿的科德角。
③ 指纽约市。

些日趋古老的传统,并且由于我们的奋发和进取精神,这些传统趋向古老的速度比在英国快得多。

斯塔夫·皮特坐在联邦广场喷水池对面人行道旁边东入口右面的第三条长凳上。九年来,每逢感恩节,他总是不早不迟,在一点钟的时候坐在老地方。他每次这样一坐,总有一些意外的遭遇——查尔斯·狄更斯式的遭遇,使他的坎肩胀过心口,后背也是如此。

但是,斯塔夫·皮特今天来到一年一度的约会地点,似乎是出于习惯,而不是出于一年一度的饥饿。据慈善家们的看法,穷苦人仿佛要隔那么长的时间才遭到饥饿的折磨。

当然啦,皮特一点儿也不饿。他来这儿之前刚刚大吃了一顿,如今只剩下呼吸和挪动的气力了。他的眼睛活像两颗淡色的醋栗,牢牢地嵌在一张浮肿的、油水淋漓的油灰面具上。他短促地、呼哧呼哧地喘着气;脖子上一圈参议员似的脂肪组织,使他翻上来的衣领失去了时髦的派头。一星期前,救世军修女的仁慈的手指替他缝在衣服上的纽扣,像玉米花似的爆开来,在他身边撒了一地。他的衣服固然褴褛,衬衫一直豁到心口,可是夹着雪花的十一月的微风只给他带来一些可喜的凉爽。因为那顿特别丰富的饭菜产生的热量,使得斯塔夫·皮特不胜负担。那顿饭以牡蛎开始,以葡萄干布丁结束,包括了他所认为的全世界的烤火鸡、煮土豆、鸡肉色拉、南瓜馅饼和冰淇淋。因此,他肚子塞得饱饱的坐着,带着撑得慌的神情看着周围的一切。

那顿饭完全出乎他意料之外。他路过五马路起点附近的一幢红砖住宅,那里面住有两位家系古老、尊重传统的老太太。她们甚至不承认纽约的存在,并且认为感恩节只是为了华盛顿广场才制定的。她们的传统习惯之一,是派一个佣人等在侧门口,吩咐他在正午后把第一个饥饿的过路人请进来,让他大吃大喝,饱餐一顿。斯塔夫·皮特去公园时,碰巧路过那里,被管家们请了进去,成全了城堡里的传统。

斯塔夫·皮特朝前面直瞪瞪地望了十分钟之后,觉得很想换换眼界。他费了好大的劲,才把头慢慢扭向左面。这当儿,他的眼球惊恐地鼓了出来,他的呼吸停止了,他那穿着破皮鞋的短脚在沙砾地上簌簌地扭动着。

因为那位老先生正穿过四马路,朝他坐着的长凳方向走来。

九年来,每逢感恩节的时候,这位老先生总是来这儿寻找坐在长凳上的斯塔夫·皮特。老先生想把这件事搞成一个传统。九年来的每一个感恩节,他总是在这儿找到了斯塔夫,总是带他到一家饭馆去,看他美餐一顿。这类事在英国是做得很自然的。但美国是个年轻的国家,坚持九年已经算是不容易了。那位老先生是忠实的美国爱国者,并且自认为是创立美国传统的先驱之一。为了引起人们注意,我们必须长期坚持一件事情,一步也不放松。比如收集每周几毛钱的工人保险费啦,打扫街道啦,等等。

老先生庄严地朝着他所培植的制度笔直走去。不错,斯塔夫·皮特一年一度的感觉并不像英国的大宪章,或者早餐的果酱那样具有国家性。不过它至少是向前迈了一步。它几乎有点封建意味。它至少证明了要在纽——唔!——在美国树立一种习俗不是不可能的。

老先生年过花甲,又高又瘦。他穿着一身黑衣服,鼻子上架着一副不稳当的老式眼镜。他的头发比去年白了一点,稀了一点,而且好像比去年更借重那根粗而多结的曲柄拐杖。

斯塔夫·皮特眼看他的老恩人走近,不禁呼吸短促,直打哆嗦,正如某位太太的过于肥胖的狮子狗看到一条野狗对它龇牙竖毛时那样。他很想跳起来逃跑,可是即使桑托斯-杜蒙①施展出全

---

① 桑托斯-杜蒙(1873—1932),巴西气球驾驶员,1901年乘气球从法国的圣克卢至埃菲尔铁塔往返飞行一次,1906和1909年又试飞过风筝式飞机和单翼飞机。

副本领，也无法使他同长凳分开。那两位老太太的忠心的家仆办事可着实彻底。

"你好，"老先生说，"我很高兴看到，又一年的变迁对你并没有什么影响，你仍旧很健旺地在这个美好的世界上逍遥自在。仅仅为了这一点幸福，今天这个感恩节对我们两人都有很大的意义。假如你愿意跟我一起来，朋友，我准备请你吃顿饭，让你的身心取得协调。"

老先生每次都说这番同样的话。九年来的每一个感恩节都是这样。这些话本身几乎成了一个制度。除了《独立宣言》以外，没有什么可以同它相比了。以前在斯塔夫听来，它们像音乐一样美妙。今天他却愁眉苦脸，眼泪汪汪地抬头看着老先生的脸。细雪落到斯塔夫的汗水淋漓的额头上，几乎嘶嘶发响。但是老先生却在微微打战，他转过身去，背朝着风。

斯塔夫一向纳闷，老先生说这番话时的神情为什么相当悲哀。他不明白，因为老先生每次都在希望有一个儿子来继承他的事业。他希望自己去世后有一个儿子能来到这个地方——一个壮实自豪的儿子，站在以后的斯塔夫一类的人面前说："为了纪念家父。"那一来就成为一个制度了。

然而老先生没有亲属。他在公园东面一条冷僻街道的一座败落的褐式住宅里租了几间屋子。冬天，他在一个不比衣箱大多少的温室里种些倒挂金钟。春天，他参加复活节的游行。夏天，他在新泽西州山间农舍里寄宿，坐在柳条扶手椅上，谈着他希望总有一天能找到的某种扑翼蝴蝶。秋天，他请斯塔夫吃顿饭。老先生干的事就是这些。

斯塔夫抬着头，瞅了他一会儿，自怨自艾，好不烦恼，可是又束手无策。老先生的眼睛里闪出为善最乐的光亮。他脸上的皱纹一年比一年深，但他那小小的黑领结依然非常神气，他的衬衫又白又漂亮,他那两撇灰胡髭典雅地翘着。斯塔夫发出一种像是锅里煮豌豆的声音。他原想说些什么,这种声音老先生已经听过九次了,他理所当然地把它当成斯塔夫表示接受的老一套话。

"谢谢你,先生。非常感谢,我跟你一起去。我饿极啦,先生。"

饱胀引起的昏昏沉沉的感觉,并没有动摇斯塔夫脑子里的信念:他是某种制度的基石。他的感恩节的胃口并不属于他自己,而是属于这位占有优先权的慈祥的老先生,因为即使不根据实际的起诉期限法①,也得考虑到既定习俗的全部神圣权利,不错,美国是个自由的国家,可是为了建立传统,总得有人充当循环小数呀。英雄们不一定非得使用钢铁和黄金不可。瞧,这儿就有一位英雄,只是挥动着马马虎虎地镀了银的铁器和锡器②。

老先生带着他的一年一度的受惠者,朝南去到那家饭馆和那张年年举行盛宴的桌子。他们给认出来了。

"老家伙来啦,"一个侍者说,"他每年感恩节都请那个穷汉吃上一顿。"

老先生坐在桌子对面,朝着他的将要成为古老传统的基石,脸上发出像熏黑的珠子的光芒,侍者在桌子上摆满了节日的食品——斯塔夫叹了一口气(别人还以为这是饥饿的表示呢)举起了刀叉,替自己刻了一顶不朽的桂冠。

在敌军人马中杀开一条血路的英雄都不及他这样勇敢。火鸡、肉排、汤、蔬菜、馅饼,一端到他面前就不见了。他跨进饭馆的时候,肚子里已经塞得实实足足,食物的气味几乎使他丧失绅士的荣誉,但他却像一个真正的骑士,强打精神,坚持到底。他看到老

---

① 起诉期限法,英美法律规定,不动产遭受侵害的起诉期限为20年,动产为6年,违法行为为2年,超过上述期限后,原告无权提出诉讼。
② 指吃饭用的刀叉盘碟。

先生脸上的行善的欣慰——倒挂金钟和扑翼蝴蝶带来的快乐都不能与之相比——他实在不忍心扫他老人家的兴。

一小时后,斯塔夫往后一靠,这一仗已经打赢了。

"多谢你,先生,"他像一根漏气的蒸汽管子那样呼哧呼哧地说,"多谢你赏了一顿称心的中饭。"

接着,他两眼发直,费劲地站起来,向厨房走去。一个侍者把他像陀螺似的打了一个转,推他走到门口。老先生仔细地数出一元三角钱的小银币,另外给了侍者三枚镍币作为小费。

他们像往年那样,在门口分了手,老先生往南,斯塔夫往北。

在第一个拐角上,斯塔夫转过身,站了一会儿。接着,他的破旧衣服像猫头鹰的羽毛似的鼓了起来,他自己则像一匹中暑的马那样,倒在人行道上。

救护车开到,年轻的随车医生和司机低声咒骂他的笨重。既然没有威士忌的气息,也就没有理由把他移交给警察局的巡逻车,于是,斯塔夫和他肚子里的双份大餐就给带到医院里去了。他们把他抬到医院的床上,开始检查他是不是得了某些怪病,希望有机会用尸体解剖来发现一些问题。

瞧呀!过了一小时,另一辆救护车把老先生送来了。他们把他放在另一张床上,谈论着阑尾炎,因为从外表看来,他是付得起钱的。

但是不多久,一个年轻的医师碰到一个眼睛讨他喜欢的年轻护士,便停住脚步,跟她谈谈病人的情况。

"那个体面的老先生,"他说,"你怎么都猜不到,他几乎要饿死了。从前大概是名门世家,如今落魄了。他告诉我说,他已经三天没有吃东西了。"

良知未泯

黑斯廷斯·比彻姆·莫利穿过联邦广场,怜悯地瞅着成百个懒洋洋地靠在公园长椅上的人。这批混杂的人,他暗忖道,男人们满脸胡子茬,像牲口一样呆头呆脑;女人们害羞地扭动着身体,两条腿悬在卵石铺的人行道上有四英寸高,一会儿交叉,一会儿又分开。

假如我是钢铁大王卡内基或者石油大王洛克菲勒,我就在口袋里揣上几百万元,把所有的公园督察都召来(必要的话就在公园角落里),搞个规划,把全世界公园里的椅子统统改矮一点,让坐在上面的妇女的脚能碰到地。那之后,我也许会向付得起钱的城镇提供图书馆,或者为脾气古怪的教授们盖疗养院,高兴的话,把它们叫做大学。

妇女权利协会为争取男女平等奋斗了多年。结果怎么样?她们坐在公园长椅上的时候不得不把膝盖扭在一起,不舒服地晃动最高的法国高跟鞋,得不到大地的支持。女士们,应该从脚做起。你们应该脚踏实地,然后提高到心态平等的理论。

黑斯廷斯·比彻姆·莫利衣着整洁仔细。那是他的出身和教养形成的本能。我们看不到人的内心,只看到他浆熨得笔挺的衬衫前胸;因此,我们只能说说他的言行。

莫利口袋里一分钱都没有;但他怜悯地笑傲着那百来个肮脏的不幸的人,他们口袋里空空如也,当黎明的阳光染黄广场西面的高楼大厦时,他们的口袋仍旧空空如也。那时候,莫利会有足够的钱。以前日落的时候,他口袋空了,日出的时候,又鼓了起来。

他首先到麦迪逊路那儿一位牧师的家里,递交了一封据说是印第安纳州牧师团写的介绍信。这封信,加上可以乱真的、汇款迟迟未到的故事,替他弄到了五元钱。

从牧师家出来刚走了二十步,一个白脸胖子举起红色的拳头,拦住了他的去路,胖子的嗓音响得像是暗礁上的打钟浮标,嚷嚷着要他归还一笔旧账。

"啊,伯格曼老兄,"莫利甜言蜜语地说,"幸会幸会,我正要去你那儿还你钱。我姑妈的汇款今天早上才到。地址错了,耽误了事。咱们到街角的酒馆里去,结结账。见到你真高兴。省得我多跑路。"

四杯酒下肚,安抚了激动的伯格曼。莫利手里有钱,口气就不一样,即使罗思柴尔德①的贷款也可以宽限。他身无分文时,虚张声势的调门就低一点,但是很少有人能辨出这种音高的差异。

"你明天去我那儿还钱好啦,莫利先生,"伯格曼说,"我在街上朝你嚷嚷真对不起。不过你三个月没有照面了。祝你健康!②"

莫利苍白光洁的脸上带着坏笑走开了。这个轻信的、喝了酒就心软的德国人使他好笑。今后他要避开第二十九街。他没有想到伯格曼回家时走这条路。

往北走了两个街口后,莫利在一座幽暗的房子门前站停,用特殊的节奏敲了几下。装有防盗链的门打开一条六英寸宽的缝,缝里露出非洲保安的傲慢的黑脸。莫利给放了进去。

---

① 罗思柴尔德,欧洲犹太血统的银行世家,祖先迈耶·阿·罗思柴尔德于1760年在德国法兰克福创业,五子继承父业,分别在德、英、意、法立足,虽经拿破仑战争和历次大小欧战,财力愈益雄厚,至今在欧美各国仍有很大势力。

② 原文是拉丁文,敬酒或别人打喷嚏时的用语。

在三层楼一间烟雾缭绕、空气混浊的屋子里,他在轮盘赌的台子旁边待了十分钟。然后下了楼,被那个神气活现的非洲人放了出来,五元的资本只剩下四角丁当响的银币。他在街角上逗留片刻,拿不定主意要去哪里。

街对面有一家灯火通明的药房,柜台上的散装苏打汽水的德国银①容器和玻璃杯闪闪发光。一个五岁左右的男孩正朝药房走去,由于年龄增长而获得的重大差事使他自视甚高。他手里紧紧捏着些什么,惟恐人家不知道似的露出得意的神色。

莫利和蔼可亲地叫住了他。

"你叫我吗?"孩子说,"妈妈派我去药房。她给我一块钱买瓶药水。"

"哟,哟,哟!"莫利说,"你成了大人,能替妈妈做事了。我得陪我的小大人一起去,免得他被车撞了。我们顺便还可以买些巧克力。他要巧克力呢还是要柠檬糖?"

莫利牵着孩子的手进了药房。他把包着钱的药方递过去。

"纯水一品脱,"他对药剂师说,"氯化钠十谷。配成溶剂。别宰我,我知道克罗顿水库里全部氧化氢的加仑数,另一种成分,我吃煮土豆的时候老是用来洒一点②。"

"一毛五分钱,"药剂师配好药方,眨眨眼睛说,"看来你懂药物学。通常的价钱是一元。"

"那是蒙傻瓜的。"莫利笑着说。

他小心地把包好的瓶子搁在孩子怀里,陪他走到街角上,把八毛五分钱放进自己的口袋,那是他的化学知识给他带来的增值。

---

① 德国银是铜、镍、锌的合金。
② 谷是重量单位,合64.8毫克;氯化钠和氧化氢分别是盐和水的化学名称。

"注意来往车辆,孩子。"他快活地对那个小受害人说。

两辆有轨电车突然从相反的方向朝孩子开来。莫利冲到电车中间,揪住孩子的脖子,不让他受惊乱跑。然后过了马路,叫那个受了骗还挺高兴的、手上给意大利人水果摊上的廉价糖果弄得黏糊糊的孩子回家。

莫利进了一家餐馆,要了一份牛腰肉和一品脱不太贵的葡萄酒。他暗暗发笑,但笑得那么真诚,以致侍者认为他一定有什么好消息。

"哦,没有,"莫利说,他难得同别人攀谈,"没有什么好消息。我只是想起一件有趣的事。你知道在各种各样的交易中,哪三种人最容易上当吗?"

"当然知道,"侍者望着莫利打得十分精致的领带结,琢磨着可能得到多少小费,"八月份南方绸缎呢绒店来的采购员,斯塔腾岛来的度蜜月的夫妇,还有——"

"错了!"莫利快活地格格笑着说,"答案是男人、女人和小孩。世界上——就说纽约和长岛的度夏人游泳的距离之内吧——到处都是愣头青。这块牛腰排多烤两分钟就合适了,弗兰索瓦。"

"假如你认为火候不到,"侍者说,"我——"

莫利举起手反对——有点自认晦气地反对。

"就这么凑合着吃吧,"他宽容地说,"现在给我来点冰镇的鲜葡萄酒和一小杯咖啡。"

莫利悠闲地出来,站在市里两条交通要道的交叉处。他口袋里只剩孤零零的一毛钱,自信而讥嘲的眼睛含笑看着经过他身边的人流。他必须在人流中撒网打鱼,维持他下一步生活的需要。淡泊的艾扎克·沃尔顿①的自信和关于鱼饵的知识够不上他的

---

① 艾扎克·沃尔顿(1593—1683),英国散文作家,著有《垂钓记趣》。

一半。

四个快活的人——两男两女——欢呼着朝他跑来。他们刚参加了一个宴会——前两个星期他上哪儿去了?——碰到他真运气!他们围住他——他一定要跟他们一起去玩——特拉拉拉——等等,说个没完。

帽子上的白色羽毛垂到肩头的一个女的扯扯他的袖管,朝她的同伴使了一个胜利的眼色,仿佛在说"看我怎么使他就范",然后像女王似的发出邀请。

"你们无法想象,"莫利伤感地说,"我不得不谢绝你们的盛情,有多么遗憾。不过我的一个朋友,纽约游艇俱乐部的卡拉瑟斯,约我等在这里,他八点钟开车来接我。"

白色羽毛朝后一甩,那四个人像围着弧光灯飞舞的小虫似的嬉闹着走了。

莫利站在那儿摆弄口袋里的一角银币,暗自好笑。

"'门面',"他低声说,"起作用的是'门面'。它是王牌。男人、女人、小孩都上当了——伪造的介绍信、盐水的谎言——统统都上当了。"

杂乱的马车和电车中间冒出一个长着稀疏的灰胡子、衣服不合身、拿着一把大雨伞的老头,跑上人行道,停在莫利面前。

"劳驾,"他说,"我向你打听一个人,你知不知道这里有个叫所罗门·斯马瑟斯的人?他是我的儿子,我从埃伦维尔来看他。我把他住处的街道和门牌号的纸条弄丢了。"

"我不知道,先生,"莫利眯缝着眼睛,掩饰眼里的喜悦,"你最好去警察局问问。"

"警察局!"老头说,"我去警察局干吗?我只是来看看我的儿子本。他写信告诉我,他住在一幢五层楼的房子里。假如你知道有谁叫那个名字——"

"我对你说我不知道,"莫利冷冷地说,"我不认识姓斯米瑟斯的人,我劝你去问——"

"斯马瑟斯,不是斯米瑟斯,"老头抱有希望地说,"长得很壮实,沙黄色的皮肤,二十九岁,缺了两颗门牙,身高五英尺左右——"

"哦,斯马瑟斯!"莫利喊道,"索尔·斯马瑟斯?他就住在我的隔壁。我刚才以为你说的是'斯米瑟斯'呢。"

莫利掏出表来看看。表是不可缺少的东西。花一元钱就能买到。宁肯少吃两顿饭,也不能不花九毛八分钱买一块表——按照钟表制造商的说法,火车是凭钟表运行的。

"长岛的主教,"莫利说,"约我八点钟在这里见面,然后和我一起在鱼狗俱乐部吃晚饭。可是我不能把我朋友索尔·斯马瑟斯的爸爸一个人扔在街上不管。凭圣徒斯威辛的名义起誓,斯马瑟斯先生,我们这些华尔街上的人事情可多呢!真够累的!你过来时我正要穿到街对面,去喝一杯加雪利酒的姜啤。斯马瑟斯先生,千万让我带你去索尔家。不过我们乘车之前,希望你和我先去喝一点——"

一小时后,莫利坐在麦迪逊广场一张清静的长椅上,嘴里衔着一支两角五分的雪茄,上衣的里袋多了一百四十元皱皱巴巴的钞票。他感到满足、轻松,讽刺而富于哲理地望着浮云掩映的月亮。一个低着头、衣衫褴褛的老人坐在长椅的另一端。

不一会儿,老人挪动了一下,看看长椅上的同伴。他从外表上似乎看出莫利不像是通常在长椅上过夜的人。

"好心的先生,"他带着哭音说,"你能不能施舍一角甚至几分钱给一个——"

莫利给了他一元钱,打断了他那老一套的哀诉。

"上帝保佑你!"老人说,"我一直想找个工作——"

"工作!"莫里大笑说,"朋友,你真傻。毫无疑问,世界对于你像是一块不毛的岩石,但是你必须像亚伦①一样,用你的木杖敲打它。那样才会有比清水更好的东西源源不断地流出来。世界就是这个样子。我有求于世界的,它都给我。"

"那是上帝保佑你,"老人说,"我只知道工作。可是现在找不到了。"

"我得回家了,"莫利站起来扣好上衣说,"我待在这里只是抽支烟。希望你找到工作。"

"但愿你今晚行了好,能得到好报。"老人说。

"哦,"莫利说,"你的祝愿已经实现了。我心满意足。我觉得好运像狗一样跟着我。我今晚要到广场对面那家灯火辉煌的旅馆去过夜。今晚月光把城市照得多么明亮。我觉得谁都不会像我这样享受月光和诸如此类的小乐趣。好吧,祝你晚安。"

莫利走到街角上,准备穿过马路去旅馆。他仰天缓缓吐出雪茄烟雾。他朝一个路过的警察亲切地点点头,警察向他敬了一个礼。是啊,月亮多好呀。

时钟敲九下时,一个刚成年的姑娘站在街角上等电车开来。她像是放了工或者给什么事耽误了似的匆匆赶回家去。她的眼睛清澈纯洁,穿着朴素的白色衣服,一心等车,没有东张西望。

莫利认识她。八年前,他们是同桌的同学。他们之间没有什么感情——只是天真岁月的友情而已。

但是他拐到小街上一个僻静的角落,把突然发烧的脸贴在灯柱的冷铁上,含混地说:

"天哪!我不如死了的好。"

---

① 《旧约·民数记》第18章:耶和华挑选以色列人的首领,吩咐十二支派各取杖一支,存在法柜的帐幕内,次日,"利未族亚伦的杖已经发了芽,生了花苞,开了花。结了熟杏。"

加克图斯市来的买主

众所周知,得克萨斯州加克图斯市的气候有益健康,人们不会得花粉热或者伤风感冒打喷嚏,因为设在那里的纳瓦罗-普拉特绸缎呢绒大商店不容人们嗤之以鼻。

加克图斯市有两万居民,他们出手大方,看到心爱的东西就买,毫不吝惜手里的银币。大量银币流到了纳瓦罗-普拉特店里。商店庞大的砖砌建筑占的地皮足够放牧十几头羊。你在那里可以买到响尾蛇皮做的领带,汽车,或者价值八十五元的、有二十种不同色调的棕黄色女大衣。首次把钱币引进科罗拉多河以西地区的人就是纳瓦罗和普拉特。他们是有生意头脑的牧人,发现不用花钱的青草吃光后,地球不一定非停止旋转不可。

主要合伙人纳瓦罗五十五岁,有一半西班牙血统,他长期闯荡世界,磨练得十分能干,每年春天都去纽约进货。今年他对长途旅行有点发怵。他无疑上了年纪,一天要掏好几次表,看看是否到了午睡时间。

"约翰,"他对他的次要合伙人说,"今年由你去进货吧。"

普拉特好像兴致不高。

"我听人家讲,"他说,"纽约是个死气沉沉的城市;不过我去还是要去的。我可以顺路到圣安东尼奥转几天,找些消遣。"

两星期后,一个得克萨斯打扮的人——黑色的长礼服、白色的宽檐软帽、三英寸高的硬领、黑色的绣花领带——来到百老汇路南头齐茨鲍姆父子服装批发商行。

老齐茨鲍姆具有鱼鹰的眼力、大象的记忆和木匠曲尺般的灵活头脑。他像黑毛北极熊似的蹒跚上前同普拉特握手。

"得克萨斯的纳瓦罗先生好吗?"他说,"路上太辛苦,他今年不亲自来了,是吗?普拉特先生来,我们照样欢迎。"

"你猜得真准,"普拉特说,"我想知道你是怎么猜到的,即使拿佩科斯郡四十英亩旱地来换都值得。"

"我当然知道,"齐茨鲍姆笑着说,"我还知道埃尔帕索去年的降雨量是二十八点五英寸,增加了十五英寸,因此纳瓦罗-普拉特今春要采购一万五千元的服装,而不是干旱年份的一万元。不过那是明天的事了。先去我的办公室抽支雪茄,解解你嘴里的格朗德河那边走私进来的雪茄烟味——那种雪茄的味道像是——反正是走私的。"

当天的生意已经结束,快下班了。普拉特的雪茄抽了一半,齐茨鲍姆离开他的办公室去找儿子,儿子正对着镜子在整理领带上的钻石别针。

"阿贝,"他说,"今晚你带普拉特先生去外面到处看看。他们是十多年的老主顾了。纳瓦罗先生来的时候,一有空闲我就陪他下棋。那当然很好,可是普拉特先生年轻,并且是第一次来纽约。见到什么都会觉得新鲜的。"

"好吧,"阿贝拧紧别针的保险扣说,"我带他走走。等他观光了熨斗大楼,见过阿斯特酒店的侍者领班,听过留声机放的'老苹果树下'唱片后,大概已经十点半钟,得克萨斯先生该睡觉了。我十一点半有个晚餐约会,中间的一段时间可以由温斯洛太太照顾他。"

第二天上午十点钟,普拉特来到商行谈生意。他的上衣翻领上别着一束风信子花。齐茨鲍姆亲自接待。纳瓦罗-普拉特大商店是好主顾,进货总是支付现金。

"你对敝城印象怎么样?"齐茨鲍姆带着曼哈顿人的傻笑问道。

"我不喜欢在这里住家,"得克萨斯人说,"昨晚你的儿子和我看了不少地方。你们这里不缺水,可是加克图斯市比较明亮。"

"我们的百老汇路上有些灯光,你说呢,普拉特先生?"

"阴影也不少,"普拉特说,"我最喜欢你们的马匹。我进城以后还没有见到乌鸦啄食倒毙在路上的马。"

齐茨鲍姆带他上楼看服装样品。

"叫阿舍小姐上来。"他吩咐一个雇员说。

阿舍小姐来了,纳瓦罗-普拉特商店的普拉特,有生以来第一次感到浪漫史奇妙的荣光降临到他身上。他睁大眼睛看着她,像科罗拉多峡谷上的花岗岩石似的一动不动。她注意到了他的神情,一反常态地稍稍红了脸。

阿舍小姐是齐茨鲍姆父子商行的头牌模特儿。她属于那种皮肤白得适中的金发碧眼型,她的三围甚至超过了标准的38-25-42英寸要求。她已经在齐茨鲍姆这里工作了两年,熟悉业务。她的眼睛明亮,但神情冷漠;假如她同有名的蛇怪较量对视的话,那个传说里的怪物很可能先败下阵来。顺便说一句,她了解顾客心理。

"普拉特先生,"齐茨鲍姆说,"我希望你看看这些浅颜色的公主礼服。对于你们那里的气候再适合不过了。阿舍小姐,请先试这一套。"

头牌模特儿敏捷地在更衣室进进出出,出来一次就换一套新衣服,一次比一次更光彩照人。她在目瞪口呆的主顾面前绝对自信地摆出各种姿势,齐茨鲍姆如数家珍地介绍衣服式样。模特儿的脸上露出淡淡的、超脱的职业微笑,似乎掩盖着某种厌倦或者轻蔑。

展示结束后,普拉特仿佛犹豫不定。齐茨鲍姆认为他的主顾也许想去看看别的商家,不禁有点着急。其实普拉特在琢磨加克图斯市里最好的地点,想挑选一处,盖座房子给他未来的妻子——她正在更衣室里穿一套淡紫色的薄纱晚礼服。

"不必急于决定,普拉特先生,"齐茨鲍姆说,"你今晚考虑一下。像这样的货色,你在任何别的商家都找不到我们这样的价位。普拉特先生,你在纽约恐怕会感到无聊。像你这样的年轻人——当然,你缺少女士的陪伴。今晚你想不想带一位漂亮的年轻女士去吃晚饭?阿舍小姐是位非常漂亮的年轻女士;你带她外出肯定有面子。"

"她可不认识我呀,"普拉特没有把握地说,"她对我一点也不了解。她会去吗?我同她不熟。"

"她会去吗?"齐茨鲍姆扬起眉毛说,"她当然会去。我给你介绍一下。她当然会去的。"

他大声招呼阿舍小姐过来。

她来了,换了白衬衫和黑裙子,平静而略带一些轻蔑。

"普拉特先生希望今晚你赏光同他一起吃饭。"齐茨鲍姆说完就走开了。

"当然,"阿舍小姐望着天花板说,"我很高兴。我住在西二十九街九百一十号。时间呢?"

"七点钟怎么样?"

"行,但是请不要提前来。我和一位女教师同屋,她不允许任何男士进房间。我们那里没有客厅,你早来的话只好等在门厅里了。七点我会准备好的。"

七点半时,普拉特和阿舍小姐已经坐在百老汇路上的一家餐馆里了。她穿一套素雅的黑色薄纱衣服。普拉特不了解这也是她白天工作的一部分。

在一个不冒昧的好侍者的帮助下,普拉特点了两份像样的饭菜,只是没有百老汇路上通常的引子。

阿舍小姐朝他粲然一笑。

"我可以要点饮料吗?"她问道。

"当然可以,"普拉特说,"你要什么尽管点。"

"一杯马提尼,不要甜的。"她吩咐侍者说。

马提尼给端上来放在她面前时,普拉特伸手把它拿开。

"这是什么?"他问道。

"当然是鸡尾酒啦。"

"我以为你要的是什么茶呢。这是酒精饮料。你不能喝。你叫什么名字?"

"熟朋友管我叫'海伦'。"阿舍小姐极其冷淡地说。

"听我说,海伦,"普拉特从桌子对面凑过来说,"多年来,每当草原上春花烂漫时,我总是想起一个我从未见过或听说过的人。昨天我一见到你,就知道你正是那个人。明天我要回去了,你会和我一起回去的。我知道,因为你第一次瞅我时,我已经从你眼睛里看出来了。不要拒绝,因为你最终会同意的。我来这里时,半路上挑了一个小玩意儿给你。"

他把一枚两克拉的独粒钻石戒指推到她面前。阿舍小姐用叉子拨了回去。

"别放肆。"她严肃地说。

"我有十万元家产,"普拉特说,"我要替你盖一座西得克萨斯最好的房子。"

"即使你有一亿家产,也买不了我,买主先生,"阿舍小姐说,"我想我没有必要申斥你。最初我以为你同别人不一样,可是现在我发现你们这些人没有区别。"

"这些什么人?"普拉特问道。

"你们这些买主。你们以为我们这些打工的姑娘不得不陪你们吃饭,否则会丢掉工作,于是你们就有了胡说八道的特权。好啦,不谈这件事了。我原以为你和别人不一样,但是我发现我错了。"

普拉特像是突然找到了圆满答案似的用手指敲敲桌子。

"我想起来了!"他高兴地嚷道——"北面的尼科拉斯的那块地。那边有一大片橡树林和一个天然湖。老房子可以推倒,新房子盖在更往后一点的地方。"

"别胡思乱想啦,"阿舍小姐说,"我不愿意打扰你的好梦,不过你们这些人最好认清楚自己的处境。我陪你们出来吃饭是让你们高兴,让你们同老齐茨谈成买卖,可是你们买服装,别指望把我也搭进去。"

"你是想告诉我,"普拉特说,"你经常这样陪顾客们外出,而他们——他们对你说的话都像我一样?"

"他们都在演戏,"阿舍小姐说,"不过我必须说,你在一件事上面比他们强。他们一般只说说钻石戒指,你真的拿出了一枚。"

"你工作了多久,海伦?"

"你把我的名字叫得倒很顺溜。我自食其力已经有八年了。我成年以前做过收款员、商品包扎员、店员,后来做了服装模特儿。得克萨斯人先生,你不认为喝点酒,这顿晚饭就不太枯燥了吗?"

"你再也别喝酒了,亲爱的。想到这种事真让人揪心——明天我去商店接你。我们离开之前,我要你选购一辆汽车。我们在这里买的东西就齐了。"

"哦,别说啦。你不知道我听到这种话有多烦。"

晚饭后,他们在百老汇路上,逛到了一个有树木的小公园。树木立刻引起了普拉特的兴趣,他坚持要在树下的小径走走。灯光照亮了模特儿的泪水。

"我不喜欢那样,"普拉特说,"怎么回事呀?"

"你甭管,"阿舍小姐说,"嗯,因为——好吧,我告诉你,我初次见到你时,以为你不是那种人。可是你们都一样。你现在送我回家好不好,或者要我叫警察?"

普拉特陪她到了她住处的大门口。他们在门廊上站了一会儿。她眼光里的轻蔑神情使他的橡树般的心也开始动摇了。他刚要伸手去搂她的腰,她抬手给了他一个巴掌。

他后退时,不知哪里落出一枚戒指,掉到瓷砖地上。普拉特摸索了一会儿,找到了。

"拿起你的没用的钻石戒指走吧,主顾先生。"她说。

"这是另一枚——是结婚戒指。"得克萨斯人说,他摊开手掌露出一枚光滑的金指环。

阿舍小姐瞅着他,在半暗的门廊上她的眼睛闪闪生辉。

"难道你的意思——你想——"

房子里有人开门。

"晚安,"普拉特说,"我明天去商店看你。"

阿舍小姐跑到楼上她的房间,使劲推那个女教师,女教师霍地坐起来,以为哪里失火了。

"在哪里?"她喊道。

"那正是我要问的,"模特儿说,"你学过地理,艾玛,你应该知道。有个叫加克——加拉加——加拉加斯的城市在哪里?我想大概是这么叫的。"

"你怎么能为了那么一个问题把我吵醒?"女教师说,"加拉加斯在委内瑞拉,那还用问。"

"那个地方怎么样?"

"唔,主要有地震、黑人、猴子、疟疾和火山。"

"我不在乎,"阿舍小姐快活地说,"我明天要去那里了。"

警察奥伦的徽章

不能否认,世界上确实有男女初次见面就堕入情网的情况。这种相互还不够了解就一见钟情的过程相当危险。不过确实存在,本篇就以其中一例作为主题——虽然,谢天谢地,还有诸如醉酒、警察、马匹和伯爵等等更为重大的题材。

某次战争中,一支自称为"温雅骑士"的部队载入了历史,遭遇了一两次伏击。"温雅骑士"的成员来自西部野人中间的贵族和东部贵族中间的野人。大家穿上卡其制服后没有什么差异,因此成了好朋友和亲密伙伴。

荷兰移民后代、身价一千万元的埃尔斯沃思·雷姆森坐在"温雅骑士"部队的篝火堆旁边,快活地吃他的咸牛肉罐头。对他说来,战争是一场大游戏,因此他很少怀念马球和精心烹调的鲱鱼。

部队里有一个自称姓奥伦的、体格健壮、态度和蔼、冷静的年轻人。雷姆森对他特别有好感。在那次西班牙人和美国人争夺激烈、胜负难决的战斗中,他们两人并骑冲上山头。

战后,雷姆森回到他的马球和鲱鱼。一天,一个体格健壮、态度和蔼、冷静的年轻人来俱乐部找他,他和奥伦就像多年未见的老朋友那样互相捶打,叫绰号。奥伦显得憔悴落魄,但十分满足。不过他的满足似乎是装出来的。

"帮我找个工作吧,雷姆森,"他说,"我把最后的一个先令给了理发师。"

"没有问题,"雷姆森说,"我认识许多在市中心开银行、商店等等的朋友。你有没有什么特殊要求?"

"有,"奥伦感兴趣地说,"今天早上我在你们的中央公园散步。我想当那种骑马的警察。这个行当对我比较合适。此外,我也只能干这一行。我会骑马,喜欢新鲜空气。你能帮我办到吗?"

雷姆森说有把握办到。并且确实在很短时间内办到了。于是那些瞧得起骑警的人看到了一个体格健壮、态度和蔼、冷静的年轻人骑着一匹跳腾的栗色马在中央公园的车道上执行任务。

现在,即使有使老先生、老太太感到腻烦的极端危险,也不得不说些一见钟情的事情;那些老先生用皮革编织的表链,那些上了年纪的太太呢——不!她们本人已经当上了祖母,但看到莽撞而不朽的罗密欧仍会怦然心动。

雷姆森从俱乐部出来,逛到五马路时,那件事发生了。

街上车水马龙,挤得水泄不通,一辆慢慢往前蹭的汽车里坐着一个司机和一个留着雪白的络腮胡子、戴着苏格兰花格呢便帽的老先生。除了有身份地位的人以外,乘汽车一般不戴那种帽子,甚至酒类代理商都不敢戴。这两个人无关紧要——除了一个是开汽车的,另一个是拥有汽车的。老先生身边坐着一个年轻的小姐,她长得比石榴花更艳丽,比薄暮时分从夹竹桃树梢望到的弯月更优美。雷姆森一看到她,就知道自己在劫难逃。他可以扑到她所坐的汽车轮子底下,但他知道那是引起坐车人注意的最后一招。汽车徐徐驶过,用诗人的语言来说,把雷姆森的心也带走了。纽约是一个人口数百万的大城市,从一定距离之外来看,许多女人都像石榴花。但他希望再见到她;因为每个人都幻想自己的浪漫史有个保护神。

不久后,幸好城里举行"温雅骑士"的联欢会,分散了雷姆森的注意,使他不那么失魂落魄。在纽约的"骑士"人数不多——也许有二十来个,会上有吃的喝的,还有讲话,讲话中大骂西班牙人。天快亮时,幸存者准备离去,但战场上留下了几个人。其中一个就是不常喝烈酒的骑警奥伦。他的腿不听使唤,不能履行他向警察局宣誓要履行的职责了。

"我醉了,雷姆森,"奥伦对他的朋友说,"这座房子是怎么盖的,怎么会像旋转烟火那样打转?我的思想和说话还算连贯,可是我的腿怎么得——得了口吃的毛病?三小时后我还要去值勤呢。这下糟了,雷姆森。这下可糟了,我对你说。"

"看着我,"清醒如常的雷姆森指着自己的脸笑着问,"你面前是谁?"

"好朋友,"奥伦说,"好朋友雷姆森。"

"不全对,"雷姆森说,"你看到的是骑警奥伦。看看你自己的脸——不,你没有镜子,看不到自己的脸——但是你看着我,想想自己的脸就行了。我们不是很相像吗?同两份法国式客饭一模一样。我佩上你的徽章,骑上你的马,穿上你的制服,今天可以迷住那些在公园里带孩子玩耍的年轻保姆,防止闲人老是扎在一个地方不动窝。我佩带你的徽章,顶替你的荣誉,此外我还可以得到我们痛打西班牙以来的我享受到的最快活的消遣。"

不一会儿,冒牌的奥伦骑警骑着他的栗色马准时来到中央公园。两个不相像的人穿上制服后,看上去会很相像。两个容貌身材有点相像的人就仿佛是孪生兄弟了。雷姆森在马道上款款行进,十分高兴,千万富翁们真正的欢乐实在太少了。

清晨的车道上有两匹暴躁的赤褐色马拉着一辆敞篷四轮车。这种情景比较少见,因为除了一些喜欢健康、贫穷和聪明①的小人物以外,很少有人一早来公园遛弯。马车上坐着一个留着雪白的

---

① 英文成语有"早睡早起,给你带来健康、财富和智慧"。

络腮胡子、戴着苏格兰花格呢便帽的老先生,除了有身份地位的人以外,坐车一般不戴那种帽子。他身边坐着雷姆森心上的小姐——像石榴花和弯月一样美丽的小姐。

雷姆森看他们迎面过来。他们经过时,她的目光同他的相遇,若不是真正有情人的心总是怯弱的话,他会发誓说他看到她脸上泛起一阵淡淡的红晕。他继续朝前小跑了二十码,突然听到逃逸的马蹄声,立刻调过马头。两匹赤褐色的马脱缰了。

雷姆森双腿一夹马腹,箭也似的向马车追去。警察奥伦的扮演者有适合他的事可做了。三十秒后,栗色马同外侧的赤褐色马并列,转动眼球朝后看看雷姆森,用只有警察坐骑的语言说:

"你这个冒牌货,你也想尽你的本分吗?你不是奥伦,不过我认为假如你上身朝右边侧一点,就够到那匹又慢又蠢的赤褐色马的缰绳了——啊!你干得不错,奥伦不会比你干得更出色!"

雷姆森孔武有力的手拉住脱缰的马,把它们拖得灰溜溜地停了下来。马车夫解脱缠在手上的缰绳,从座位上跳下来,站在马匹前面。栗色马跳腾着赞赏它的新骑手,用马语申斥两匹被制服的赤褐色马。雷姆森赖着不走,隐约觉得一个戴着苏格兰花格呢便帽的老先生不知趣地、没有必要地、没完没了地在说些什么。同时他敏锐地感到一双会把铁锈从铁柱上吸下来的蓝紫色的眼睛——不管用什么比喻吧,反正有强大的吸引力——他感到小姐的微笑和神色——有点惊吓,但凭他那颗真正有情人的、总是怯弱的心,他还不能解释的神色。他们问他的姓名,很有礼貌地为了他的英勇行为向他道谢,那顶苏格兰花格呢便帽话特别多,说个没玩。但更有吸引力的是小姐的眼睛。

雷姆森感到一阵满意的激动,因为他有一个值得骄傲的姓氏,在上层社会说出来也足以自豪,他还有一笔值得骄傲的家产,在他这方面绝不丢人。

他张嘴要说,但立刻又闭上了。

他是谁?骑警奥伦。他佩戴的是他伙伴的徽章。如果说千万富翁、荷兰人后裔埃尔斯沃思·雷姆森刚才挽救了石榴花和苏格兰便帽,使他们避免了可能的死亡,那么警察奥伦在哪儿呢?他擅离职守,真相揭露出来后,他玷污了骑警的名誉,会被解职。爱情固然来了,但是有一点需要事先权衡轻重——在战场上并肩打击外敌的同志情谊。

雷姆森行了一个礼,看着栗色马两耳之间的正前方,说了应说的话。

"不值一提,"他呆头呆脑地说,"养兵千日用在一朝,这是我们警察的职责。"

他策马离开了——咒骂着名实相符的那句话,但知道他不可能有别的选择。

一天结束后,雷姆森把栗色马带回马厩,去到奥伦的房间。警察奥伦又成了体格健壮、态度和蔼、冷静的年轻人,坐在窗口抽雪茄。

"我希望你和所有的警察,所有的徽章、马匹、黄铜纽扣,以及两杯香槟酒都顶不住的人统统见鬼去吧。"雷姆森激动地说。

奥伦满意地笑了。

"好样的雷姆森,"他亲切地说,"我全知道啦。两小时前他们到处打听,一直追到我这儿。家里有点大惊小怪,我不得不逃回来。我以前恐怕没有对你说过,我的老爸是阿德斯莱伯爵。你在中央公园里遇到他们也太巧了。如果你弄伤了我那匹马,我永远不会原谅你。我打算把它买下来带回家去。是啊,我想我的妹妹——安吉拉小姐,你知道——特别希望你今晚和我一起去他们下榻的旅馆。你没有把我的徽章弄丢吧,雷姆森?我辞职的时候要上交的。"

砖 粉 街

布林克很不高兴。换了一个修养、自信和财富都不如他的人很可能会咒骂。但布林克始终记住他是个绅士——绅士是不会那样的。因此,他只露出厌烦和讥刺的神情,乘了一辆双轮马车前去纷乱的中心,也就是布林克房地产的代理人,百老汇路上的奥尔德波特律师的事务所。

"我真不明白,"布林克说,"为什么老是要我签署那些该死的文件。我已经打点好行李,准备今天上午去诺思伍兹了。现在我不得不等到明天上午。我不喜欢乘夜车。我最好的剃须刀不知放在哪一个箱子里面。这不是逼着我去理发店,听凭自说自话、笨手笨脚的理发师摆布吗?给我一支不刮纸的钢笔。我最恨刮纸的笔了。"

"请坐,"双下巴、灰白头发的奥尔德波特律师说,"最糟的事还没有告诉你呢。哎,富人的烦恼!需要签署的文件还不齐全。明天上午十一点才能准备好。你还得耽误一天。布林克家族的成员还得无奈一次,听凭理发师拧他的鼻子。你的伤心事里没有包括理发,你应该感激才是。"

"我真想撤了你,不要你代理我的事务了,"布林克站起来说,"不过那一来我又得签署一些文件。请给我一支雪茄吧。"

"假如我愿意看到我老朋友的儿子被鲨鱼一口吞掉,"奥尔德波特律师说,"我早就叫你撤了我。好吧,我们不开玩笑了,亚历山大。明天你除了再辛苦一下,把你的名字签三十来次以外,我必须提请你考虑一个业务上的问题——说是业务问题,也可以说是人道或者权利的问题。五年前我已经对你提过这件事,当时你不听——可能你急于去旅行。现在问题又出来了。房产——"

"哦,房产!"布林克打断他的话说,"亲爱的奥尔德波特先生,你不如明天说吧。明天我们一次解决——签字、房产、橡皮圈、火漆封印等等。和我一起吃午饭怎么样?好吧,我尽量记住明天十一点过来。明天见。"

布林克家的财产主要在地皮、房屋、不动产方面。有一次,奥尔德波特律师曾开了他那辆害气喘病似的小汽车,带亚历山大去看他在城里的单幢的和一排排相连的房屋。因为亚历山大是那些房屋的惟一继承人。布林克当时觉得很有趣。那些房屋看上去太差劲了,怎么也想不到居然能生出大笔大笔的钱,由奥尔德波特律师替他积累在银行里让他花费。

晚上,布林克到俱乐部去吃饭。那里冷冷清清,只有几个打桥牌的老古板,他们板着脸,说话客客气气,但极端蔑视地瞪眼看他。城里的人都到外地去了。他却像小学生似的给扣在这里,一遍又一遍地在文件上签他的名字。他伤透了心。

布林克背过身去,不理会那些老古板,俱乐部的侍者领班迎上前,说了一些有关冰鲜鲑鱼子的废话,布林克说:

"西蒙斯,我要到康奈岛去了。"他的口气像是说:"全完了,我要跳江了。"

西蒙斯认为这句玩笑话非常精彩,在雇员守则规定的音高范围内笑了。

"当然,先生,"他吃吃笑着说,"当然,先生,我相信能在康奈岛上看到你,布林克先生。"

布林克找了一份报纸,查阅了星期天的轮船时刻表。他走出俱乐部，在街角上叫了一辆马车去北江码头。他像平头百姓那样排队买了轮渡船票，被人推推搡搡地挤到了轮渡的上层甲板。有个姑娘独自一人坐在折叠凳上，他竟厚着脸盯着她直瞧。布林克不是有意冒昧，而是因为那个姑娘长得太好看了，以致他忘了自己微服出游的王子身份，竟像平常人那样失态。

她也在看他，神情并不严肃。一阵风来，几乎吹掉布林克的草帽。他赶紧抓住，重新戴好。这个动作像是欠身打招呼。姑娘点点头，微微一笑，他立即过去在她身边坐下。她穿着一身白衣服，脸色比布林克想象中的挤奶女工和地位低下的姑娘白一些，但她像樱花一样楚楚动人，从她那双坚定的、极其坦率的灰色眼睛里，仿佛可以看到清澈平静的无畏的灵魂深处。

"你怎么敢举帽同我打招呼？"她问道，一丝笑意缓和了责难的口气。

"没有呀，"布林克说，但立刻加以解释，掩盖他的错误，"我一见到你帽子就戴不住了。"

"我不允许不经介绍的男人坐在我身边。"她突然傲慢地说，居然骗过了他。他不情不愿地站起来，但她戏弄人的爽朗的笑声让他又坐下来。

"我想你不是出远门吧。"她带着美丽的充分自信说。

"你去康奈岛吗？"布林克问。

"我吗？"她睁大眼睛看着他，露出取笑的诧异神情，"瞧你问的！难道你看不出来我是在公园里骑自行车吗？"她的诙谐有点过分。

"我是在砌工厂的高烟囱，"布林克说，"我们一起去康奈岛好吗？我只有一个人，以前从没有去过。"

"再说吧，"姑娘说，"要看你的表现而定。我们到了那里以后，我再考虑你的申请。"

布林克尽力不让他的申请遭到拒绝。他使劲讨她欢心,按照刚才随口说说的比喻,一块砖一块砖的砌着他本分的高烟囱,直到建筑稳固完善。上层社会的礼貌最后返璞归真,姑娘的举止本来就很自然,他们一开头就有了沟通的共同基础。

从谈话中,他知道了她二十岁,名叫弗洛伦斯,在一家女帽作坊当修整工,同她最好的朋友埃拉合住一个带家具出租的房间,埃拉是一家鞋店的出纳员,从送到窗槛上的奶瓶里直接倒出来的一杯牛奶和边梳头边煮的一个鸡蛋,对任何人来说都是相当好的早餐。弗洛伦斯听到"布林克"这个姓时笑了。

"好吧,"她说,"这说明你确实有点想象力,不管怎么说,至少让'史密斯'之类的假名得到休息的机会。"

他们到了康奈岛,被推上疯狂地寻求乐趣的人群浪潮的顶峰,进入了以杂耍场面貌出现的仙境。

布林克带着好奇的眼光、挑剔的心态和保留的判断打量那些颇受大众欢迎的寺庙、宝塔和凉亭。人民大众践踏他,推挤他。自带午餐的游人的食品篮子在他身上磕磕碰碰;小孩摔倒在他脚下又哭又叫,被糖果弄得黏乎乎的手乱抓他的衣服。蛮横无理的年轻人在有奖游戏的摊位中间转悠,一手夹着好不容易赢来的手杖,另一手挽着得来不费功夫的女友,挑衅地朝他脸上吐廉价的雪茄烟雾。手拿喊话筒的广告员站在各自的天下第一奇观的帐篷前大肆吹嘘,声音响得像是尼亚拉加大瀑布。各式各样的铜乐器、管乐器、弦乐器和打击乐器发出的音响在空中互争短长。但最使布林克神魂颠倒的是普罗大众,他们尖叫着、挣扎着、气喘吁吁、发疯似的、义无反顾地涌向那些荒唐可笑的虚假的宫殿和徒有其表的欢乐。这一切对他的阶层的信条和口味是粗暴的践踏,使他极为反感。

他正感到厌烦时,转过头来看看身边的弗洛伦斯。她马上露出微笑,快活地抬起一双像是鳟鱼池塘里晶莹清澈的水也似的眼睛。那双眼睛仿佛在说它们有显得快活清澈的权利,因为眼睛的主人不是同她现在的男朋友、掌握欢乐的魔城钥匙的人在一起吗?

布林克并没有正确地理解她的眼神,但突然奇迹般地看到了康奈岛的面貌。

他看到的不再是一群寻找粗鄙欢乐的粗鄙的人,而是成千上万的真正的理想主义者。他们引起的反感已经一扫而光。这些光彩夺目的寺庙的装饰固然虚假,但他透过镀金表面看到了它们向人们不安的心态提供的、花费不多而实惠的抚慰和满足。这里至少有传奇的外壳,骑士的闪亮的空盔甲,惊险的过山车的使人毛骨悚然、但保证安全的急降和攀升,把你带往仙境的魔毯,尽管距离只有几码之远。他看到的不再是一群乌合之众,而是寻求理想的兄弟姐妹。这里没有诗歌或者艺术的魅力,而有想象的魅力,能把黄色棉布变成金丝料子,把喊话筒变成欢乐的传令官的银喇叭。

布林克几乎感到自卑,他放下心里的架子,加入了理想主义者的行列。

"你是童话里的女博士,"他对弗洛伦斯说,"我们怎么参观这个童话联合公司呢?"

"我们从这里开始,"她指着海边的一座宝塔说,"一处一处的都玩遍。"

他们赶上八点钟的返程轮渡,疲倦而快活地靠着栏杆坐在船首,听意大利乐师拉小提琴,弹竖琴。布林克抛开了所有的心事。在他心目中,诺思伍兹仿佛成了一片不适于居住的荒野。在签名的问题上,他何必那么大惊小怪——咄!签一百次都无所谓。她的名字像她的人一样美丽——"弗洛伦斯",他反复想道。

轮渡快到北江码头时,一艘双烟囱、灰黄色、像是国外的海轮向海湾驶来。轮渡朝码头之间的水域掉过船头。海轮寻找中流似的转换航向,但偏离了一点,似乎突然提高了速度,撞在康奈岛轮渡的船尾上,发出可怕的破裂声和震动。

轮渡甲板上的六百名乘客大多跌得东倒西歪,惊慌地尖叫起来,轮渡船长朝海轮嚷嚷,说它不应该后退,撞漏了轮渡。但是海轮像野蛮的锯鳐似的掉头不顾,全速向前驶去。

轮渡船尾开始下沉,但仍旧缓缓驶向码头。乘客们惊恐万分,惨不忍睹。

布林克紧紧搂住弗洛伦斯,直到轮渡稍稍稳定。她没有显出恐惧的样子或叫喊。他踩上折叠凳,弄断头顶上的木板条,拉出几件救生衣,替弗洛伦斯扣上一件。糟烂的帆布裂了口子,假冒伪劣的软木颗粒哗哗地流出来。弗洛伦斯抓起一把,开心地笑了。

"像是早餐吃的麦片,"她说,"解掉吧。根本不能用。"

她解开救生衣,扔在甲板上。她叫布林克坐下来,自己坐在他身边,让他握住她的手。"你认为我们能安全到达码头吗?"她说着,开始哼一支歌曲。

船长在乘客中间走动,发出命令。他说轮渡肯定能到码头,命令妇女儿童到船首去,以便先下船。轮渡船尾吃水已经很深了,但仍旧勇敢地履行船长的承诺。

"弗洛伦斯,"她紧挨在布林克的臂弯里握着他的手时,布林克说,"我爱你。"

"他们都是这么说的。"她轻松地回答。

"我不是他们中间的一个,"他坚持说,"以前我从没有遇到我可以爱的人。但我可以和你一起,每天过幸福的日子。我有钱。我可以让你过舒服的生活。"

"他们都是这么说的。"那姑娘重复了一遍,嘴里仍旧哼着小曲。

"再也别说那种话了。"布林克的声调使她惊异地望着他。

"为什么不让我说?"她平静地问道,"他们都是这么说的。"

"'他们'是些什么人?"他问道,生平第一次感到了妒忌。

"我认识的一些人。"

"你认识许多人吗?"

"哦,我可不是没人注意的墙花。"她不无得意地说。

"你在什么地方同这些男人见面?在你家里吗?"

"当然不是。我同他们见面的情形正同你见面一样。有时候在渡轮上,有时候在公园里,有时候在街上。我很会判断男人。我一眼就能看出男人会不会放肆。"

"你说的'放肆'是什么意思?"

"是他们会不会企图吻你——我是说吻我。"

"有人那样吗?"布林克咬牙问道。

"当然有。男人都这样。你也了解。"

"你让他们吻吗?"

"有几个。不多。你不让他们吻的话,他们哪儿也不带你去。"

她扭过脸来仔细瞅着布林克。她的眼睛像小孩似的天真。但有一种困惑的神情,仿佛不明白他问这话的用意。

"我同男人见面有什么不对吗?"她惊奇地问。

"完全不对,"他几乎是粗暴地说,"你干吗不在你住的地方接待你的朋友?有必要在街上找汤姆、狄克、哈里吗?"

她那双绝对天真的眼睛一直看着他。

"你如果看到我住的地方,就不会问那种话了。我住在砖粉街。人们叫它砖粉街,因为那里到处都有红砖粉簌簌往下掉。我在那里住了四年多。没有接待朋友的地方。你不能把随便什么人都往你睡觉的房间里带呀。有什么办法?女的总得同男人见面呀,不是吗?"

"是啊，"他嘶哑地说，"女的总得同一个——同男人们见面。"

"第一次有男人在街上同我搭讪后，"她接着说，"我跑回家去，哭了一夜。后来也就习惯了。我在教堂里见过许多很好的男人。下雨的日子，我站在门廊里，直到带伞的人过来。我希望有个客厅，我就可以请你来坐坐，布林克先生——你真的不姓'史密斯'吗？"

轮渡安全到了岸。布林克心烦意乱地陪那姑娘穿过安静的街道，直到她在一个街角上站停，伸手同他告别。

"再过一个街口我就到家了，"她说，"谢谢你，今天下午过得很愉快。"

布林克含糊地说了些什么，朝北走去，看到一辆出租马车就坐了上去。他右边朦朦胧胧出现一座灰色的大教堂。布林克在马车窗里朝它挥挥拳头。

"上星期我捐了一千元给你，"他低声说，"而她在你的门口同男人见面。不对头，反正不对头。"

第二天上午十一点钟，布林克用奥尔德波特律师提供的一支新钢笔签了三十次名字。

"现在可以让我去诺思伍兹了吧。"他悻悻地说。

"你气色不好，"奥尔德波特律师说，"旅行对你有好处。可是还有一件业务方面的小事，昨天我对你提了，五年前也对你提过，希望你能听听。有些房屋，一共十五座，需要签订新的租赁契约。你的父亲曾经考虑修改租赁条款，但一直没有实现。他的意思是客厅不要分租，让房客们用作公共客厅。这些房屋坐落在市郊商业区，住户主要是职业妇女。她们不得不在外面同朋友见面。这一排红砖房屋——"

布林克不和谐地大笑起来，打断了他的话。

"有一百户的砖粉街，"他嚷道，"房主是我。我说得对吗？"

"房客们是这么称呼的。"奥尔德波特律师说。

布林克站起来,使劲戴上帽子,几乎遮到眼睛。

"你爱怎么办就怎么办,"他粗声粗气地说,"改造,烧掉,推倒,都可以。可是,老兄,太迟了,我告诉你。太迟了,太迟了。"

一个纽约人的诞生

除了许多别的身份以外,拉格尔斯还是个诗人。人们把他叫做流浪汉,那只是一个省略的称呼,他们本意是想说他是哲学家、艺术家、旅行家、自然学家和发现者。但他主要是诗人。他生平没有写过一行诗,但是用自己的生活谱写了一部漂泊的史诗,如果形诸文字,就是五行打油诗的格式①。我们还是回到最初的命题上来,拉格尔斯是个诗人。

如果逼着拉格尔斯用纸笔的话,他的专长是歌颂城市的十四行诗。他研究城市,正如女人研究自己在镜子里的容貌,小孩研究脱臼玩偶身体里的胶水和锯木屑,描写野生动物的作者研究动物园铁笼里的野兽一样。在拉格尔斯眼里,城市不仅仅是一堆有居民的砖块和灰泥,而且是有独特灵魂的事物,是具备精神实质、气息和感情的集合体。拉格尔斯怀着诗意的激情,南北东西纵横两千英里,关爱着那些城市。他在灰尘扑扑的公路上步行,或者搭乘货车飞驶,根本不考虑时间因素。当他发现了城市的心,倾听了它吐露的秘密之后,便不再停留,继续漂泊到另一个城市。见异思迁的拉格尔斯!——但也有可能是因为他没有遇到一个投合他挑剔的心意的城市。

---

① 每节五行,一、二、五行和三、四行分别押韵的格式。英国画家、作家爱德华·利尔(1812—1888)1846 年出版《荒唐诗》采用这种格式后,广为流行。20 世纪初成为美国社交聚会上的游戏,但文字趋于庸俗。

我们从古代诗人那里得知城市是女性。诗人拉格尔斯也是这么认为的,在他心目中,象征他所追求过的每一个城市的形态,都有具体清晰的概念。

芝加哥扑面而来,使他联想到带有广藿香味的帕廷顿太太①,以歌颂未来的嘹亮美丽的歌声打扰了他的休息。但拉格尔斯总是簌簌发抖地给冻醒,面对土豆色拉和鱼的倒胃口的气味感到理想的破灭。

这就是芝加哥给他的感受。描写可能有模糊和不确切的地方,但不能怪拉格尔斯。他应该用杂志发表的诗歌表达他的感受。

匹茨堡给他的印象是道克斯塔德的化妆黑人剧团用俄语在火车站演出的《奥赛罗》剧本。匹茨堡是个高贵慷慨的夫人,虽然长得不漂亮,但热诚好客,兴奋得脸色发红,穿着丝绸衣服和白色的小山羊皮拖鞋洗盘子,让拉格尔斯坐在熊熊的炉火前喝香槟酒,吃猪蹄和炸土豆。

新奥尔良只在阳台上瞅着他。他能看到她郁郁不乐的明亮的眼睛,感到她扇子的扇动,但仅此而已。有一次,他同她正面遭遇。那是一个大清早,她用一桶水冲洗红砖铺的人行道。她一面笑,一面哼着小曲,把冰凉的水弄湿了拉格尔斯的鞋子。来吧!

波士顿以反复无常和奇特的方式呈现在具有诗人气质的拉格尔斯面前。他觉得自己仿佛喝了冰冷的茶水,而这个城市好像是紧扎在他头上、督促他进行某种艰巨的脑力劳动的一块冰冷的白布。他来铲雪是为了混饭吃,那块布湿了以后解不开结,取不下来了。

你会说这些概念模糊而莫名其妙,但是你的非难应该用感激

---

① 帕廷顿是德文市锡德茅斯海边的一个老太太,1824 年 11 月大风,她的小屋为海浪所淹,她用拖把拼命想把大西洋海水拒之门外,后被喻作企图阻挡改革的人物。

的心情加以调和,因为这些概念是诗人的幻想——如果你看到它们以诗歌的形式出现,情况就不一样了。

一天,拉格尔斯来到曼哈顿,向这个大城市的心发起进攻。她是所有城市中最大的一个,他要了解她在整个音阶上的位置,他要品尝、评估、确定她,把她归类、贴上标签,把她同那些已经向他吐露个性秘密的别的城市排列在一起。于是,我们不再是拉格尔斯的诠释者,而是记录他活动的编年史家了。

一天早晨,拉格尔斯下了轮渡,带着四海为家的人的厌倦神情走进了市中心。他刻意打扮成一个"身份不明"的人。无法判断他所属的国籍、种族、帮会、工会、党系或者保龄球协会。他的衣着是身高不一、但腰围相同的公民们零零碎碎地捐赠给他的,穿在他身上并不太别扭,甚至比那些跨国服装店快运给你的、附赠衣箱、背带、丝手帕和珍珠饰扣的现成服装还好一点。拉格尔斯漫无目的地进了大城市,他身边没有钱——诗人都该这样——但有着天文学家发现银河里的一颗新星,或者文人发现自来水钢笔里居然出墨水时的热情。

傍晚,他带着无言的恐怖神色退出了喧嚣和混乱。他感到挫败、困惑、狼狈、害怕。别的城市在他看来似乎是小学生的课本;是心思很快就能被看透的农村姑娘;是猜中有奖的字谜;是可以大吃一顿的海味杂烩;但是这个城市冷漠而光彩四射,沉静而难以企及,正如囊中羞涩的情人沮丧地望着橱窗里的一枚四克拉的钻石。

他对别的城市里人们的招呼有过亲身体会——朴实的亲切、合乎人情的粗鲁的施舍、善意的咒骂、喋喋不休的好奇、很容易判断的轻信或者漠不关心。曼哈顿这个城市叫他摸不着头脑;他面前仿佛竖起了一堵墙。他身边的街道仿佛是坚实凝固的河流。从没有人看他一眼,也从没有人同他说话。他渴望匹茨堡的乌烟墨黑的手拍拍他的肩膀；希望听到芝加哥的威胁而喜欢交际的吆喝；波士顿的眼镜后面苍白的为善最乐的目光——他甚至渴望路易斯维尔或者圣路易斯的急躁但不存恶意的靴踢。

拉格尔斯追求过许多城市，从未失利，现在却像乡下小伙子似的腼腆地站在百老汇路上。他生平第一次体会到了遭到漠视时的辛辣的屈辱。当他试图把这个辉煌的、瞬息万变的、冷冰冰的城市用一句套话加以表述时，他彻底失败了。他虽是诗人，却找不到可以比喻它的颜色，找不到它的对照点，它的刻面上没有瑕疵，它没有可以拿起来观察形状和结构的把手之处，它完全不像别的城市。这里的房屋都像是有防御窥孔的堡垒，人们都像是鲜亮而冷血的幽灵似的，险恶而自私地列队而过。

最沉重地压抑拉格尔斯的灵魂，阻塞他的诗人想象力的是像玩具上的油漆似的渗透人们心灵的绝对自私。他注意到的每一个人都像是可憎的傲慢自大的怪物。他们丧失了人性，只是一些刷过油漆的、蹒蹒跚跚的石头偶像，他们崇拜自己，渴望石像同类的崇拜，却又不予理会。他们是按一个模型刻出来的：冷酷、毫不容情、无动于衷，他们像是被某种奇迹所启动的石刻雕像，熙来攘往，但大理石的灵魂和感情没有丝毫触动。

拉格尔斯逐渐意识到某几个类型的人。一个是留着雪白的短胡髭的老先生，红润的脸上没有一丝皱纹，蓝色的眼睛冷酷锐利，打扮得像是阔气的年轻人，似乎要体现这个城市的财富、成熟和冷漠。另一个是身材高挑美丽的女人，像钢板画那样线条清晰，像女神那样安详，穿着像古代的公主，目光像冰川反射的阳光那样又蓝又冷。还有一个是这个木偶城市的副产品——一个肩膀宽阔、傲慢冷酷、沉着得可怕的家伙，下巴大得像是收割过的麦田，脸色像是受过洗礼的婴儿，指关节像是职业拳击家。这个家伙靠在雪茄烟铺的招牌旁边，轻侮地冷眼观看世界。

诗人是敏感的,拉格尔斯在这个无法破译的萧瑟环境中很快就蔫了下来。城市的冷漠、揶揄、谜一般难以辨认、生硬的表情使他情绪低落,不知所措。它难道没有心肝?相比之下,可供露宿的乡村的柴禾堆、乖张的主妇在后门口的申斥、免费午餐柜台侍者的厚道的发怒、乡村警察可爱的野蛮,别的粗俗喧闹的城市里的脚踢、逮捕、听天由命的概率,也比这里的冷漠无情好得多。

　　拉格尔斯鼓起勇气,向下层百姓乞讨施舍。他们不予理会,眼睛眨也不眨地走了过去,仿佛根本没有意识到他的存在。他想,这个美丽而无情的曼哈顿没有灵魂;它的居民是一些提线和弹簧驱动的木偶,这片广袤的荒原上只有他独自一人。

　　拉格尔斯举步穿过街道。一阵风来,一声巨响,急促的刹车,什么东西撞到他身上,把他从原地撞出了六码远。他像流星火箭的尾杆那样落下来时,地球上所有的城市都成了一场骨折般的梦魇。

　　拉格尔斯睁开眼睛。他首先感觉到的是一种香味——天国初春的花香。然后一只像飘落的花瓣那样温柔的手按在他的额头。俯身看他的是那个穿着得像是古代公主的女人,一双蓝眼睛现在由于同情而显得温柔湿润。他倒在人行道上的脑袋下面垫着丝绸和裘皮。那个体现本市财富和成熟的老先生站在一边,手里拿着拉格尔斯的帽子,由于激烈地抨击了驾驶不慎,红润的面色显得更红。那个下巴巨大、脸色像婴儿的副产品从附近酒馆匆匆跑来,拿着一杯暗示愉快的可能性的粉红色液体。

　　"把这喝下去,老弟。"副产品把杯子凑到拉格尔斯嘴边说。

　　几百个人很快就围了上来,露出最深切的关心。两个了不起的警察殷勤地挤进人群,劝说多余的萨玛利亚人①朝后退。一个

---

① 萨玛利亚是古代以色列的地名,该地的人乐善好施,助人为乐。典出《新约·路加福音》第 10 章第 30—37 节。

披着黑围巾的老太太大声说应该用樟脑醒脑;一个报童拿出一份报纸垫在拉格尔斯胳臂肘下有泥水的地方。一个活跃的年轻人拿着笔记本询问在场目击者的姓名。

铃声响起,一辆救护车在人群中开出一条通道。镇静的医生插手了。

"你感觉怎么样,朋友?"医生轻松地进入角色。穿绸缎的公主用一条有香味的薄如蜘蛛网的手帕擦去拉格尔斯额头上一两滴红色的东西。

"我吗?"拉格尔斯露出天使般的微笑说,"我好极了。"

他找到了他的新城市的心。

三天后,医院把他挪到康复病房。他刚去了一个小时,值班人员就听到了吵架的声音。经过了解,他们得知拉格尔斯攻击并伤害了一个病友——一个由于货车相撞而被送进医院修补的脸色红润的过客。

"你们这是为什么?"护士长问道。

"他诋毁我的城市。"拉格尔斯说。

"哪个城市?"护士问。

"纽约。"拉格尔斯说。

虚荣心和貂皮

小布雷迪被莫利·麦基弗的蓝黑色的眼睛逼得走投无路,便退出了烟囱帮。一个爱尔兰姑娘的甜言蜜语和忠贞不渝的真情实意,有多大力量啊。假如这篇故事的读者是男人,但愿你在明天两点钟之前也受到感化;假如是女人,那么希望你的小狗今天早晨用它的冷鼻子亲亲你,表示它的健康和你的幸福。

烟囱帮的名称是因近郊一个名叫"烟囱"的地区而来的,"烟囱"是那个众所周知的、号称"地狱厨房"①地区的狭长的天然延伸部分。狭长的烟囱先同河畔的第十一、十二街平行,然后沿着冷僻荒凉的德怀特·克林顿小公园拐了一个僵直漆黑的弯。只要想一想,烟囱在任何厨房里占有多么重要的地位,情况就不说自明了。"地狱厨房"里的厨师固然很多,烟囱帮却是其中的佼佼者。

这个没有执照、然而遐迩闻名的帮会,成员们打扮得像是暖房里的百合花,他们专注地用指甲锉和小刀修饰指甲,似乎在街角上消磨时光。他们装出保证善意的样子,用两百个字的词汇进行着不痛不痒的谈话,即使有人无意中听到他们,也觉得他们的谈话同往东七个街口那一带的俱乐部②里的谈话一样无害,一样无关紧要。

---

① "地狱厨房"在纽约西南部,曾是盗贼出没的地区。
② 指纽约五马路上的一些豪华的俱乐部。

但是，在佯装的外表下面，烟囱帮并不是一些摆摆姿势、修剪指甲的街头装饰品。他们正式的职业是使市民同他们的金银财物分手。为了达到这个目的，最好使用一些奇妙独特的策略，不必大动干戈，伤筋动骨；然而如果有的市民碰上他们赏脸，却不肯痛痛快快地破财时，他的反对意见最后不是出现在警察局的事故登记簿上，便是记录在医院的病历卡上了。

警察对烟囱帮一贯怀有畏惧，敬而远之。夜莺流丽的啭鸣要在林荫深处才能听到，召唤支援的警笛声也只有在"烟囱"的黑暗狭隘的区域才划破夜晚的岑寂。只要"烟囱"一冒烟，穿蓝制服的人就知道"地狱厨房"里生火了。

小布雷迪向莫利保证改邪归正。小布雷迪是帮里最爱虚荣、最坚强、最谨慎、最有成就的阴谋家。因此，伙伴们都为他的退出而惋惜。

他们眼看他落到奉公守法的下场，却没有表示异议。因为听从女朋友劝告的人，在"厨房"里并不算没有男子汉气概，也不算丢脸。

为了使她爱你，你可以把她的眼睛打青；但是当她要求你做什么事的时候，你却非做不可。

"把水龙头关上吧，"一晚，当莫利眼泪汪汪地请求小布雷迪改过自新的时候，布雷迪说，"我决定退出那个帮啦。除了你以外，我什么都不要了。我们过粗茶淡饭的生活。告诉你，莫儿——我去找份工作，一年后，我们就结婚。为了你，我决计这么做。我们租一层公寓，搞一支笛子、一台缝纫机、一个橡皮盆景，自食其力，老老实实过日子。"

"啊，小布，"莫利叹了一口气，用手帕擦去沾在他肩头的香粉，"我听你说这种话，比拥有全纽约都更高兴。我们要不了多少钱，也能快快活活地过日子！"

小布雷迪低头看看他那一尘不染的袖管和锃亮的漆皮鞋,神情有点忧郁。

"遭受打击最重的恐怕还是服装店,"他说,"只要条件许可,我一向喜欢打扮。莫儿,你知道我多么讨厌便宜货。这套衣服就花了六十五元。拿我来说,衣着方面一点也不能马虎,否则宁肯扔掉。我干活以后,就没有那么多钱给那些手操裁缝大剪刀的瘦小的人了。"

"没关系,小布。不管你穿蓝工作服还是坐红汽车,我总是同样爱你的。"

小布雷迪在没有成人、力气还不足以打翻他父亲之前,曾经被迫学过水暖工手艺。于是,他重操这门光荣而有用的行业。不过他只当了一名助手,要知道,戴着冰雹那般大的钻石,不把克拉克参议员私邸的大理石柱廊放在眼里的,是水暖业的老板,不是助手。

八个月顺顺溜溜、稳稳当当过去了,正如戏院说明书上写的那样,"一晃而过"。小布雷迪整天同铅管焊药打交道,并没有倒退的迹象。烟囱帮继续在大街上干抢劫的勾当,砸破警察的脑壳,拦劫深夜的行人,发明和平掠夺的新办法,摹仿五马路的时装式样的领带花色,一举一动都按照它自己的不法的法则进行。但是小布雷迪仍旧信守他对莫利做的保证,尽管他的指甲失去了光泽,尽管他要花上十五分钟才能把那条紫色的丝领带打得看不出磨损的地方。

有一晚,他带着一个神秘的包裹,来到莫利家。

"把它打开,莫儿!"他像往常那样大大咧咧而又平静地说,"送给你的。"

莫利急切地扯掉了包皮纸,尖叫了一声,引得三三五五的小麦基弗和麦基弗大妈都跑了过来。麦基弗大妈正在洗盘子,弄得湿滴滴的,但无疑也是已故的夏娃夫人的后裔。

莫利又叫了一声,一条又黑又长、蜿蜒拳曲的东西像蟒蛇似的窜上来,绕住她的脖子。

"俄罗斯貂皮,"小布雷迪得意洋洋地说,他看到莫利丰满的脸颊衬在柔顺依人的裘皮上,心里乐开了,"货真价实的东西。即使是俄罗斯最华贵的东西配你也合适,莫儿。"

莫利把手伸进皮手筒里,飞也似的跑到镜子前面,带翻了家里的一排小孩。报纸的美容广告栏有了一个好题材:若要眼睛明亮,脸颊红润,笑容迷人,请购俄罗斯貂皮围脖带手筒。不妨一试。

他们两人单独在一起的时候,莫利觉察到她幸福的满潮中漂浮着一小块常识的冰。

"你真是个大好人,小布,"她感激地承认说,"我一辈子没有用过皮货。可是俄罗斯貂皮不是贵得要命的吗?我好像听人说过。"

"我几时拿过廉价品来糊弄你,莫儿?"小布雷迪镇静而自尊地说,"你几时见我靠近过处理品柜台,或者在五分一角的便宜货橱窗前张望过?把围脖估作二百五十元,手筒一百七十五元,你对俄罗斯貂皮的价钱才算是懂行了。不是第一流的货色我不买。啊,它们配在你身上真美,莫儿。"

莫利狂喜地把貂皮搂在胸口。接着,她的笑容逐渐消退,她悲哀地、直勾勾地盯着小布雷迪的眼睛。

他明白莫利每一个眼色的意义;他脸皮有点红,笑了起来。

"别往那上面想,"他说,口气里带着疼爱的粗鲁,"我对你说过,我早就不干那一行啦。我是花钱买的,用我自己挣的钱买的。"

"用你干活挣来的钱吗,小布?用你每月挣的七十五元钱?"

"当然啦,我一直在攒钱。"

"我们算算看——难道八个月里能攒四百二十五元,小布?"

"啊,别刨根问底了,"小布雷迪有点冒火地说,"我开始工作之前手里还有一些钱。你以为我又在拦路抢劫吗?我告诉过你,我早就洗手不干了。貂皮是老老实实花钱买来的。把它们戴上,出去散散步吧。"

莫利压下了疑虑。貂皮可以消愁。她骄傲得像皇后似的,和小布雷迪一起上街了。在那个地势低洼的区域里,谁也没有见过俄罗斯貂皮。消息飞快地传开了,门口、窗口人头攒动,都想见识见识小布雷迪送给他女朋友的了不起的皮货。满街尽是"哦""啊"的赞叹声。貂皮的价格经过口口相传后,直线飙升。小布雷迪带着王孙公子的神气大摇大摆地在她右边走着。工作并没有改变他对派头和体面的喜爱,也没有降低他对货真价实的贵重物品的热情。在一个拐角上,他们看见一群衣冠楚楚的烟囱帮成员。这帮人向小布雷迪的女朋友脱帽致敬,然后继续平静地、懒洋洋地闲聊。

总局的探员兰森,在这对受人啧啧称赞的男女背后逛着,相隔三个街口。警察局的探员中间,只有兰森一个人能在烟囱区公开行走而不会遭到危险。他一向公平交易,无私无畏。他去那里时,认为那里的居民也是通情达理的。不少人喜欢他,甚至有人会向他提供一些办案的线索。

"街那头为什么这么热闹?"兰森问一个脸色苍白、穿红运动衫的小伙子。

"人们都想看看小布雷迪送给他女朋友的一套水牛皮袍。"小伙子回答说,"有人说他花了九百块钱呐。货色确实漂亮。"

"我听说布雷迪在干他的老营生,几乎有一年啦。"探员说,"他已经不同那帮人厮混了,是吗?"

"不错,他是在干活,"穿红运动衫的说,"可是——喂,朋友,你是不是在找裘皮方面的线索？水暖行业的工作同小布女朋友身上的皮货总不大相称吧。"

兰森在河岸附近一条冷落的街上追上了那对散步的情侣。他从背后碰碰小布雷迪的胳臂。

"我和你谈几句话，布雷迪。"他轻声说。他的眼光在那条甩在莫利左肩后面的漂亮的裘皮围脖上停了片刻。小布雷迪脸上又露出了旧时憎恨警察的怒容，随着那个探员向街边走了一两码。

"昨天你有没有去西区七马路赫斯科特太太家里修过水管？"兰森问道。

"去过，"小布雷迪说，"有什么事？"

"那位太太的价值一千元的俄罗斯貂皮不见了，失窃的时间同你离开她家的时间差不多。失单上的物品同这位小姐身上用的完全符合。"

"去你——见你的鬼，"小布雷迪愤怒地嚷道，"你知道我已经不干那类事了，兰森。这些貂皮是我昨天买的——在那家——"

小布雷迪突然住口了。

"我知道你最近老老实实地在干活，"兰森说，"我尽可能给你机会。你说貂皮是你买的，我可以陪你去那家商店证实一下。这位小姐可以戴着貂皮跟我们一起走，不会有人知道。那很公平合理，布雷迪。"

"好吧。"小布雷迪愤愤地同意说。可是他突然停住脚步，带着蹊跷的笑容瞅着莫利苦恼而焦急的脸。

"不成，"他阴沉地说，"这是赫斯科特家的貂皮，一点不错。莫儿，你得交出来。不过即使它们值一百万元，配你也还是合适的。"

莫利的神情非常痛苦，攀住小布雷迪的胳臂。

"哦，小布，你伤透了我的心。"她说，"我本来多么器重你——

现在你落到他们手里——我们的幸福不是完蛋了吗?"

"你回家去吧,"小布雷迪粗鲁地说,"来,兰森——把裘皮带上。我们赶快离开这里。等一会儿——我真想——不,我不能那么做,否则真成了混蛋——去吧,莫儿——兰森,我准备好啦。"

警员科恩去河边巡逻,从木材厂的拐角那儿走了过来。探员招呼他来帮忙。科恩过来了。兰森解释了一番。

"不错,"科恩说,"我听说了貂皮失窃的案子。你说你追查到了吗?"

警员科恩把那条前不久还属于莫利的貂皮围脖的尾巴握在手里,仔细察看一下。

"有一段时候,"他说,"我在六马路卖裘皮。不错,这也是貂皮。不过是阿拉斯加产的。围脖值十二块钱,手筒值——"

"啪!"小布雷迪有力的手掌打在警员的嘴上。科恩踉跄后退了一两步,又站稳了。莫利尖叫起来。探员向布雷迪扑过去,靠着科恩帮忙铐住了他的手。

"围脖值十二块钱,手筒值九块,"警员坚持说,"怎么会扯到价值一千块的貂皮上去?"

小布雷迪往木料堆上一坐,脸红得像猪肝一样。

"对啦,所罗门斯基①!"他恶狠狠地说,"我花了二十一块五角买了这套东西。我宁肯蹲六个月班房也不愿意讲出来。我是一向不把便宜货放在眼里的阔佬!我全是吹牛。莫儿——我挣的工资买不起俄罗斯貂皮。"

莫利勾住了他的脖子。

"全世界的貂皮和金钱,我都不放在眼里,"她嚷道,"我要的

---

① 所罗门斯基,所罗门国王的谑称,这里牵涉到俄罗斯貂皮,所以布雷迪加了一个俄罗斯姓氏的后缀。

只是我的小布。哦,你这个可爱的、耍阔气的、疯头疯脑的傻瓜!"

"你不妨把手铐解掉,"科恩对探员说,"我从局里出来时,有报告说那位太太的貂皮已经找到了——一直挂在她的衣柜里。小伙子,你兜脸打我一拳的事我也不计较啦——饶你这一次。"

兰森把裘皮还给莫利。她眉开眼笑地看看小布雷迪。她带着公爵夫人的气派围上围脖,把貂尾往左肩后面一甩。

"一对小傻瓜。"警员科恩对兰森说,"我们走吧。"

社会三角

时钟敲了六下,艾克·斯尼格弗里茨放下手里的熨斗。艾克是裁缝铺的学徒。如今还有裁缝学徒吗?

总而言之,艾克整天在蒸汽弥漫的、有怪味的裁缝铺里剪剪缝缝,用海绵蘸湿衣料,熨烫贴补。但是工作结束后,艾克套好他幻想的马车,在他的苍穹允许的范围内天马行空。

星期六晚上,老板把十二元脏兮兮的钞票难舍难分地交到艾克手里。艾克仔细梳理一下,穿戴好上衣、帽子、硬领、磨损的领带和玉髓别针,出去寻求他的理想了。

我们每个人结束了一天工作之后,都必须寻求我们的理想,不管它是爱情、桥牌、纽堡式龙虾或者陈旧书架的甜美的静谧。

艾克在轰响的高架铁路底下,在两旁都是散发着恶臭的血汗工厂的街道上漫步。他脸色苍白,弯腰曲背,一副猥琐的样子,仿佛注定一辈子要生活在身心匮乏之中,然而他挥动着廉价的手杖,吐着难闻的香烟烟气,你可以看到他那瘦削的胸腔里培育着社会的细菌。

艾克信步走到那家名叫马金尼斯的著名酒馆——它之所以著名,是因为比来·麦克马汉常去那里。艾克认为比来·麦克马汉是有史以来全世界上最伟大、最了不起的人。

比来·麦克马汉是选区领袖。他虎踞一方,财力雄厚。艾克进去时,麦克马汉站在欢呼喝彩的助手和选民们中央,他兴奋得脸色发红,得意洋洋,不可一世。看情形好像刚举行过选举,赢得了巨大胜利,势不可当的选举结果使得城市俯首帖耳。

艾克顺着酒吧悄悄挨过去,呼吸急促、睁大眼睛看着他的偶像。

比来·麦克马汉光彩照人,无比辉煌,他那张老是带笑的光洁的大脸,像鹰眼一样锐利的灰色眼睛,他的钻石戒指,洪大的声音,王者的气派,大把大把的慷慨的钱,对朋友和同志的嘹亮召唤——啊,他是人中之王!他的助手们尽管高大威严、刮过胡子的面颊显得发青、态度咄咄逼人、双手插在短大衣的口袋里仿佛握着家伙,和比来简直不能相比!比来——啊!艾克·斯尼格弗里茨看到的比来的光辉形象不是言语所能形容的!

马金尼斯酒馆一派胜利景象。穿白制服的酒吧侍者们灵活地周旋在酒瓶、软木塞和玻璃杯之间。一二十支燃着的哈瓦那雪茄把屋子里弄得烟雾缭绕。忠实和心存希望的人纷纷同比来·麦克马汉握手。艾克·斯尼格弗里茨的充满崇拜的灵魂里突然产生了一个大胆的冲动。

他上前一步,踏进比来陛下走动的小空间,把手伸了出去。

比来·麦克马汉毫不犹豫地同他握了手,笑了笑。

"咱们喝一杯,比来,"他亲热地说,"你和你的朋友们一起来,好吗?"

"当然可以,老朋友,"伟大的领袖说,"大家热闹热闹呗。"

艾克最后一个理智的火花熄灭了。

"香槟酒。"他朝侍者抠抠搜搜地挥挥手说。

三个酒瓶的软木塞给拔了出来,香槟在酒吧上排成一溜的杯子里泛着泡沫。比来·麦克马汉拿起杯子,满脸笑容,朝艾克点点头。助手和帮闲们拿起各自的杯子喊道:"祝你健康。"艾克谵妄似的喝了琼浆玉液。在场的人都干了杯。

艾克把一卷皱皱巴巴的钞票——他一星期的工资,扔在酒吧上。

"不错。"侍者抚平十二张一元的钞票说。人们又围到比来·麦克马汉身边。有人在说,布兰尼根如何在第十一选区企图收买他们。艾克讪讪地在酒吧上靠了一会儿,然后走了出去。

他从赫斯特街拐到克里斯蒂街,然后到他家所在的德兰西街。他家里的四个女人——嗜酒的母亲和三个邋遢的姐姐——扑上来要他领到的工资。听了他说出的真相后,她们大声叫嚷,用当地的脏话骂得他狗血喷头。

即使她们揪他、打他,艾克仍旧沉醉在狂喜之中。他感到飘飘然,星星拉着他的马车在天空翱翔。同他的成就相比,泡了汤的工资和难听的女人的骂都是小事一桩。

他和比来·麦克马汉握过手。

....

比来·麦克马汉有个妻子,她的名片上印的字样是"威廉·达拉·麦克马汉夫人"。这些名片有些烦恼相随,因为名片虽小,某些地方却不得其门而入。比来·麦克马汉在政界是独裁者,在商界是钜子,在他自己的阶层中是受到畏惧、敬爱和遵从的权贵。他的财富与日俱增,报界派出十几个记者追踪他,记录他每一句智慧的言谈;有些漫画把他画成是用皮带牵着老虎。

但是比来的心里有时隐隐作痛。有一族人是他不能与之平起平坐,而是像摩西望着应许之地那样远远观望的。他甚至和艾克·斯尼格弗里茨一样,也有理想,有时候,由于理想难以实现,他的辉煌成绩也就淡而无味了。威廉·达拉·麦克马汉夫人瞅着自己胖乎乎的然而相当美丽的脸时,老是露出不满的神情,她的丝绸衣服的窸窣作响仿佛是叹息声。

一家著名酒店的餐厅里经常有些领时尚风气之先的显赫的客

人。一张桌子旁坐着比来·麦克马汉和他的妻子。在多数情况下,他们默不作声,但是他们的服饰不需要语言的帮衬。在场的很少有人能盖照麦克马汉夫人身上的钻石光芒。侍者端到他们的桌子上的都是最昂贵的名酒。比来穿着夜礼服,一张刮得十分光洁的阔脸上带有忧郁的表情,没有谁比他更令人瞩目了。

隔着四张桌子,有一个三十来岁的年轻人独自坐着,他身材修长,一双忧伤沉思的眼睛,两撇范戴克式的胡子,手指细长、皮肤白得出奇。他吃的是烤里脊肉、清吐司面包和阿波利纳里斯矿泉水。那个年轻人是身价八千万的科特兰特·范·戴金克,在社会最高层的小圈子里继承并保持了一个神圣的位置。

比来·麦克马汉没有同周围的人交谈,因为他不认识谁。范·戴金克眼睛只顾看面前的盘子,因为他知道,在场的人都渴望同他打个照面。他只要点点头,就能授人以爵士地位和威望,但他不愿轻易扩大贵族的阶层。

比来·麦克马汉想出了他生平最大胆惊人的主意,并且付诸行动。他从容地站起来,走到科特兰特·范·戴金克桌子旁,伸出了手。

"喂,范·戴金克先生,"他说,"我听说你打算在我选区的穷人中间实施一些改革。你知道,我是麦克马汉。如果情况属实,我会尽一切力量帮助你。我指的是近郊地区。我说的话在那一带是管用的。哦,我相信是这样的。"

范·戴金克忧郁的眼睛一亮。他修长的身子站起来,抓住比来·麦克马汉的手。

"谢谢你,麦克马汉先生,"他深沉认真地说,"我一直打算在那方面做些工作。我乐于接受你的帮助。我认识你很高兴。"

比来回到自己的座位上。他兴奋不已,仿佛王者把剑按在他肩头,授予了他爵位。几十双眼睛带着妒忌和欣羡转向了他。威廉·达拉·麦克马汉夫人欣喜若狂,浑身颤抖,以致钻石闪耀出的光芒刺得人们眼睛生痛。许多桌子上的人这时候似乎突然想起,他们有幸认识麦克马汉先生。他看到周围的人朝他微笑点头。伟大的氛围使他感到眩晕。他竞选时的镇静离他而去了。

"给那些人上酒!"他指着那些人,招呼侍者说,"那边也上。盆景旁边的三位先生也有。告诉他们,由我请客。妈——的!统统都上!"

侍者悄悄提醒他说,考虑到这个场所的高级和习惯,这样做似乎不合适。

"好吧,"比来说,"如果不合规矩,能不能给我的朋友范·戴金克送一瓶去呢?也不行吗?好吧,今晚在咖啡馆里请客总可以吧。凌晨两点之前去咖啡馆的人,一律敞开供应。"

比来·麦克马汉觉得高兴。

他同科特兰特·范·戴金克握过手。

....

那辆金属配件精光锃亮的珠灰色大汽车,在东区的手推车和垃圾堆中间缓缓行驶时,显得很不相称。贵族面孔、手指白皙细长的科特兰特·范·戴金克在一群群衣衫褴褛、匆匆奔跑的青少年中间小心翼翼地驾驶汽车。冷艳的康斯坦斯·斯凯勒小姐坐在他身边,他们两人同环境也不相称。

"哎,科特兰特,"她低声说,"人们不得不住在这种贫困的地方,多么可悲。你想到了他们,付出时间和金钱来改善他们的条件,是多么高尚啊!"

范·戴金克严肃地看看她。

"我所能做的事情很少,"他悲哀地说,"问题很大,属于全社会的范畴。瞧,康斯坦斯!我已经在这条街上安排了施汤站,饥饿的人都可以来吃。我要把另一条街上的老房子推倒,盖一些新房子,代替那些不安全的、一着火就成死亡陷阱的、疾病丛生的破旧房屋。"

珠灰色的汽车在德兰西街缓缓行驶。一群群头发蓬乱、光脚、肮脏的小孩跟在后面。汽车在一座破败的砖砌房子前面停下。

范·戴金克下车凑近察看一堵歪斜的墙壁。台阶上走下来一个似乎体现房子的破败、贫困和不幸的年轻人——一个在抽烟的胸部瘦削、脸色苍白、令人不快的年轻人。

范·戴金克一时冲动,上前热情地握住那个仿佛是对社会的谴责的年轻人的手。

"我想认识认识你们这些人,"他诚恳地说,"我要尽可能帮助你们。我们能成为朋友的。"

汽车小心地开走后,科特兰特·范·戴金克心里感到一阵少有的喜悦。他几乎是一个幸福的人了。

他握了艾克·斯尼格弗里茨的手。

紫 衣

我们要谈谈一种叫做"紫"的颜色。青年男女们有理由认为它是出色当行的颜色。帝王们把它当做他们专用的颜色①。世界各地的好人为了使他们的鼻子泛出这种快乐的颜色,尽情地把红色蓝色混起来,灌下肚子去②。我们说,王子们"生来就穿紫色",这句话是正确的,因为不论王子也罢,塌鼻扁脸的打柴小子也罢,犯疝气的时候,脸色都可以痛得发紫,泛出这种皇家的颜色。女人们都喜欢紫色——尤其是当它流行的时候。

现在大家一窝蜂地穿紫衣服。你走在街上就可以注意到。当然,别的颜色也同样时兴——事实上,有一天我看到一个姣好的女人,一身淡绿,下面是镶着方格绸子的三褶皱边裙,上身用一条三角形的抽丝肩巾罩在抽褶的坎肩上,鼓起的袖管用花边围上双褶的皱边——但是你也可以看见很多紫色。哦,说真的,随便哪一天下午,到第二十三街去散散步吧。

因此,在蜂窝商店工作的、长着褐色大眼睛和肉桂色头发的梅达,对她的同事,那个胸前别着假钻石饰针、嘴里嚼着薄荷口香糖的格蕾丝说:"我要在感恩节穿上一套紫衣服——请裁缝做的紫衣服。"

---

① 英文中的紫色有帝位、王权的寓意,"生来就穿紫色",意谓生于帝王之家。
② 指红色蓝色的酒,和嗜酒的人的酒渣鼻子。

"哦,真的吗?"格蕾丝说,一面把七又二分之一码的手套放进标着六又四分之三码的盒子里去,"可我还是喜欢红颜色。你在五马路上看到的还是红的多。男人好像都喜欢红的。"

"我最喜欢紫色,"梅达说,"老许勒格尔答应收八块钱替我做一套。一定很漂亮。我打算穿一条打褶的裙子、一件镶着绦带的宽大衣,白布领子镶上两行——"

"你这个调皮的家伙!"格蕾丝自作聪明地眨眨眼睛说。

"——条子编带,里面是白坎肩,再穿一件打褶的短大衣——"

"调皮的家伙——调皮的家伙!"格蕾丝说了又说。

"——窄袖管也是打褶的,里袖用丝绒带扎紧。你说我调皮是什么意思?"

"你以为莱姆赛先生喜欢紫颜色。昨天我却听到他说,他认为有几种深红的颜色最漂亮。"

"我不管,"梅达说,"我还是爱紫色,看不顺眼的人碰到我尽可以走到马路对面去。"

这就引起一种想法:紫颜色的信徒们毕竟可能有点入了迷。如果一个姑娘认为可以不顾自己的肤色和别人的意见而穿紫衣服;如果帝王们认为自己可以千秋万代永远披着紫袍,那么危险就迫在眉睫了。

梅达省吃俭用八个月,攒下了十八块钱,她就用这笔款子买了紫衣料,预付了许勒格尔四块钱的裁缝工资。其余的四块钱,她估计到感恩节的前一天才可以凑齐付清。那样就可以穿了新衣服过节——世界上还有比这更使人心醉的吗?

蜂窝商店的老板,老巴赫曼,照例在感恩节请他的雇员们吃一顿。在以后的三百六十四天里,星期天除外,他每天会使他们回忆过去酒席的欢乐,展望未来的酒席,从而鼓起他们对工作的热情。

酒席照例摆在店堂中间的一张长桌上。他们钉起包皮纸，遮住橱窗；火鸡和别的好吃东西是在街角上的饭馆买了从后门送进来的。诸位知道蜂窝商店并不是一家时髦的百货商店，没有自动滚梯和庞巴杜这类东西。它小得几乎只能称为商品陈列所；你一进去就有人上前招呼，买好马上可以出来。在感恩节的酒席上，莱姆赛先生照例——

喔，真该死！我一开头就该谈谈莱姆赛先生的。他比紫色、绿色，甚至红色的莓酱都更重要。

莱姆赛先生是高级职员，拿我来说，我是拥护他的。他在店里的暗角落里碰到女店员时，从没有在她们膀子上捏一把、捐一下的；生意清闲时，他给她们讲些笑话，那些姑娘格格笑着说："哦，肖！"她们并不是指萧伯纳①。莱姆赛先生除了为人正派之外，还有许多古怪和喜欢标新立异的地方。他对健康问题有很多怪癖的想法，认为人们不应该吃对自己有益的东西。他极端反对人们贪恋舒服、躲避风雨、穿套鞋、吃药，以及用任何方法过于保重自己的身体。店里的十个姑娘个个夜里都梦想成为莱姆赛太太。因为老巴赫曼明年要让他做合伙股东。她们大家都有把握，只要把他弄到手，在肚子里的结婚蛋糕还没有消化之前，就能把他脑袋里那些怪诞的健康观念一扫而光。

莱姆赛先生是吃酒席时的主持人。他们照例要雇两个意大利人来拉小提琴、弹竖琴，在店堂里跳跳舞。

这回有两套衣服准备讨莱姆赛的欢心——一套是紫的，另一套是红的。当然啦，其余的八个姑娘也有衣服，但她们是无足轻重的。她们很可能穿些黑裙子和衬衫之类的东西——绝对比不上鲜

---

① 萧伯纳(1856—1950)，爱尔兰剧作家、评论家，是个素食者。"萧"的发音与英语中的一个感叹词相同。

艳的紫色或者红色。

格蕾丝也攒了一些钱。她打算买现成的衣服。现成的衣服是为身材十全十美的人预备的,既然有了好身材,容易买到合身的衣服,又何必去麻烦裁缝呢——只是要把腰身好好束小——一般人的腰身都是那么大。

感恩节的前夕终于到了。梅达急急忙忙跑回家去,一想起可爱的明天,就充满了希望和高兴。她的念头在紫颜色上,念头本身却是白热的——是年轻人对于欢乐的向往,年轻人必须有这种欢乐,否则就虚度一生了。她知道紫颜色是适合她的,而且——她千百次安慰自己,莱姆赛先生说他喜欢的是紫色,不是红色。她先回家把梳妆台底格抽屉里用薄纸包着的四元钱拿出来,去付给许勒格尔,然后亲自把衣服拿回来。

格蕾丝也住在这座房子里。她租了一个过道隔成的房间,就在梅达的楼上。

梅达到了家,发现一片扰攘和混乱。过道上,房东太太的舌头好像搅拌器在搅乳酪,尖刻地唠叨不休。接着,格蕾丝下楼来到她的房间里,眼睛哭得像红衣服那么红。

"她要我搬出去,"格蕾丝说,"这个老畜生。只为了我欠她四块钱。她把我的箱子扔在过道上,锁上房门。叫我上哪儿去呀。我身边一个钱也没有。"

"你昨天不是有些钱吗?"梅达说。

"我买衣服花掉了,"格蕾丝说,"我以为她肯等到下星期再收房钱的。"

梅达的四块钱拿出来了——不能不拿出来。

"你真是个好人,"格蕾丝破涕为笑喊道,"我去付给那个老家伙,再去试试我的衣服。我想它美极啦。你上楼来看看。这笔钱我一定还你,每星期还一元钱——决不食言。"

感恩节。

酒席在正午开始。十二点差一刻的时候,格蕾丝扭动着身子走进梅达的房间。不错,她很好看。她穿红衣服很合适。梅达坐在窗口,穿着她的旧羊绒裙和蓝色背心,在织一件——哦,反正是在织些小玩意儿。

"啊呀!怎么啦!你还没有打扮吗?"红衣人尖叫着说,"我的衣服后背合不合身?你看这些丝绒带子不是太好了吗?你干吗还不打扮呢,梅达?"

"我的衣服来不及做好,"梅达说,"我不打算去吃饭了。"

"太可惜啦。唉,我很难过,梅达。还是随便换一件衣服,一起去吧——又没有外人,都是店里的同事,他们不会在意的。"

"我打定主意要穿紫衣服,"梅达说,"既然没有,我宁可不去。别管我啦。快走吧,不然要迟到了。你穿了红衣服可真漂亮。"

梅达一直坐在窗口,挨过了漫长的早晨和店里开酒席的时间。她想象中仿佛可以听到姑娘们在扯一根如愿骨①时的尖叫,听到老巴赫曼说了莫测高深的笑话之后,自己哈哈大笑,看到巴赫曼的胖太太所戴的钻石——她每年只在感恩节才来店里——看到莱姆赛先生敏捷、和蔼地穿来穿去,面面俱到地张罗着。

下午四点钟,她闷闷不乐、没精打采、慢吞吞地走到许勒格尔的店里,说她付不出那笔定做衣服的四块钱。

"天哪!"许勒格尔怒冲冲地喊道,"你何必哭丧着脸?衣服做好了。拿去吧。钱不妨以后付给我。两年来,我不是每天看到你在我店门口走过吗?难道我因为不识人品才落到做裁缝的吗?你有钱的时候再付给我吧。把衣服拿去好啦。衣服做得很好;你穿

---

① 如愿骨,鸡胸前的叉骨,习俗迷信,认为两人各持一端,扯得大部分者,心中遂意之事可以如愿以偿。

上一定非常漂亮。得啦！有了钱再付给我好啦。"

梅达心里千恩万谢，可是嘴里只能轻轻地谢了一声，便挟着衣服匆匆回去。她离开裁缝店的时候，一阵急雨打在她的脸上。可是她笑容满面，并不觉得。

坐着马车上街买东西的太太们啊，你们是不懂得的。添置了衣服叫老爸去付账的姑娘们啊，你们也是不了解的——你们不可能体会到，为什么梅达不觉得打到她身上的感恩节的寒雨。

五点钟，她穿着她的紫衣上街了。雨越下越大，斜风挟雨一股劲儿往她身上打。人们把雨伞撑得很低，雨衣裹得很紧，急急忙忙地赶回家去或是上了汽车。许多人纳闷地掉过头来望着这个相貌美丽、态度从容、满脸喜色的姑娘，她穿着一套紫衣服，在风雨中行走，仿佛在夏日晴空底下的公园里散步似的。

钱袋充实、衣柜里有各式各样的衣服的太太们啊，我说你们是不懂得的。始终渴望着美好东西的生活——比如为了做一套紫衣过节而省吃俭用了八个月——这种生活是你们体会不到的。即使下雨、下雪、下雹子、刮风，甚至刮旋风，又怎么呢？

梅达没有带雨伞也没有穿套鞋。她有了她的紫衣服，所以就上街走走。让它刮风下雨好啦。一颗饥渴的心一年一度也得有些补偿。雨倾泻着，顺着她的手指滴下来。

有一个人从拐角上过来，挡住了她的去路。她抬头一望，碰上了莱姆赛先生的羡慕和深感兴趣的眼光。

"啊，梅达小姐，"他说，"你穿了新衣服，漂亮极啦。你没有来吃饭，我非常失望。在我认识的姑娘中，你是最有头脑、最聪明的了。你这样甘冒风雨是最有益健康、添加元气的办法。我可以陪你走走吗？"

梅达的脸红了，打了一个喷嚏。

九九消防队的对外政策

约翰·伯恩斯,九九消防队水管马车的驾车人,得了一种伙伴们称之为"日本炎"的毛病。

伯恩斯在消防队二楼的桌子上摊开了一张军事地图,不论白天黑夜都可以向你指出俄罗斯和日本军队的确切位置、情况和意图。他在地图上插了一小簇一小簇的大头针代表交战双方,每天根据报上看到的战况报道挪动大头针。

每当日本打了赢仗,约翰·伯恩斯就变动大头针的位置,快活地跳起出征舞,别的消防队员会听到他嚷道:"使劲干呀,你们这些矮小的、乌黑眼、猴子脸的辣肉玉米面卷!吃掉他们,你们这些骗子手、罗圈腿的斗牛狼狗——再给他们吃一场鸭绿江那样的败仗,你们就可以到圣彼得堡去吃大米饭了。说起俄罗斯人——那些什么维奇和斯基①的真那么不经打吗?"

即使在美丽的日本岛,恐怕也找不出比他更热烈拥护天皇的人了。支持俄罗斯的人最好离九九消防队远一些。

有时候,约翰·伯恩斯顾不上想日本人。那是响起火警警钟的时候,他坐在摇晃的水管车的驾驶座位上,用皮带绑住身子,驱赶埃雷布斯和乔——按照九九消防队员的说法,那两头牲口是全消防局最棒的。

---

① "维奇"和"斯基"是俄语姓名常用的后缀。

在人们调节相互关系的全部行为准则中，最伟大的是亚瑟王的圆桌骑士的法规、美利坚合众国的宪法和纽约消防局的不成文法。自从发明了有轨电车和毁约诉讼以来，圆桌骑士的那一套就行不通了；我们的宪法越来越不合宪法；处于领先地位的只有消防队员的准则，因为它们兼具推己及人的金箴和拳击冠军杰弗来的拳法之长。

宪法规定人人平等；消防队认为人要略胜一筹。这个理论过于宽大，但是法律允许不同的解释。这一切又陷于悖论的危险，可能引起防止虐待动物协会的关注。

远洋航轮在埃利斯岛卸下一个预期能进化为美国公民的原生动物。服务员把他踢下舷梯，医生像啄眼珠的乌鸦似的扑上来检查沙眼或者结膜炎，他被挤上了岸——从理论上说也许是以自由的名义被抛进了城市，从而用一滴病毒接种了防治帝王统治的疫苗。这支欧洲主义的皮下注射带着孩子般的高兴笑容在城市的脉管里漫游，没有行李、担忧和野心的负担。他身手灵活，穿着外国的粗斜纹布衣服，脸上长着长毛狗似的浓密、蓬乱、鬈曲的胡子，鼻子又小又塌，一副茫然而快活的样子。这个进口货的口袋里只有几枚硬币——第纳里、盾、戈比、芬尼——不管他那个不知名的国家的货币叫什么名称。

那个外国人买了打折的船票，离开了他憎恨的海洋，给送到这个车马喧嚣的野蛮的城市，高兴得咧着嘴直笑，他自言自语，逛到九九消防队管辖的地区。他像是水面上的软木塞，随着人潮浮沉漂动，成了江河挟带的最粗糙的一颗泥沙，注入了自由的水库。

他穿过三马路时，头顶上高架铁路的轰响和周围车轮在卵石地上发出的隆隆声使他着了迷。这片喧闹中出现了一种他前所未闻的、让他喜欢的和弦——一辆精光锃亮的、喷着火和烟的讫里什那神像车①发出的响亮的钟——引得人们纷纷前来观看。

这个赏心悦目的庞然大物猛冲过去,原生质的移民后退一步,露出莫名其妙的笑容,快活得手舞足蹈。他后退时,踏进了九九消防队水管车的行驶路线,车上的约翰·伯恩斯用钢铁般的手臂握着飞奔的埃雷布斯和乔的缰绳。

消防队的不成文法没有例外或修正。事情很简单——简单得像是比例运算。比项是具有优先通行权的不顾一切的消防车,属于消防队的水管车和高架铁路的铁柱。

约翰·伯恩斯把全身重量和气力压在左手的缰绳上。马匹和车辆往左一偏,像鱼雷似的撞进铁路高架。车上的人像保龄球的球柱般地四散飞去。驾车人身上的皮带崩断,铁柱给撞得哐当直响,约翰·伯恩斯甩出二十英尺远,跌断了肩骨,埃雷布斯——漂亮的、毛色漆黑、人人喜爱的埃雷布斯——摔折了一条腿,困在挽具里嘶叫。

考虑到九九消防队的感情,详细情况就不谈了。队员们不愿意多提那天的事。反正围聚了许多人,打电话紧急呼救,救护车鸣钟开道时,队员们听到防止虐待动物协会的人为了不让濒死的马多遭罪,朝它脑袋开了一枪,他们转过身去,不敢再看埃雷布斯。

队员们回消防队时,发现他们的一个伙伴揪住导致灾难的肇事人的衣领,带了回来。队员们让他坐在地板中央,严厉地把他团团围住。那个满脸胡子的罪魁祸首叽哩呱啦说着什么,不停地挥动着手。

"像是塞得里兹泡腾泻盐,"麦克·道林厌恶地说,"并且比泻盐更使我难受。居然称得上是人!——满满一船的那种两腿动物

---

① 印度教徒每年用彩车载讫里什那神像游行,许多人相信被神像车碾死即可升天,因而不惜投身车下。

也比不上我们的那匹马。准是移民——一点不错。"

"瞧检疫医生在他衣服上画的粉笔记号，"负责内勤的赖利说，"他刚上岸。我想大概是意大利人、匈牙利人，或者芬兰人。欧洲老是把那种货色弄到我们这里来。"

"那家伙当街一站，害得约翰进了医院，毁了全市最棒的一匹拉消防车的马，"另一个消防队员恨恨地说，"应该把他弄到码头上，扔进河里淹死。"

"谁去跑一次，把斯洛维斯基找来，"驾驶消防车的车夫说，"弄弄明白这个头发胡子一把抓的家伙是什么国家的。"

斯洛维斯基是三马路拐角上一家熟食店的老板，素有语言学家之称。

队员把他找了来——一个卑躬屈膝的胖子，目光游移不定，身上带着各种肉食的气味。

"斯洛维斯基，用你的拗口令问问这个进口货，"麦克·道林说，"我们搞不清楚他是哈肯萨克洼地的人，还是恒河河畔的香港人。"

斯洛维斯基用好几种方言同那陌生人交谈，节奏和音调各各不同，从扁桃体炎病人的漱口，到用剪刀撬开番茄罐头。移民回话的声音像是开姜啤酒瓶的软木塞的噗噗声。

"我问出了他的名字，"斯洛维斯基报告说，"你没法念。不如写出来。"他们给了他一张纸，他写出来的是"德米特雷·斯凡格斯克。"

"像速写。"负责内勤的赖利说。

"他讲的语言，"翻译擦擦头上的汗说，"有点奥地利话，夹点土耳其话。其中有几个匈牙利的马札尔字，一两个波兰字，不少像是罗马尼亚话，还有些像是比萨拉比亚一个部落的语言。我弄不明白。"

"照你看,他算是南欧佬、波兰佬。还是什么佬?"麦克听了那个懂得多国语言的老板的解释后皱着眉头问道。

"他是——"斯洛维斯基回说——"他是——我认为他是——傻瓜,"他为自己语言学方面的无能懊恼地结束说,"你们原谅的话,我想回熟食店去了。"

"不管怎么样,他是只呆鸟,"麦克·道林说,"你们看他飞吧。"

麦克捏住那只飞到自由窝巢的外来鸟的翅膀,把他拖到消防队门口,兜屁股给了他一脚,力量之大足以表达整个九九消防队对他的敌意。德米特雷·斯凡格斯克在人行道上一溜烟地跑了,中途还回过一次头,朝那些悲伤的消防队员展露一下他那抹不掉的笑容。

三星期后,约翰·伯恩斯康复出院,回到工作岗位。他兴致勃勃地着手修正军事地图上的标志,使之符合当前的形势。"我每次都把赌注下在日本人一边,"他说,"瞧,那些俄罗斯人——只是一群逃跑的狼。玩柔道的小日本佬准会把他们打垮的,记住我说的!"

伯恩斯归队后的第二天,身份不明的德米特雷·斯凡格斯克又来到消防队,比以前更眉开眼笑。他设法表示,他来祝贺水管车驾车人的康复,为自己引起这次事故道歉。他用了许多夸张的手势和爆破的声音才让人明白他的意思,在消防队里足足出了半小时洋相。他们再把他踢了出去,可是第三天他又笑嘻嘻地来了。谁都不知道他在哪儿歇脚、日子是怎么过的。伯恩斯的九岁的儿子克里斯这几天从家里送些营养的饭菜来给伯恩斯吃,对斯凡格斯克有了好感,队员们有时候让克里斯同斯凡格斯克在消防队门口玩耍。

一天下午,消防局副局长的灰黄色的大汽车来到九九消防队,副局长来做一次非正式的视察。队员们比往常更用力一些把斯凡格斯克踢了出去,骄傲地陪副局长看看消防队的保养得像妇女的镜子一样锃亮的器具设备。

副局长理解消防队失去埃雷布斯的悲痛心情,他这次来是通知他们说,上级同意调拨另一匹马给乔当伙伴。队员们便把乔牵出马厩,向局长显示它有条件充当最好的马匹的搭档。

他们在乔周围评头论足时,克里斯爬进副局长的汽车,东摸西摸,突然发动了汽车。大人们听到那庞然大物发出像马喷鼻子似的声响和孩子的尖叫,连忙赶出来,但为时已晚。大汽车冲上了大街,幸运的是走的是直线。孩子一点不懂汽车原理,吓得抓住坐垫哇哇叫。汽车引擎发动之后,什么都止不住它,除非撞上一堵砖墙,在那种情况下停下来,克里斯可就惨了。

克里斯顽皮闯祸时,德米特雷·斯凡格斯克又笑嘻嘻地进来准备再挨一脚。别人朝门口跑,他却向乔跳去,像蛇似的攀在马背上,朝马吆喝,声音比十来根马鞭更起作用。后来一个消防队员发誓说,乔用同样的声音回答了他。汽车开了十秒钟后,柏油路像被吞食的通心粉似的在那匹大马面前消失。

有些人在两个半街口之外目睹了这次解救行动。他们说汽车只是一片隆隆发响的灰黄色,车上的克里斯是个小黑点,背上攀着一条蜥蜴的高大的栗色马在汽车旁边奔跑,蜥蜴伸过手去,把小黑点从隆隆声中摘了出来。

斯凡格斯克挨了九九消防队员最后一脚后还不到十五分钟,便骑着乔从门口进来了,孩子安然无恙,但他意识到屁股上又要挨一脚。

斯凡格斯克从马背上滑下,把头靠在乔的头上,像母鸡下蛋似的发出咯咯叫声。乔点点头,长嘶一声,羞辱了熟食店的斯洛维斯基的语言知识。

约翰·伯恩斯向斯凡格斯克走去,他咧着嘴,估计又会挨踢。伯恩斯使劲握住那个外国人的手,德米特雷仍咧着嘴笑,认为那是一种新的惩罚方式。

"那个野蛮人骑起马来像是哥萨克,"一个看过西部蛮荒表演的消防队员说——"他们是世界上最棒的骑手。"

斯凡格斯克听到这个词像触电似的一震。他笑得更开心了。

"是啊——是啊——我哥萨克。"他拍着胸说。

"哥萨克!"约翰·伯恩斯沉思地说,"那不也是俄罗斯人吗?"

"不错,他们是俄罗斯的一个部族。"负责内勤的队员说,他在没有火警的时候喜欢看看书,知识面比较广。

这时候,还不知道汽车逃逸事件的弗里市参议员回家途中在消防队门口停下,招呼伯恩斯说:

"喂,杰米老弟——战况怎么样了?日本佬还在追赶俄国熊吗?"

"哦,我不清楚,"约翰·伯恩斯争辩似的说,"那些日本佬没有占便宜。只要库鲁帕特金狠狠揍他们一下,他们就不会神气活现了。"

遗失的配方

自从酒吧受过牧师的祝福,鸡尾酒成为上层社会餐桌上的开场戏以后,人们就可以谈论酒馆了。绝对戒酒的人不爱听的话,可以不听;反正总是有些投币餐馆,只要往冷肉汁清汤的格子里塞一枚一角银币,就会出来一杯马提尼鸡尾酒。

康·朗特里在基尼利酒馆酒吧的清醒的一边工作。你我则像一条腿的鹅似的,摇摇晃晃站在酒吧的另一边自愿花光我们一周的工资。康在我们对面跳来跳去,他穿着干净的白上衣,年轻而有礼貌,头脑清醒,负责可靠,准确地收取我们的钱。

酒馆(不管它受过祝福也好,诅咒也好)坐落在不是街道,而是平行四边形的小广场上,附近有些洗衣作坊和败落的荷兰移民后裔,以及同两者都没有关系的波希米亚人。

基尼利和他的家人住在酒馆楼上。他的女儿凯瑟琳长着一双爱尔兰的黑眼睛——我何必把这告诉你?你有了你的杰拉尔丁,或者伊莱扎·安妮,就应该心满意足了。因为她是康的梦中情人;当她在后楼梯脚下悄悄招呼康,取晚餐用的一罐啤酒时,康的心就像混合器里的牛奶和酒那样上下翻腾。浪漫史的规则是井然有序、恰如其分的;假如你把你全部财产的最后一枚钱币扔在酒吧台上买威士忌时,酒吧侍者会照收不误,同他老板的女儿结婚,从而产生善意。

康却不是这样的。因为他见到女人脸就涨得通红,一句话也说不出来。虽然他眼睛一瞪就能镇住喝多了酒、多嘴多舌的年轻人，或者用榨柠檬汁的器具砸那些吵吵闹闹的人，或者把寻衅闹事的人扔到外面的阴沟里，而他自己的细麻布领带纹丝不动；但他站在女人面前时，不是一句话都说不出来，就是结结巴巴语无伦次，臊得满脸通红，无地自容。他面对凯瑟琳时又怎么样呢？他浑身发抖，想说话又开不了口，仿佛是没有巧言的石头①，在他所爱慕的人面前成了连寒暄话都不会说的最笨嘴拙舌的情人。

两个皮肤晒得黢黑的人，赖利和麦克夸克，来到基尼利酒馆。他们同基尼利商谈了一番，租下了一间后屋，弄来许多瓶瓶罐罐、虹吸管和药剂师的量杯。备齐了酒吧的全套设备和饮料，但是他们不卖酒，而是整天憋在屋子里，满头大汗地灌注和混合那些不知名的酿造和煎熬出来的液体。赖利受过专业训练，他在大量纸张上进行运算，把加仑化为盎司，把夸特化为流量打兰。麦克夸克性情乖僻，眼球布满血丝，把每次失败的混合物泼到下水道里，嘴里发出低沉的咒骂。他们像是两个试图从元素里寻找黄金的炼金术士，百折不挠地配制某种神秘的溶液。

一天傍晚，康下了班，逛到后屋看看。那两个神秘的酒吧侍者从来没有上门喝酒的客人，但每天从基尼利那里买酒去进行他们消耗性的、毫无结果的试验，不由得引起了他的职业兴趣。

凯瑟琳从后楼梯上下来，笑容像桂巴拉海湾上的日出。

"晚上好，朗特里先生，"她说，"今天有什么新闻吗？"

"好——好像要下雨。"那个害羞的人背贴着墙结结巴巴地说。

"那太好了，"凯瑟琳说，"我原想有点水就不至于那么糟

---

① 传说中世纪爱尔兰勃拉尼城堡墙上有一块三角形的巧言石，离地20多英尺，爬上去吻过它的人会变得巧舌如簧，心想的东西都能得到。

糕了。"

赖利和麦克夸克在后屋里像长胡子的女巫似的拼命配制他们奇特的混合物。他们按照赖利的计算,从五十个瓶子里小心地量出液体,倒进一个大玻璃器皿里加以混合。接着,麦克夸克沮丧地咒骂了一声,把它倒掉,然后重新开始。

"坐下来,"赖利招呼康说,"我讲给你听。

"去年夏天,我和蒂姆得出结论,认为在尼加拉瓜开一家美国酒吧可以挣钱。海岸边有个小镇,除了奎宁以外没有吃的,除了甘蔗酒以外没有喝的。当地人和外国人每晚睡觉时发冷,早晨起来时发热,如果有一种好的混合饮料,这一切热带的小毛病都可以药到病除。

"于是,我们在纽约采购了一批酒类、酒吧设备和玻璃杯,搭乘一艘运酸橙的船前去那个名叫圣帕尔马的小镇。一路上,我和蒂姆观看飞鱼,同船长和服务员玩纸牌,觉得我们已经成了南回归线的威士忌加苏打水的大王了。

"当轮船离我们准备引进酒吧、大捞一票的国家还有五小时的航程时,船长忽然想起了一件事,把我们叫到右舷的罗经柜旁边。

"'我忘了告诉你们,'他说,'上个月,尼加拉瓜颁布了一项法令,凡是瓶装酒一律按价征收百分之四十八的进口税。总统错把一瓶辛辛那提生发水当做塔巴斯哥辣酱油喝了,他要对瓶装的东西进行报复。桶装酒仍旧免税。'

"'你没有早说,真对不起。'我们说。我们赶紧向船长买了两个四十二加仑容量的大桶,把我们的全部瓶装酒打开,倒进桶里。百分之四十八的进口税会使我们血本无归;我们只得好歹试试,把进价一千二百元的酒混成鸡尾酒卖,不能白白扔掉。

"我们上岸后先打开一桶。里面的混合物叫人伤心。颜色像是鲍里街餐馆卖的豌豆汤,味道像是你姑妈在你心脏不舒服时给你喝的咖啡代用品。我们让一个黑人喝了大半杯,他在一棵椰子树下躺了三天,不停地用脚跟顿沙子地,拒绝在推荐书上签名。

"但是另一桶呢!喂,酒吧侍者,你有没有头戴一顶黄箍草帽、口袋里揣了八百万现金、带了一个漂亮的姑娘乘坐气球的感觉?只要喝三十滴那个桶里的酒,就会有那种感觉。小半杯下肚,你就会用手蒙住脸大哭,因为周围没有比拳击冠军小吉姆·杰弗雷斯更值得你痛打一顿的人了。是啊,先生,第二桶里的东西简直是战斗、金钱和奢华生活的琼浆玉液。颜色像金子那样黄灿灿,透明度像玻璃,天黑后仍旧蕴蕴放光,仿佛还有太阳照着。一千年后,你还想在酒吧里买那种酒喝。

"我们的酒吧开张了,只卖那一种酒,不过已经够了。那个国家的肤色驳杂的人们蜂拥而来。假如那桶酒是取之不尽的话,尼加拉瓜就会成为世界最伟大的国家。我们早上营业时,门外已经等着许多将军、上校、历届总统、革命者,队伍排了有一个街区长。我们开始卖五毛银币一杯。最后的十加仑的价格涨到五元一口,还供不应求。那真是好东西。人们喝了以后立刻产生勇气、野心,没有不敢干的事;不管钱的来路是否清白,还是刚从制冰托拉斯那里提出来的。那桶酒卖到一半时,尼加拉瓜便宣布一笔勾销所有外债,免除香烟的进口税,并且几乎要向美国和英国宣战。

"我们无意中发现了鸡尾酒之王的配方,假如重新找到的话就能发大财。我们试验了十个月。每次都是小批量,我们把成桶成桶的各种酒精饮料的已知有害成分混合起来。我和蒂姆糟践的威士忌、白兰地、果酒、苦味酒、苦艾酒和葡萄酒加起来,开十家酒吧都够了。世界如果没有那么美妙的饮料未免太遗憾了!简直是悲哀和金钱损失。作为一个民族,美国会欢迎那种饮料,并且愿意花钱。"

他讲话期间,麦克夸克一直仔细地按照赖利写的最新配方,倒出少量的各种酒类混合起来。最后的混合物是巧克力色的乌七八糟的东西。麦克夸克尝了一点,骂了一声,倒进下水道。

"这个故事即使是真的也难以置信,"康说,"我现在要回家吃晚饭了。"

"喝一杯吧,"赖利说,"我们这里除了遗失的配方以外,各种酒都齐全。"

"我从来不喝比水更凶的东西,"康说,"我刚在楼梯下面和凯瑟琳见了面。她说了一句很有道理的话,她说十全十美是不可能的,不过'有点水就不至于那么糟糕了。'"

康走后,赖利在麦克夸克背后猛拍一掌,害他打了一个趔趄。

"你听到没有?"他嚷道,"我们都是傻瓜。我们船上的六打矿泉水——是你打开的——你倒在哪一个桶里了——哪一桶,你这个糊涂蛋?"

"让我想想,"麦克夸克缓缓说,"我们倒进了第二桶。我记得旁边贴有蓝色的标签。"

"我们找到了,"赖利喊道,"那就是我们缺少的。起关键作用的是水。别的成分都没有错。赶快去酒馆买两瓶来,我再计算一下比例。"

一小时后,康在人行道上漫步朝基尼利酒馆走去。赤胆忠心的雇员们即使在休息的时候也常去他们工作地点附近走走,仿佛受到某种神秘力量的吸引。

酒馆边门停了一辆警察巡逻车。三个干练的警察半扶半推的把赖利和麦克夸克弄上后门的台阶。两个人的眼睛和面孔都带有流血冲突的痕迹。然而他们都高兴得出奇,不停地嚷嚷,把他们微弱的剩余好斗力量转移到警察身上。

"他们先在后屋打了起来,"基尼利向康解释说,"糟糕的是他们一面打架,一面唱歌!他们把屋里的东西都砸了。不过他们是好人。答应一切损失由他们赔偿。他们想发明某种鸡尾酒的新配方。我想明天就恢复正常了。"

康走进后屋查看战场。他穿过过道时,凯瑟琳正从楼梯上下来。

"晚上好,朗特里先生,"她说,"天气方面没有什么新闻吗?"

"仍旧有下雨的意思。"康苍白的脸上一红,溜了过去。

赖利和麦克夸克之间确实有过一场友好的恶战。到处是打碎的瓶子和杯子。屋子里满是酒精挥发的雾气;地上是一汪一汪的各种颜色的酒水塘。

桌子上摆着一个三十二英两的刻度玻璃量杯。杯底还剩有两匙左右的液体——仿佛保持着阳光的金灿灿的黄色液体。

康拿起来闻闻,尝了一口,随即全喝下去了。

他穿过过道回去时,凯瑟琳刚要上楼。

"还没有新闻吗,朗特里先生?"她揶揄似的笑着问道。

康把她两脚离地抱了起来。

"有新闻,"他说,"我们要结婚了。"

"放我下来,先生!"她生气地喊道,"不然我要——哦,康,哦,你从哪里来的胆量,居然说出了这种话?"

哈莱姆的悲剧

哈莱姆。

芬克太太在卡西迪太太家串门。她们是楼上楼下的邻居。

"你瞧这有多棒!"卡西迪太太说。

她骄傲地侧过脸,让她的朋友芬克太太看看。一只眼睛几乎睁不开了,眼睛周围有一大片紫绿色的瘀伤。她的嘴唇破了,还有点流血,脖子两侧都有红颜色的指印。

"我的丈夫从来不会对我干出那种事来。"芬克太太掩饰着妒忌说。

"不是每星期揍我一次的男人,"卡西迪太太宣布说,"我还不要呢。那表明他在乎你。嗨!杰克最后那次可不是顺势疗法。我现在眼里还冒金星。不过在一星期的其余几天里,他会作出种种补偿,是全市最可爱的男人。这只眼睛至少值几张戏票和一件绸衬衣。"

"我想,"芬克太太装出自得的样子说,"芬克先生很有绅士作风,从不动手打我。"

"哦,你得了吧,玛吉!"卡西迪太太一面往自己脸上抹金缕梅皮止痛水,一面笑着说,"你只是妒忌罢了。你的丈夫太冷漠、太迟钝,所以不对你动拳头。他回家后就坐下来,拿起报纸做体育锻炼——是不是这样?"

"芬克先生回家后确实看报纸,"芬克太太的头往后一扬,承认说,"他可不会为了找快活拿我来练拳头——那倒是千真万确的。"

卡西迪太太满足地笑了。她像科妮莉亚①展示珠宝似的,掀开睡袍的领子,露出另一处珍藏的伤痕——一块褐红的、边缘带青黄色的挫伤②,现在几乎完全消退了,但仍给她带来美好的回忆。

芬克太太认输了。她眼睛里刻板的神色软化为妒忌和羡慕。她和卡西迪太太早在商业区一家纸盒工厂干活时就是好朋友,一年前都结了婚。现在她和丈夫住在马梅和她的丈夫所住公寓的楼上。她在马梅面前不能装腔作势。

"他打你的时候疼不疼?"芬克太太好奇地问道。

"疼痛!"卡西迪太太快活地尖叫说,"喂,这么说吧——你有没有遇到砖头房子塌下来压在你身上的情况?——就是那种感觉——就是你在瓦砾堆里被刨出来时的感觉。杰克的一记左拳意味着两杯马提尼鸡尾酒和一双新的牛津式便鞋——他的一记右拳!——意味着去康奈岛玩一次和六双法国透孔线袜作为补偿。"

"可是他干吗要打你呢?"芬克太太睁大眼睛问道。

"你真蠢!"卡西迪太太宽容地说,"那是因为他精力充沛。一般是在星期六晚上。"

"凭什么理由呢?"寻求知识的人说。

"嗯,还不是因为我和他结了婚?杰克劲头十足地回来,而我在家里,不是吗?他有权利打别人吗?我真想看看他打别人呢!

---

① 科妮莉亚是古罗马护民官泰比里厄斯和凯厄斯的母亲,二子尚幼时,一个贵妇带了珠宝向科妮莉亚炫示,并请求观看她的宝藏,她叫出两个儿子说:"他们就是给我欢乐的珠宝。"
② 血红蛋白含有铁质,由于分解氧化,挫伤的皮下出血最初呈鲜血的绯红色,以后数天,逐渐变为铁锈的褐色、绿黄、灰黄,终于消退。

有时候因为晚饭没有准备好,有时候又因为晚饭已经摆好了。在理由方面,杰克没有什么特殊要求。他在外面喝得醉醺醺的,直到想起自己已经结了婚,于是他回家来,打我一顿。星期六晚上,我把带棱角的家具都挪挪开,免得他动手时我摔下去磕破脑袋。他的左摆拳会打得你发懵!有时候,我在第一个回合就倒下去起不来了;有时候,当我希望那星期其余的日子过得惬意一些,或者想买一些新衣服时,我就爬起来再让他打。昨晚就是这种情况。杰克知道一个月来我一直想买一件黑绸衬衣,我觉得光凭一只乌青眼睛还不足以弄到手。我告诉你,玛吉,我可以同你打赌,今晚他准会带冰激凌回家。"

芬克太太沉思着。

"我的马丁,"她说,"一辈子没有打过我一下。他正像你所说的,马梅;他别别扭扭地回来,一句话也不说。他从不带我去外面玩。整天坐在家里。他虽然也买东西给我,可老是那么愁眉苦脸,买了东西来我心里也不痛快。"

卡西迪太太搂住她的朋友。

"可怜的东西!"她说,"杰克那样的丈夫不是人人都能有的。假如男人都像他那样,就没有破裂的婚姻了。你听说过有许多妻子感到不满——她们需要的是每周回家来踢一次她们肋骨的男人,然后用亲吻和奶油巧克力弥补。那会给她们一些生活的乐趣。我要的是有点霸道的男人,喝醉时揍你,没喝醉时抱你。这两件事都没有勇气做的男人给我靠边站吧!"

芬克太太叹了一口气。

过道上突然喧闹起来。卡西迪先生一脚把门踢开。他两臂抱着许多大包小包。马梅飞快地跑过去搂住他的脖子。她那只没有受伤的眼睛闪出爱情的光芒,正像被求婚者打昏拖进茅屋去的毛利土著姑娘苏醒后眼睛里的神情。

"哈啰,老姑娘!"卡西迪先生喊道。他扔下手里的东西,把她两脚腾空紧紧抱了起来。"我买了巴农-巴莱马戏团的入场券,你打开一包东西,里面就有你的绸衬衣——哎,晚上好,芬克太太——我进屋时捧着东西没有看见你。老马丁怎么样?"

"他很好,卡西迪先生——谢谢你,"芬克太太说,"我得走了。马丁快回家吃饭了。你要的裁剪纸样,我明天给你送下来,马梅。"

芬克太太上了楼,哭了一小会儿。那是只有女人了解的没有意义的哭泣,毫无原因,特别荒唐,在悲伤的节目单上属于最无常、最绝望的哭泣。马丁为什么从来不揍她?他像杰克·卡西迪一样高大强壮。难道他根本不在乎她?他从来不吵架;他回家后总是不声不响,懒洋洋的什么都不干。他相当顾家,家里什么都不缺,就缺情趣。

芬克太太的梦幻之船由于没有风而不能起航。她的船长来往于葡萄干布丁和吊床之间。假如他偶尔在后甲板上破口大骂,或者跺跺脚,那该有多好啊!她盼望扬帆远航,在令人愉快的岛屿靠岸!但如今——我们换一种比喻吧——她同不温不火的拳击对手较量了许多回合之后,没有任何可以炫耀的伤痕,却累得要死,准备扔下海绵认输了。她甚至有点恨马梅——鼻青眼肿的马梅,她有抚慰伤痛的礼物和亲吻,她同她的打闹、野蛮、多情的伙伴在狂风暴雨中航行。

芬克先生七点钟到了家。家庭生活的诅咒渗透了他。他不愿意到安逸家庭的门廊以外的地方去游荡。他是赶上了电车的心满意足的男人,是吞食了猎物在慢慢消化的蟒蛇,是倒下后原地不动的树木。

"吃晚饭吗,马丁?"已经为晚饭操劳了一番的芬克太太问道。

"好吧。"芬克先生嘟囔说。

晚饭后,他拿起报纸,光穿着袜子坐下来看报。

出现一个新的但丁吧!为我歌唱那些光穿着袜子坐在家里的男人应该去的万劫不复的角落。新的篇章是不是应该歌颂那些由于家庭维系或者责任而忍受这一切的,穿着丝袜、线袜或者毛袜的耐心的姐妹们?

第二天是劳动节。卡西迪先生和芬克先生休息一天。胜利的劳工上街游行,找些娱乐。

芬克太太很早就把卡西迪太太要的剪裁纸样送下楼来。马梅穿上了新的绸衬衣。她那只受伤的眼睛居然也带着节日的喜庆。杰克确有悔过之意,安排了热闹的过节节目,准备去公园野餐,喝啤酒。

芬克太太上楼时感到一阵愤怒的妒忌。啊,有了伤痕和紧接而来的安慰是多么幸福!然而幸福只是马梅一个人的专利吗?马丁·芬克和杰克·卡西迪一样,也是顶天立地的男人。难道他的妻子就永远不受到痛打和爱抚?芬克太太突然想出一个极妙的念头。她要给马梅看看,别的丈夫也能像杰克一样动粗,随后也许会一样体贴。

对于芬克夫妇来说,假日恐怕只是徒有其名了。芬克太太已经把两星期换下来的衣服扔在厨房里的洗衣盆里泡了一夜,打算洗掉。芬克先生光穿着袜子,坐着看报。劳动节估计会过得很快。

芬克太太心头升起了妒忌,升得更高的是一个大胆的决定。既然她的男人不打她——既然到目前为止他还不愿意证实他的男子气概、他的夫权和他对夫妻关系的兴趣,那就得推他一把,让他履行责任。

芬克先生点燃烟斗,悠闲地用一只脚的脚趾蹭另一只脚的脚踝。他在婚姻中的状态就像是布丁里一块没有化开的板油。他舒适而超脱地看报上的世界大事,耳边传来妻子洗衣服的溅水声,鼻子闻到已经收掉的早餐和即将到来的午餐和晚餐的愉快气味——这就是他恒定的福地。

芬克太太开了热水龙头,把搓板放进满是肥皂泡沫的洗衣盆里。楼下传来卡西迪太太的快活的笑声。那声音像是嘲弄,又像是当着楼上没有挨揍的新娘的面炫耀她自己的幸福。芬克太太发作了。

她突然恶狠狠地转向看报的男人。

"你这个好吃懒做的二流子!"她嚷道,"难道我就应该替你这种讨厌的家伙洗衣做饭,累断我的手吗?你是人,还是赖在厨房里的狗?"

芬克先生大吃一惊,手里的报纸掉了下来。她惟恐他不打她——惟恐挑衅不够有力。她朝他扑去,握紧拳头猛打他的脸。那一瞬间,她感到了一种长久以来未曾有过的对他的爱的激动。起来呀,马丁·芬克,踏进你的王国呀!哦,她必须承受他出手的重量——为了表明他在乎她——仅仅为了表明他在乎她!

芬克先生跳了起来——玛吉挥起另一只手打在他的下巴上,她闭上眼睛等待他出手的可怕而至福的一刻——她悄悄呼唤他的名字——她凑上前去接受她渴望的打击。

在楼下的公寓里,卡西迪先生面带悔罪的羞愧在马梅的眼睛上扑粉,准备出去野餐。楼上传来女人的高声叫喊,冲撞声,零乱踉跄的脚步声,椅子倒地声——不可能误解的家庭冲突声。

"马丁和玛吉在打架?"卡西迪先生假设说,"我是不是上去看看他们需不需要裁判?"

卡西迪太太的一只眼睛像钻石似的放光。另一只眼睛至少像铅质玻璃那样闪烁。

"哦,哦,"她显然没有什么特殊用意地轻轻说道,"难道——难道——等一下,杰克,我先上去看看。"

她三步并作两步上了楼。在过道上正好碰到芬克太太从她公寓的厨房门里冲出来。

"哦,玛吉,"卡西迪太太高兴地低声喊道,"他动手了吗?哦,他真的动手了吗?"

芬克太太跑过来,把脸伏在她好朋友的肩头,绝望地啜泣起来。

卡西迪太太两手捧着玛吉的脸,温柔地把她扶起来。那张脸沾有泪痕,激动得一阵红一阵白,但是丝绒般光润的、恰到好处地长着些雀斑的表面没有芬克先生的不轻易动粗的拳头造成的损伤。

"告诉我,玛吉,"马梅央求她说,"不然我要进屋去看了。怎么回事?他有没有打你——他干了些什么?"

芬克太太绝望地又把脸埋在她朋友的怀里。

"看在老天份上,马梅,别开那扇门,"她啜泣说,"别告诉任何人——要保守秘密。他——他根本没有碰我——他——哦,天哪——他在洗衣服——他自己在洗衣服!"

"有罪的当事人"

——东区的一出悲剧

一个红头发、没刮胡子、懒散的男人坐在窗子旁边的摇椅上。他刚点燃烟斗,心满意足地喷着蓝色的烟雾。他已经脱掉皮鞋,换了一双蓝色的旧毡拖鞋。像喝酒上了瘾一样,他每天看报也看上了瘾,现在他带着不正常的报瘾笨拙地把晚报反折过来,把那些黑体的大标题当做烈酒囫囵吞下去,然后再看小号字体的详细报道,作为鲸饮以后的小酌。

隔壁房间里有个女人在做晚饭。熏咸肉和煮咖啡的气味飘了过来,同黄昏时烟斗里的烟气互争短长。

外边是东区一条拥挤的街道,等到薄暮降临,魔鬼就设起了他的招募站。一大群儿童跑呀跳的在街心玩耍。有些衣衫褴褛,有些穿着系丝带的洁白衣服,有些像小鹰一般剽悍好动,有些面相和善、犹豫畏缩,有些尖声嚷着粗鲁下流的话,有些在一边听,开头怀有畏惧,不久也习惯了——这就是"罪恶大院"走廊上玩耍的儿童。这个场地的上空永远盘旋着一只大鸟,在幽默家口中,那只鸟被称为"鹳"①。但是克里斯蒂街的居民是更高明的鸟类学家。他们管它叫作啄食死尸的兀鹰。

---

① 鹳,涉禽类,形如鹤,喙长而直,羽毛灰、白、或黑色。西方相传鹳对婴儿有特殊好感,父母常哄儿童说他们是鹳衔来的。

一个十二岁的小姑娘,怯生生地走到那个在窗边看报和休息的人身边说:

"爸爸,你如果不太累的话,和我下盘棋好吗?"

那个脱了鞋子坐在窗口的红头发、没刮胡子、懒散的人皱皱眉头说:

"下棋吗?不,我不下。一个人辛辛苦苦干了一天活,难道回家来也不能休息一会儿吗?你干吗不出去跟别的小孩在街上玩呢?"

一直在做饭的女人走到了房门口。

"约翰,"她说,"我不喜欢利齐到街上去玩。跟他们一起太容易学坏啦。她在屋子里待了一整天。你回家来似乎也该匀出一些时间,陪她玩玩。"

"如果她要玩,让她像别的孩子一样出去玩好啦,"那个红头发、没刮胡子、懒散的人说,"别来烦我。"

....

"一言为定,"小马拉里说,"五十块钱赌你们二十五块,看我带安妮去跳舞。把钱拿出来。"

小马拉里的乌黑的眼睛里闪着受到挑衅的光芒。他掏出一卷钞票,拿出五张十元的,往酒吧的柜台上一拍。酒吧侍者做了当然的公证人,他收起钱,费劲地包好,用一支铅笔头记下赌注,然后塞进现金出纳机的一个格子。

"呵,这一来可够你呛的啦。"一个参加打赌的人带着胜利在望的快乐说。

"那是我的事,"小马厉声说,"伙计,给大家的杯子满上。"

大家干了杯之后,帕克——小马的食客、跟班、朋友、顾问兼总理大臣——把他拉到酒吧角落里的擦皮鞋摊那儿,"午夜俱乐部"所有的公事要务都是在那儿解决的。当汤尼第五次替这位俱乐部主席兼秘书长擦他的淡黄色皮鞋时,帕克向他的头儿进言了。

"别跟那个金发姑娘搞在一起了,小马,"他劝告说,"不然恐怕有麻烦。你干吗要甩掉你的姑娘呢?你再也找不到像利齐那般依恋你的姑娘了。一屋子的安妮也比不上她。"

"我对安妮并没有意思!"小马回说,一些烟灰掉落在他擦亮的鞋尖上,他趁势在汤尼肩上一蹭,"但是我想给利齐一个教训。她总以为我是属于她的。她逢人吹牛,说我同别的姑娘连话都不敢讲。说起来,在某些方面,利齐还不错。最近她酒喝得多了些。她的谈吐也不是一个上流女人应该有的。"

"你们不是已经订婚了吗?"帕克问道。

"是啊。我们可能明年结婚。"

"我亲眼看到,她头一次喝酒还是你硬叫她喝的,"帕克说,"那是两年以前的事了,那时候她吃过晚饭,帽子也不戴就跑到克里斯蒂街角来会你。那时候她还是个文文静静的小姑娘,说话都要脸红。"

"现在她简直是个小泼辣货了,"小马说,"我最讨厌妒忌的人。我约安妮去跳舞,就是这个道理。可以让她清醒清醒。"

"嘿,你还是小心一点为好,"帕克说,"如果利齐是我的姑娘,而我瞒了她跟一个安妮出去跳舞,我准得在我漂亮的衣服里面穿一套锁子甲才保险。"

利齐在这个有人称做鹳、有人称做兀鹰的地带徘徊。她那双乌黑的眼睛急躁而茫然的在来往的人群中搜索。她不时哼着一些无聊的小调。不哼的时候,就磨着洁白的小牙齿,说些东区特创的新鲜的词汇。

利齐的裙子是绿绸的。她的坎肩是粉红色和褐色的大花格呢的,很合身材,不能说不时式。她戴着一只硕大的假红宝石戒指,挂着一条鸡心银链,走起路来在膝盖上碰来碰去。她的塌了跟的高跟鞋歪歪扭扭,从来不同鞋油打交道。她的帽子大得几乎连面粉桶里都放不进。

她从后门进了青鸟咖啡馆,挑了一张桌子坐下来,摆出阔太太按铃吩咐套马车的神气按了电钮。一个阔下巴的侍者低声下气地过来,外表毕恭毕敬,骨子里却很狎昵。利齐得意地扭了一下身子,整整绸裙子。她要尽情地享受。在这儿,她可以颐指气使,有人会来侍候她。在她的天地里,女人的特权除此以外就没有别的了。

"威士忌,汤米。"她说,好像高贵住宅区里的女人吩咐仆人开香槟酒似的。

"是,利齐小姐!掺什么呢?"

"矿泉水。喂,汤米,小马今天来过没有?"

"喔,没有,利齐小姐,我今天没有见过他。"

"利齐小姐""利齐小姐"叫得挺溜,因为小马要人家极端尊敬他的未婚妻是出了名的。

"我在找他,"利齐等矿泉水在她面前喷进酒杯后说,"有人告诉我,小马说要带安妮·加尔逊去跳舞。让他带吧。那只红眼睛的白耗子!我要找他。我的情形你是知道的,汤米。我和小马订婚已有两年。瞧瞧这只戒指。他说是花了五百块钱买的。让他带安妮去跳舞好啦。我怎么办呢?我要把他的心剜出来。再来一杯威士忌,汤米。"

"换了我,我就不听信那种话,利齐小姐,"侍者抿着嘴圆滑地说,"小马拉里不是那种会甩掉你这样的小姐的人。还是掺矿泉水吗?"

"两年啦,"利齐重复说,在酒力的影响下,她有点感情用事了,"我晚上待在家里无聊,老是在街上玩。我坐在门槛上,呆看着灯火和过路的人。有一晚,小马跑来跟我搭讪,我当场就着了迷。我第一次喝酒还是他硬要我喝的,那次我在家里哭了一夜,为了吵闹还挨了一顿揍。现如今——喂,汤米,你见过这个安妮·加尔逊没有?如果没有金头发,她那副蠢相早就完蛋了。喔,我要找他。小马如果来了,你告诉他一声。我呀?我要剜出他的心来。瞧我的。再来一杯威士忌,汤米。"

利齐上了大街,身子有点摇晃,可是眼睛仍然明亮锐利。一座砖砌房屋的台阶上坐着一个鬈发的女孩,正对着一团纠缠的线绳发愣。利齐突然在她身边坐下来,酡红的脸上泛起一丝哄骗的假笑。可是她的眼睛忽然变得又清澈又天真。

"我来教你翻绞绞①,孩子。"她说,同时把绿绸裙子的下摆塞在那双旧鞋子底下。

她们坐在那里的时候,"午夜俱乐部"大厅里的灯光亮了起来,准备跳舞了。那是半月一次的穿礼服的跳舞会,会员都把它当做一件大事,兴高采烈地装饰打扮。

九点钟,俱乐部主席小马拉里挽着一位小姐步入舞池。像罗勒莱②一样,她的头发也是金黄色的。她说的"好"糯得像是"噢",但是它所包含的许可的意思,对于一般爱尔兰人的耳朵是很清楚的。她在自己的长裙上绊了一下,红了脸——她向小马嫣然一笑。

当他们站在打蜡地板中央时,事情发作了。为了预防这类事情的发生,多少书房和图书馆里有人点了灯在通宵研究。

大厅里围成一圈的看客中间,跳出了穿绿绸裙子的"命运女神"③,她的别名就是"利齐"。她那双凶狠的眼睛比黑玉更黑。

---

① 翻绞绞,两个小孩面对面用线绳套在手指上轮流翻织出各种花样的游戏。
② 德国民间传说中出没于莱茵河岩石上凭美貌和音乐诱惑船夫,使船触礁沉没的女妖。诗人海涅有诗记此。
③ "命运女神",希腊、罗马神话,人的一生由三个命运女神掌管:执纺锤的克洛托掌管出生;放长生命之线的拉克西斯掌管寿命;割断生命之线的阿特洛波斯掌管死亡。

她既不叫嚷,也不犹豫。她毫无女人腔地喊出了一句诅咒的话——小马自己常挂在嘴上的骂——她的声调也像小马那样深沉;"午夜俱乐部"里的人慌乱地四散奔逃,这时候利齐兑现了她在侍者汤米面前夸下的海口——她尽她的刀子的长度和腕力所及刺了进去。

接着而来的是自求生存的主要本能——或者是自趋毁灭的本能?那种本能是社会在人类的本性上培养出来的。

利齐奔出舞厅,跑下街去,迅疾而平稳,恰似黄昏时分在小树丛中穿过的山鸡。

继之而来的是大城市里最大的羞耻,最古老、最腐败的溃疡残余,是大城市的污点和耻辱、阴影和邪恶,是永久的丑事和罪行,那种情形是很久以前最卑劣的野蛮时代传下来的,一直受到培养、爱护,从未受到过指责——那就是追捕罪人的叫嚣。只有在大城市里——文化、公民权和所谓优越感高度结晶的地方——那种情形才经久犹存;只有在大城市里,追捕时的吆喝也最凶。

人们追逐着——一群拉开了嗓门、尖声叫嚷的乱民,老老少少,男男女女——他们咆哮、叫嚷、呼喊、呼啸,要人性命。在大城市里,狼只站在门口①。它的心肠倒比较仁慈,看到这种群起而攻之的行动也会踌躇不前的。

利齐知道她要去什么地方,同时也渴望休息,她穿过那些走惯的大街小巷,最后踩上了腐朽的桥墩,脚下响起沉闷的木板声。不用喘着气走几步路——慈母东江就把利齐搂在怀里了,浊浪滔滔地抚慰着利齐,在五分钟内解决了千百个教堂和学院在长夜灯下深思熟虑的问题。

....

① 英文成语"狼在门口"有饥饿逼人之意。

一个人有时做的梦是真够奇怪的。诗人们管梦叫做幻象,其实幻象就是无韵诗的梦境。这个故事的下半部分是我在梦中见到的。

我仿佛到了另一个世界。我不知道怎么会到那儿去的;我想也许是搭了九马路的高架电车,或者吃错了成药,或者在老虎头上拍了苍蝇①,或者做了一些不审慎的惊人绝技。反正我糊里糊涂到了那里,法庭正在审理案件,门口聚了一大群人。每隔一小会儿,就有一位容貌秀丽、仪态万方的法庭天使走到门外来宣告下一件案子的开审。

我在思索自己在人间犯下的罪恶,不知申说自己一向住在新泽西州作为辩解是否有用②,那位充当执达员的天使走到门口喊道:

"第99,852,743号案件听审!"

一个便衣包探走了上去——那儿有许多这样的人,穿着同牧师完全一样,像人间的警察似的把我们这些鬼魂赶来赶去——他拉着那件案子的当事人的胳臂——你猜是谁?啊呀,原来是利齐!

法庭执行吏领了她进去,关上了门。我走到包探先生面前,打听那件案子的情况。

"很悲惨的案子,"他说,一面把修过指甲的指尖搭在一起,"一个完全不可救药的姑娘。我是人世专员琼斯牧师。这件案子由我承办。姑娘杀害了她的未婚夫,然后自杀。她没有什么可以辩护了。我打给法庭的报告,详细地陈述了事实,都有可靠的人

---

① 原文是"想揪吉姆·杰弗莱斯的鼻子",杰弗莱斯是美国1899—1905年重量级拳击冠军。
② 美国各州的公司法数新泽西州的为最宽,资本愈大,税率愈低,故各州的大企业为了逃税,常在该州注册,设立皮包办事处,作为对付法院调查的辩解。因此新泽西州有"托拉斯的安乐窝"之称。

证。罪恶的代价乃是死,赞美上帝。"

法庭执行吏打开门,跨了出来。

"可怜的姑娘,"人世专员琼斯牧师含着眼泪说,"那是我承办的最悲惨的案子之一。当然,她要被判——"

"无罪开释,"法庭执行吏说,"琼斯,你过来。你再不留神,就会给调到普通队里去了。你愿不愿意去南海群岛当传教士——呃?赶快别再胡乱抓人,不然你就会被调走——懂不懂?在这件案子里,你应该逮捕的是一个红头发、没刮胡子、懒散的男人,他宁肯脱了鞋子,坐在窗口看报,让他的孩子在街上乱闯。你赶快去办吧。"

这岂不是一个无稽的梦?

人各有志

　　大城市的社会底层,不甘寂寞的沉渣总是搅和到一起,年轻的默里和队长就这样在底层某处相识,成了朋友。两人都处于他们各自命运的不能再低的低潮;都是从相当体面和重要的天国中层圈子里贬谪下来的;都是他们傲慢的城市母校的畸形社会课程的典型产物。

　　队长已经不是队长了。在一次横扫城市的突如其来的廉政洪水中,他从警察局一个收入不错的高位上给刷了下来,被褫夺了警章警衔,他变卖了多年节俭攒钱买下的房产支付了律师诉讼费用。洪水过后,他陷在干涸的泥沙里动弹不得。在街头流落了一个月后,一家酒馆老板揪住他的衣领,把他从免费佐酒小吃的柜台前拉了出来,扔到外面的柏油马路上,正如斑猫把一只外来的小猫从窝里叼出去一样。这似乎够倒霉的了。之后,他弄到了一双带纽扣的布面半统靴,开始给报馆写申诉信。再之后,他同市政收容所的工作人员争执起来,因为他们非要他先洗澡才能入住。默里第一次见到他时,他正握着埃塞克斯街一个卖苹果和大蒜的意大利妇女的手,引用民谣歌本里的词句向她调情。

　　如果说默里的谪降不是那么张扬的话,至少可以说是更凄惨。他一度也是纽约的头面人物。拿着话筒的导游大声招呼观光客,叫他们看一条繁华大街上的他伯父的住宅。那里曾经发生过一场原因不明的激烈争吵,管家把王子推出门外,在那条大街上,这种情况等于是伯父把他踢了出去。他像既无继承权、又无头衔的哈尔王子一样,流浪街头,同他的滑稽的福斯塔夫①会合,一起在街上餬口混日子。

一天晚上,他们坐在商业区一个小公园的长凳上。肥胖的队长仿佛越是挨饿越会长肉,乞求施舍时招来的是嘲笑而不是怜悯,他靠在长椅的扶手上像是一堆没模没样的肥肉。他头上长着几簇朱红色的头发,红脸上的络腮胡子一星期没有刮过,戴着一顶疲沓的白草帽,在幽暗中像是三马路熄灯后橱窗里的什么东西,不知道是新式的女帽呢,还是草莓松糕。一条勒紧的皮带——是他漂亮制服的最后纪念物——把他的腰围勒出一条深沟。队长鞋子的纽扣已经脱落。他压低嗓门咒骂他的厄运。

他旁边的默里穿着一套肮脏破旧的蓝哔叽衣服,帽檐拉得很低,无声无息地坐着,像是一个被逐出地狱的孤鬼游魂。

"我饿了,"队长嘟囔说——"凭巴山牛的上腰肉起誓,我快要饿死了。现在我吃得下鲍里街的一家餐馆,包括烟囱。你难道想不出一点办法来吗,默里?你耸起肩膀坐在那儿,学雷金纳德·范德比尔特赶马车的样子,那种架势有什么好处?你还是想想我们到哪儿去搞点吃的吧。"

"你忘啦,亲爱的队长,"默里纹丝不动地说,"上次寻找吃食是我出的主意。"

"不错,"队长呻吟说,"确实是你出的主意。但是你有没有搞到呢——呃?"

"我承认我们失败了,"默里叹息说,"我原以为那次我在马隆的店里花了五分钱,同他在棒球方面谈得十分投机,他总能给我们

---

① 哈尔王子和福斯塔夫都是莎士比亚剧本《亨利四世》(上、下)里的人物,亨利四世登基前的绰号叫哈尔王子;福斯塔夫是个痴肥、好色、喜欢吹牛、开玩笑的人。

吃一顿免费的午餐。"

"我这只手,"队长伸出上肢前端那个不走运的部分说——"已经拿到了一条火鸡小腿和两块沙丁鱼三明治,可是那些侍者抓住了我们。"

"我离橄榄不到两英寸,"默里说,"夹心橄榄。我一年没有尝了。"

"我们怎么办?"队长嘟囔说,"我们不能活活饿死呀。"

"是吗?"默里平静地说,"我很高兴听到那种话。我还以为我们抗得住饿呢。"

"你等在这里,"队长费力地、气喘吁吁地站起来,"我再做一次尝试。你待在这里等我回来,默里。不会超过半小时。如果得手,我回来得会更快。"

他像大象似的整理一下外表。把火红的胡子梢朝上卷卷,把边缘污黑的衬衫袖管抻出来,把皮带再勒紧一个扣孔,加深了裤腰的褶皱,然后像动物园里的犀牛似的信心十足地穿过公园的南端。

他走远后,默里也离开了公园,匆匆朝西跑去。他在一座台阶两侧有绿灯的房屋面前停下。

"有个姓马罗尼的警察队长,"他对内勤警官说,"三年前遭到指控审讯,被开除公职。我想判决还没有下来。警察局是不是要捉拿这个人?"

"你问这话是什么意思?"警官皱着眉头说。

"我想也许有悬赏,"默里轻松地解释说,"我很熟悉那个人。目前他似乎竭力在避人耳目。我随时可以抓到他。如果有悬赏——"

"没有酬金,"警官简短地打断说,"那个人不在通缉名单上。你也不在。你给我出去吧。你和他是朋友,却想出卖他。赶快给我出去,免得我撵你。"

默里平静地瞅着警官,摆出一副见义勇为的样子。

"我告发触犯法律的人,想帮助法律,"他严肃地说,"无非是尽公民和绅士的责任罢了。"

默里赶快回到公园的长凳上。他双臂合抱,蜷缩在衣服里面,仍是那副孤鬼游魂的模样。

十分钟后,队长来到会合地点,像经历过肯萨斯大伏天的刮风打雷一样。他的硬领已经扯掉,草帽被打得歪歪扭扭,衬衫上身沾了深红色的条纹。他从头到膝盖被某种污秽的油水淋得稀湿,散发着大蒜和厨房里的气味。

"天哪,队长,"默里吸着鼻子说,"没想到你落魄到这种地步,竟然钻起泔水桶来了,否则我不会等你的。我——"

"闭嘴!"队长粗鲁地说,"我还没有像猪那样乱拱。这完全出乎意外。我去埃塞克斯街,向那个开水果店的卡特里娜求婚。那件事值得一试。在意大利人中间,她算得上是美人了。我原以为上星期已经把那位夫人搞定了。可是你瞧她把我整成什么样子!我想大概因为我太莽撞了。另一个计划又泡了汤。"

"你不见得想说,"默里无限轻蔑地说,"为了摆脱你目前的霉气,你甚至可以同那个女人结婚吧!"

"我吗?"队长说,"为了一碗炒杂碎,我可以同中国女皇结婚。为了一盘炖牛肉,我可以杀人。我可以偷流浪汉的薄饼。为了一碗杂烩,我可以犯重婚罪。"

"我觉得,"默里用手托着脑袋说,"为了买一杯威士忌的钱,我可以充当犹大。为了三十块银元,我可以——"

"得啦!"队长沮丧地说,"你不至于干那种事吧,默里?我一直认为再没有比凯克告发他老板那样更卑鄙下流的事了。出卖朋友的人比海盗更恶劣。"

一个身材高大的人在公园里走动,察看灯光下面的长凳。

"是你吗,麦克?"他停在那两个无家可归的人前面说。他的钻石领带别针和表链上的钻石饰物叫人眼花缭乱。他容貌光鲜,身体保养得很好。"是啊,我瞅样子像你,"他接着说,"迈克酒馆里的人告诉我,说在这里找得到你。我同你说几句话,麦克。"

队长哼了一声,迅速站了起来。如果说查理·芬尼根跑到这个无底深渊来找他,肯定有什么重要的事。查理拉着他的胳臂走到阴影处。

"你知道吗,麦克,"他说,"有人指控皮克林督察受贿。"

"他是我的上司。"队长说。

"奥谢想谋那个职位,"芬尼根接着说,"他非得到不可。那对帮里有利。皮克林必须下台。你的证词能起作用。你在警察局工作时,他是你的顶头上司。他受的贿赂经过你手。你必须站到证人席上作出对他不利的证词。"

"他——"队长开口说。

"且慢。"芬尼根说。他从内袋掏出一包黄牛皮纸包的东西。"你如果作证,可以得到五百元。先付二百五,其余的——"

"听我说,他是我的朋友,"队长说,"要我出庭作证指控丹·皮克林,除非等我在地狱的火焰里先见到你和你那帮人、见到这个城市和政党。我虽然穷困潦倒,可是不会出卖曾经是我朋友的人。"队长的声音越来越响,像一支破长号吹出的声音。"你给我从这个公园里出去,你连这里的小偷、酒鬼和流浪汉都比不上;拿着你的肮脏钱给我滚。"

芬尼根从一条小径上灰溜溜地走了。队长回到他的座位。

"你们说的我都听到了,"默里阴郁地说,"我认为你是我生平见过的最大的大傻瓜。"

"换了你会怎么做呢?"队长问道。

"把皮克林钉上十字架。"默里说。

"老弟,"队长嘶哑地说,一点不激动,"你我不是一条道上的人。纽约分成两部分——第四十二街以东是一部分,第十四街以西是另一部分。你是另一部分的人。我们人各有志。"

树梢上面有照明的时钟指到十一点半。两人从长凳上站起来,仿佛想到了同一个念头,便一同走了。他们离开公园,穿过一条狭窄的横街,到了百老汇路,这时候的百老汇路像是庞贝废城的小道似的光线暗淡,阒无人迹,响起空旷的回声。

他们朝北拐了弯,一个警察看见了他们鬼鬼祟祟的邋遢样子,却不像在别的时间和地点那么注意和起疑。因为在城市的这一部分,每条街上都有这种鬼鬼祟祟的邋遢的人匆匆朝一个汇合点走去——那个地点没有标志,只有千万只排队等候的脚在人行道上磨出的痕迹。

在第九街上,一个戴礼帽的高个子从百老汇路的电车上下来,向西走去。他看见了默里,奔过去把他拉到街灯下面。队长哼哼着,像一头受伤的熊似的笨重地走到街角上去等。

"杰里!"戴礼帽的人嚷道,"真凑巧!我正准备明天开始寻找你。老先生让步了。他将恢复对你的照顾。祝贺你。明天上午到办公室来,你要多少钱都可以得到。我接到指示,在钱的方面没有什么约束。"

"那件婚事呢?"默里扭过头说。

"呃——呃,你的伯父当然理解——他希望你和范德赫斯特小姐订婚的事在——"

"再见。"默里掉头要走。

"你这个疯子!"那人抓住他的胳臂喊道,"难道二百万财产摆在你面前你都不要,仅仅是因为——"

"你有没有见过她的鼻子,老兄?"默里严肃地问道。

"可是你要理智些,杰里。范德赫斯特小姐继承的财产有——"

"你见过没有?"

"我见过,我承认她的鼻子确实不——"

"再见!"默里说,"我的朋友在等我。我给你的回答是'不干',请你转告。再见了。"

对面的人行道上,等候的队伍从第十街的一个门口一直延伸到百老汇路。队长和默里跑到那条蠕动的千足虫的尾巴去排队。

"比昨晚的队伍长二十尺。"默里从慈悲教堂那里打量了一下说。

"至少要等半小时,"队长嘟囔说,"我们才领得到面包。"

全市的时钟开始敲十二下;领取救济面包的队伍缓缓向前移动,那些按照自己的方式生活的人在后面靠紧时,他们脚上的皮鞋在石子上磨出蛇一般的嘶嘶声。

仲夏侠之梦*

> 骑士们死了；
> 他们的宝剑已经锈蚀。
> 只剩下少数几个
> 为了扬起灰尘
> 不得不终身折腾。①

亲爱的读者：夏天到了。酷热的太阳无情地照射着这座城市。太阳既然酷热，同时就很难表示悔意。温度计升到了——哦，去它的温度计！谁会去理睬干巴巴的数字呢？总之，天气是这样热，以致——

屋顶花园增添了那么多的临时侍者，你想你要的杜松子酒掺苏打水总该来了吧——别急，等别人要的东西都端来之后，你的就来了。医院里也在增添额外的床位，准备接待马路上看热闹的人。因为路上的小毛狗伸出舌头，朝着咬它的虼蚤汪汪直叫，穿着黑羽纱衣服、神经过敏的老太太就大叫"疯狗，疯狗！"，这时候，警察动

---

* 本篇题目的原文是"A Midsummer Knight´s Dream"，套用莎士比亚的喜剧名《仲夏夜之梦》；原文"Knight"与"Night"读音相同，此处译成与"夜"的南方读音近似的"侠"；"Knight"一词还作"中世纪的骑士""保护妇女的人"解。

① 引诗系模仿英国诗人库尔律治（1772—1834）的"吊骑士墓"中的一段，原诗为："骑士的骸骨成了灰尘，/他的宝剑已经锈蚀；——/我相信，他的英魂亦已归真。"

手开枪,总有人遭殃受伤。从新泽西州庞普顿来的那个七月里也老是穿着大衣的人,在百老汇路的一家旅馆下榻,喝着热威士忌,享受着一年一度的石灰光①。慈善家们要求议会通过一项法案,规定建筑商们应该把出租房屋的防火梯造得宽些,好让租户们全家一起热死,而不是每次热死一两个。有许多人对你说,他们每天要洗多少次澡,不由得叫你想起,等原来的住户避暑回来,谢过他们费心照看房子之后,这些人以后的日子怎么过。在饭馆里高声点叫冷牛肉和啤酒的那个年轻人,口口声声说这种天气吃烤鸡和葡萄酒未免太油腻了;他同你的眼光接触时不禁满脸通红;因为整整一个冬天,你总是听到他点叫同样清淡的食物,虽然声音要比现在轻多了。饭馆里的汤稀薄了,钱袋和演员清瘦了,衬衣和棒球场上的提示露骨了。是啊,夏天到啦。

有一个人站在第三十四街上,等候去市区的电车。他有四十来岁,头发灰白,脸色红润,穿着很朴素,样子精明紧张,可是神情却有些颓唐。当一个打扮得像是要出远门的胖子停下来同他谈话时,他擦了擦额头,大声笑了起来。

"不,老兄,"他倔强地、满不在乎地说,"我才不稀罕你们那种满是蚊子的沼泽和没有电梯的摩天高山呢。赶上我要避暑的时候,我自有办法。老兄,纽约是全国最好的避暑胜地了。别待在阳光底下,注意饮食,别离风扇太远。不用说什么阿迪龙达克和卡茨基尔山脉②啦!曼哈顿实惠的享受比全国其余各个地方加起来的还多。不,老兄!我才不愿意爬笔直的山岩,早晨四点钟被成千上万的苍蝇闹醒,每天吃些从城里运来的罐头食品呢。小小的老纽约会容纳几个高级的度夏客人;家庭的舒适,家庭的便利——这种

---

① 用燃烧石灰的办法照明舞台的灯光。
② 两者均系纽约州的山脉。

广告词句才迎合我的心意。"

"你需要一个假期,"胖子仔细打量着他说,"你多年没有离开过城里了。不管怎么样,跟我一起去玩两个星期吧。现在比弗基尔的鳟鱼只要看见像是鱼饵的东西就会上钩。哈定写信告诉我,上星期他钓到一条三磅重的褐色鳟鱼。"

"没有的事!"他说,"你高兴的话,你自己去吧,你尽管穿着橡皮靴子去捉鱼,把自己搞得筋疲力尽。我要鱼的时候自会到一家凉爽的饭馆去点一条。这么热的天气,你们这批人在乡下瞎折腾,自己还以为是享受、是消遣,真叫我好笑。我宁肯待在尼克博克①老爹的有林阴大道的改良的小农庄里。"

胖子朝他的朋友叹了一口气,自顾自走了。那个认为纽约是全国最好的避暑胜地的人搭上一辆电车,慌慌忙忙地赶到办公室去。在路上,他撂开报纸,抬头向屋顶上不整齐的天空瞥了一眼。

"三磅重哪!"他心不在焉地咕哝说,"哈定一向不打诳。我相信,只要我能够——不,那是不可能的——他们还得待上一个月——至少一个月。"

到了办公室,那个主张在城里享受仲夏乐趣的人,头朝下跳进了生意的游泳池。亚金斯,他的秘书,跑来添上一圈信件、备忘录和电报的浪花。

下午五点钟,那个忙人在办公椅上朝后一靠,把脚搁在桌子上,脱口说:

"我倒要知道哈定用的是什么鱼饵。"

....

那天,她穿了一身白衣服;因此康姆顿打的赌输给了盖恩斯。康姆顿事先打赌说,她一定穿浅蓝色的衣服,因为她知道康姆顿喜

---

① 最初指移民到美国纽约的荷兰人,现泛指纽约人。

欢浅蓝色,并且康姆顿的父亲是个大富翁,那一点几乎使大家都以为他打了一个有赢无输的赌。但是她挑选了白颜色,于是盖恩斯带着少年得志、不可一世的神情,昂首阔步,得意了好一阵子。

那一年,山里那家小小的避暑旅馆住了一群闹闹嚷嚷的客人。一方是两三个年轻的大学生、两个艺术家和一个年轻的海军军官。另一方是许多年轻的小姐,其中美人之多足以让跑社交新闻的记者称之为"群芳会"。但是星星中间的月亮要算玛丽·西韦尔了。这些年轻人个个都动足脑筋,希望能够替她付衣帽账款、装修炉灶,以及让她永远取消她娘家的姓。有些人的经济能力只够避一两个星期的暑,他们临走时谈着手枪和破碎的心。然而康姆顿却像山岩本身那样屹然不动,因为他有能力维持。盖恩斯也坚持了下去,因为他斗志很强,他不怕百万富翁的儿子,并且——呃,他还喜爱乡村生活。

"你认为怎么样,玛丽小姐?"他有一次说,"我在纽约认识的一个傻瓜说,即使是夏天,他也喜欢纽约。他说待在纽约比待在森林里凉爽。这岂不太可笑了吗?拿我来说,一过了六月一日,再待在百老汇路的话,恐怕连气也透不过来了。"

"不过话又得说回来,"盖恩斯接着说,"夏天城里也有许多好玩的地方。屋顶花园,你知道,还有——呃——还有屋顶花园。"

那一天,湖水是一片湛蓝色,他们模仿中世纪的骑士,玩比武游戏,男人们骑着农场上的笨马,在森林中的草地上打转,用矛头挑刺挂帘子用的铁环。多有意思啊!

阴翳的树林里的气息一阵阵飘来,像美酒一般凉爽醇厚。下面的溪谷仿佛蒙着一层乳白色的雾幕。只闻其声的瀑布散发出白茫茫的水气,把半山腰的巴掌宽的绿树梢遮得依稀模糊。年轻的人和年轻的夏天快活地携起了手。百老汇路上可没有这种风光。

村里人聚拢来,看城里人玩他们的疯狂的把戏。树林里响遍了妖精、水神和鬼怪的笑声。盖恩斯挑到的铁环最多。他获得了替比武皇后加冕的权利。以铁环来说,他是胜利的骑士。他在胳臂上扎了一条白围巾。康姆顿扎了一条淡蓝色的。她以前说过她喜欢蓝颜色,可是那天却穿了一身白色的衣服。

盖恩斯四下寻找皇后,想替她加冕。他听到了她的笑声,仿佛来自云端。原来她悄悄溜走了,爬到了高出他们头顶五十英尺的烟突岩——那是一堵花岗石的小峭壁——她站在那上面的桂树丛中,活像一位浑身是白的仙子。

他和康姆顿立刻接受了不言而喻的挑战。那堵峭壁从后面爬上去并不困难,然而前面却少有插脚把手的地方。两人飞快地选择了各自的路线,开始攀爬。每一个裂罅、灌木、藤蔓、树枝和稍微突出的地方都成了竞赛中起决定作用的帮助。这简直是胡闹——根本没有奖品;但是急躁的读者啊,这里却有青春、轻松的心情,还有克莱小姐①描写得那么美妙的东西。

盖恩斯抓住一棵桂树的根,一使劲便爬到了玛丽小姐的脚边。他原先把那顶玫瑰花冠套在自己的胳臂上;当村民和避暑的客人们在底下欢呼喝彩的时候,他把花冠安在皇后的头上。

"你是个英勇的骑士。"玛丽小姐说。

"如果我能永远做你的忠诚的骑士——"盖恩斯开始说,但是玛丽小姐的笑声打断了他的话头,因为康姆顿这时候也翻过了山岩的边缘,虽然迟了一分钟。

他们坐车回旅馆的时候,薄暮的景色是多么绚丽!乳白色的山谷慢慢转成了紫色,黑黑的树木像镜框一般围绕着湖泊,醉人的空气激动着人们的心灵。留着一抹夕照的山头上出现了第一批暗淡的星星——

---

① 克莱,英国浪漫主义小说家布雷姆(1836—1884)的笔名。

"打扰你啦,盖恩斯先生。"亚金斯说。

那个认为纽约是世界上最好的避暑地的人睁开了眼睛,踢翻了桌子上的一瓶胶水。

"我——我大概是睡着了。"他说。

"那是天气热的缘故,"亚金斯说,"待在城里真受不了,这儿——"

"废话!"另一个人说,"夏天城里要比乡下好上十倍。只有傻瓜才去河里蹚水,为了捉几条手指长的小鱼把自己搞得筋疲力尽。待在城里,舒舒服服——我一向这样主张。"

"刚来了几封信,"亚金斯说,"我想你在离开之前或许想看看。"

让我们从他背后探过头,看看其中一封的片段吧:

> 我亲爱的、亲爱的丈夫:刚接到你嘱咐我们再待一个月的信……丽达的咳嗽几乎完全好了……乔尼简直像个小印第安人……对于两个小孩都有极大的好处……你工作得这么努力,我明白你的收入几乎不能维持我们在这里休养这么久……最好的人……你老是借口夏天喜欢待在城里……你一向喜欢钓鱼……完全是为了我们健康幸福……如果不是因为对孩子们有好处,早就回到你身边去了。……昨天我在烟突岩,就站在你把玫瑰花冠戴在我头上的那个地点……全世界……当你说你愿意做我的忠诚的骑士时……十五年前的事啦,亲爱的,想想看!……你对我还是那样……始终如一。
>
> 玛丽

那个说纽约是全国最好的避暑地的人回家时拐到咖啡馆里,在电风扇下喝了一杯啤酒。

"我倒想知道老哈定用的是什么鱼饵。"他自言自语地说。

最后的常春藤叶

华盛顿广场西面的一个小区，街道仿佛发了狂似的，分成了许多叫做"巷子"的小胡同。这些"巷子"形成许多奇特的角度和曲线。一条街本身往往交叉一两回。有一次，一个画家发现这条街有它可贵之处。如果商人去收颜料、纸张和画布的账款，在这条街上转弯抹角、大兜圈子的时候，突然碰上一文钱也没收到，空手而回的他自己，那才有意思呢！

因此，搞艺术的人不久都到这个古香古色的格林威治村①来了。他们逛来逛去，寻找朝北的窗户、十八世纪的三角墙、荷兰式的阁楼以及低廉的房租。接着，他们又从六马路买来一些锡镴杯子和一两只烘锅，组成了一个"艺术区"。

苏艾和琼珊在一座矮墩墩的三层砖砌房屋的顶楼设立了她们的画室。"琼珊"是琼娜的昵称。两人一个是从缅因州来的，另一个的家乡是加利福尼亚州。她们是在八马路上一家名叫德尔蒙尼戈饭馆里吃客饭时碰到的，彼此一谈，发现她们对于艺术、饮食、衣着的口味十分相投，结果便联合租下了那个画室。

那是五月间的事。到了十一月，一个冷酷无情、肉眼看不见、医生管他叫做"肺炎"的不速之客，在艺术区里蹑手蹑脚，用他的冰冷的手指这儿碰碰那儿摸摸。在广场的东面，这个坏家伙明目

---

① 格林威治村，美国纽约西区的地名，住在这里的多半是作家、画家等。

张胆地走动,每闯一次祸,受害的人总有几十个。但是,在这些错综复杂、苔藓遍地、狭窄的"巷子"里,他的脚步却放慢了。

"肺炎先生"并不是你们所谓的扶弱济困的老绅士。一个弱小的女人,已经被加利福尼亚的西风吹得没有什么血色了,当然经不起那个有着红拳头、气吁吁的老家伙的赏识。但他竟然打击了琼珊;她躺在一张油漆过的旧铁床上,一动不动,望着荷兰式小窗外对面砖屋的墙壁。

一天早晨,那位忙忙碌碌的医生扬扬他蓬松的灰色眉毛,招呼苏艾到过道上去。

"依我看,她的病只有一成希望,"他说,一面把体温表里的水银柱甩下去,"那一成希望在于她自己要不要活下去。人们不想活,情愿照顾殡仪馆的买卖,这种精神状态使医药一筹莫展。你的这位小姐满肚子以为自己不会好了。她有什么心事吗?"

"她——她希望有一天能去画那不勒斯海湾。"苏艾说。

"画画?——别扯淡了!她心里有没有值得想两次的事情——比如说,男人?"

"男人?"苏艾像吹小口琴似的哼了一声说,"难道男人值得——别说啦,不,大夫,根本没有那种事。"

"那么,一定是身体虚弱的关系。"医生说,"我一定尽我所知,用科学所能达到的一切方法来治疗她。可是每逢我的病人开始盘算有多少辆马车送他出殡的时候,我就得把医药的治疗力量减去百分之五十。要是你能使她对冬季大衣的袖子式样发生兴趣,提出一个问题,我就可以保证,她恢复的机会准能从十分之一提高到五分之一。"

医生走后,苏艾到工作室里哭了一场,把一张日本纸餐巾擦得一团糟。然后,她拿起画板,吹着拉格泰姆曲调,昂首阔步走进琼珊的房间。

琼珊躺在被窝里,脸朝窗口,一点动静都没有。苏艾以为她睡着了,赶紧不吹口哨。

她架好画板,开始替杂志社画一幅短篇小说的钢笔画插图。青年画家不得不以杂志小说的插图来铺平通向艺术的道路,而这些小说则是青年作家为了铺平文学道路而创作的。

苏艾正为小说里的主人公,一个爱达荷州的牛仔,画上一条在马匹展览会上穿的漂亮的马裤和一片单眼镜,忽然听到一个微弱的声音重复了好几遍。她赶快走到床前。

琼珊的眼睛睁得大大的。她望着窗外,在计数——倒数上来。

"十二,"她说,过了一会儿又说"十一",接着是"十""九",再接着是几乎连在一起的"八"和"七"。

苏艾关切地向窗外望去。有什么可数的呢?外面可以看到的只是一个空荡荡、阴沉沉的院子,和二十英尺外的一幢砖砌房屋的墙壁。一株极老极老的常春藤上的叶子差不多全吹落了,只剩下几根几乎是光秃秃的藤枝,依附在那堵松动残缺的砖墙上。

"怎么回事,亲爱的?"苏艾问道。

"六,"琼珊说,声音低的像是耳语,"它们现在掉得快些了。三天前差不多有一百片。数得我头昏眼花。现在可容易了。喏,又掉了一片。只剩下五片了。"

"五片什么,亲爱的?告诉你的苏艾。"

"叶子。常春藤上的叶子。等最后一片掉落下来,我也得去了。三天前我就知道了。难道大夫没有告诉你吗?"

"哟,我从没听到过这么荒唐的话。"苏艾装出满不在乎的样子数落她说,"老藤叶同你的病有什么相干?你一向很喜欢那株常春藤,得啦,你这淘气的姑娘。别发傻啦。我倒忘了,大夫今天早晨告诉我,你很快康复的机会是——让我想想,他是怎么说的——他说你好的希望是十比一!哟,那几乎同我们在纽约搭电车或者走过一幢新房子的工地一样,遇到意外的时候很少。现在喝一点汤吧。让苏艾继续画画,好卖给编辑先生,换了钱给她的病孩子买点红葡萄酒,也买些猪排填填她自己的馋嘴。"

"你用不着买什么酒啦。"琼珊说,仍然凝视着窗外,"又掉了一片。不,我不要喝汤。只剩四片了。我希望在天黑之前看到最后的藤叶飘落下来。那时候我也该走了。"

"琼珊,亲爱的,"苏艾弯下腰对她说,"你能不能答应我,在我画完之前别睁开眼睛,别瞧窗外?我明天要交那些图画。我需要光线,不然我早就把窗帘拉下来了。"

"你不能到另一间屋子里去画吗?"琼珊冷冷地问道。

"我要待在这儿,和你在一起。"苏艾说,"而且我不喜欢你老盯着那些莫名其妙的藤叶。"

"你一画完就告诉我,"琼珊闭上眼睛说,她面色惨白,静静的躺着,活像一尊倒下来的塑像,"因为我要看那最后的藤叶掉下来。我等得不耐烦了。也想得不耐烦了。我想摆脱一切,像一片可怜的、厌倦的藤叶,悠悠地往下飘,往下飘。"

"你争取睡一会儿,"苏艾说,"我要去叫贝尔曼上来,替我做那个隐居的老矿工的模特儿。我去不了一分钟。在我回来之前,千万别动。"

老贝尔曼是住在楼下底层的一个画家,年纪六十开外,有一把像是米开朗琪罗的摩西雕像①的胡子,从萨蒂尔②似的脑袋上顺着小鬼般的身体鬈垂下来。贝尔曼在艺术界是个失意的人。他耍了四十年画笔,仍同艺术女神隔有相当距离,连她的长袍的边缘都没有摸到。他老是说要画一幅杰作,可是始终没有动手。除了偶

---

① 米开朗琪罗(1475—1564),意大利著名画家、雕塑家、建筑师。他在罗马教皇朱利二世的墓上雕刻了摩西像。
② 萨蒂尔,希腊神话中半人半兽的森林之神,长着马耳马尾或羊角羊尾。

尔涂抹一些商业画或广告画以外，几年来没有什么创作。他替"艺术区"一些雇不起职业模特儿的青年艺术家充当模特儿，挣几个小钱。他喝杜松子酒总是过量，老是唠唠叨叨地谈着他未来的杰作。此外，他还是个暴躁的小老头儿，极端瞧不起别人的温情，却认为自己是保护楼上两个青年艺术家的看家恶狗。

苏艾在楼下那间灯光暗淡的小屋子里找到了酒气扑人的贝尔曼。角落里的画架上绷着一幅空白的画布，它在那儿静候杰作的落笔，已经有了二十五年。她把琼珊的想法告诉了他，又说她多么担心，惟恐那个虚弱的像是枯叶一般的琼珊抓不住她同世界的微弱联系，真会撒手去世。

老贝尔曼的充血的眼睛老是迎风流泪，他对这种白痴般的想法大不以为然，讽刺地咆哮了一阵子。

"什么话！"他嚷道，"难道世界上竟有这种傻子，因为可恶的藤叶落掉而想死？我活了一辈子也没有听到过这种怪事。不，我没有心思替你当那无聊的隐士模特儿。你怎么能让她脑袋里有这种傻念头呢？唉，可怜的琼珊小姐。"

"她病得很重，很虚弱，"苏艾说，"高烧烧得她疑神疑鬼，满脑袋都是希奇古怪的念头。好吧，贝尔曼先生，既然你不愿意替我当模特儿，我也不勉强了。我认得你这个可恶的老——老贫嘴。"

"你真女人气！"贝尔曼嚷道，"谁说我不愿意来着？走吧。我跟你一起去。我已经说了半天，愿意为你效劳。天哪！像琼珊小姐那样的好人实在不应该在这种地方害病。总有一天，我要画一幅杰作，那么我们都可以离开这里啦。天哪！是啊。"

他们上楼时，琼珊已经睡着了。苏艾把窗帘拉到窗槛上，打手势让贝尔曼到另一间屋子里去。他们在那儿担心地瞥着窗外的常春藤。接着，他们默默无言地对瞅了一会儿。寒雨夹着雪花下个不停。贝尔曼穿着一件蓝色的旧衬衫，坐在一口翻转过来权充岩石的铁锅上,扮作隐居的矿工。

第二天早晨,苏艾睡了一个小时醒来的时候,看见琼珊睁着无神的眼睛,凝视着放下来的绿窗帘。

"把窗帘拉上去,我要看。"她用微弱的声音命令说。

苏艾困倦地照办了。

可是,看哪!经过了漫漫长夜的风吹雨打,仍旧有一片常春藤的叶子贴在墙上。它是藤上最后的一叶了。靠近叶柄的颜色还是深绿的,但是锯齿形的边缘已染上了枯败的黄色,它傲然挂在离地面二十来英尺的一根藤枝上面。

"那是最后的一片叶子,"琼珊说,"我以为昨夜它一定会掉落的。我听到刮风的声音。它今天会脱落的,同时我也要死了。"

"哎呀,哎呀!"苏艾把她困倦的脸凑到枕边说,"即使你不为自己着想,也得替我想想呀。我可怎么办呢?"

但是琼珊没有回答。一个准备走上神秘遥远的死亡道路的心灵,是全世界最寂寞、最悲凉的了。当她与尘世和友情之间的联系一片片地脱离时,那个玄想似乎更有力地掌握了她。

那一天总算熬了过去。黄昏时,她们看到墙上那片孤零零的藤叶仍旧依附在茎上。随着夜晚同来的是北风的怒号,雨点不住地打在窗上,从荷兰式的屋檐上倾泻下来。

天色刚明的时候,狠心的琼珊又吩咐把窗帘拉上去。

那片常春藤叶仍在墙上。

琼珊躺着对它看了很久。然后她喊苏艾,苏艾正在煤气炉上搅动给琼珊喝的鸡汤。

"我真是个坏姑娘,苏艾,"琼珊说,"冥冥中似乎有什么使那片叶子不掉下来,启示了我过去是多么邪恶。不想活下去是个罪恶。现在请你拿些汤来,再弄一点掺葡萄酒的牛奶,再——等一下,先拿一面小镜子给我,用枕头替我垫垫高,我要坐起来看你煮东西。"

一小时后,她说:

"苏艾,我希望有朝一日能去那不勒斯海湾写生。"

下午,医生来了,他离去时,苏艾找了一个借口,跑到过道上。

"好的希望有了五成,"医生抓住苏艾瘦小的、颤抖的手说,"只要好好护理,你会胜利的。现在我得去楼下看看另一个病人。他姓贝尔曼——据我所知,也是搞艺术的。也是肺炎。他上了年纪,身体虚弱,病势来得凶猛。他可没有希望了,不过今天还是要把他送进医院,好让他舒服一些。"

第二天,医生对苏艾说:"她现在脱离危险了。你赢啦。现在只要营养和调理就行啦。"

那天下午,苏艾跑到床边,琼珊靠在那儿,心满意足地在织一条毫无用处的深蓝色肩巾,苏艾连枕头把她一把抱住。

"我有些话要告诉你,小东西。"她说,"贝尔曼先生今天在医院去世了。他害肺炎,只病了两天。头天早上,看门人在楼下的房间里发现他痛苦得要命。他的鞋子和衣服都湿透了,冰凉冰凉的。他们想不出,在那种凄风苦雨的夜里,他究竟是到什么地方去的。后来,他们找到了一个还燃着的灯笼,一把从原来的地方挪动过的梯子,还有几支散落的画笔,一块调色板,上面剩有绿色和黄色的颜料,末了——看看窗外,亲爱的,看看墙上最后的一片叶子。你不是觉得纳闷,它为什么在风中不飘不动吗?啊,亲爱的,那是贝尔曼的杰作——那晚最后的一片叶子掉落时,他画在墙上的。"

伯爵和婚礼客人

一天傍晚,寄宿在二马路一家公寓里的安迪·多诺万吃晚饭时,司各特太太把他介绍给新来的年轻女房客康韦小姐。康韦小姐身材娇小,没有什么招眼的地方。她身穿深褐色的衣服,兴趣似乎不大地望着面前的盘子。她羞怯地抬起头,审慎地瞥了多诺万先生一眼,出于礼貌地打个招呼,眼光又回到她吃的羊肉上。在社交、生意和政治方面迅速崛起的多诺万先生优雅地欠身,粲然一笑,立刻把这个深褐色的小女人从他考虑的名单上划掉了。

两星期后,安迪坐在大门口的台阶上悠闲地抽着雪茄。背后上方传来轻微的窸窣声,安迪回过头——不禁一怔。

康韦小姐刚从门里出来。她穿了一套墨黑的什么绉——哦,反正是那种黑色的、很薄的料子。她的帽子也是黑色的,垂下一张薄得像蜘蛛网似的乌檀木色的面纱。她站在最高的一级台阶上,正在戴上黑色的丝手套。浑身上下没有一点白色或彩色。她浓密的金黄色头发盘成一个光滑的、纹丝不乱的发髻垂在脑后。她的面貌谈不上漂亮,可现在经那双灰色的大眼睛一衬托,显得相当美丽,那双眼睛望着街对面房屋上的天空,忧伤的神情楚楚动人。

姑娘们,你们不妨采纳这个主意——一身是黑,特别是那种什么绉——呃,对啦——双绉。一身是黑,加上忧伤恍惚的眼神,黑面纱后面的光亮的头发(当然,你得有一头金发),显出正当你年轻的生命要在生活的门槛上进行三级跳的时候,希望破灭的样子;

在公园里散散步对你也有好处,并且要在恰当的时刻出门;这样肯定能引起人们的兴趣。可是,用这种方式谈论丧服未免太残酷了——我太不近人情了,不是吗?

多诺万先生突然又把康韦小姐列入考虑之列。他扔掉剩下一又四分之一英寸的、还可以抽八分钟的雪茄,把身体重心挪到他那双浅口漆皮鞋上。

"多么美好清朗的傍晚,康韦小姐。"他说,假如气象局听到他充满自信的声调,很可能升起表示晴天的白色方形信号,把它固定在桅杆上。

"对于一些有心情欣赏好天气的人来说,确实如此,多诺万先生。"康韦小姐叹了一口气说。

多诺万先生心里暗暗咒骂天气。无情的天气!应该下雹子、刮大风、下雪,以便符合康韦小姐的情绪。

"我希望你的亲戚中间——我想你不是失去了什么亲人吧?"多诺万先生试探说。

"去世的不是我的亲戚,"康韦小姐迟疑地说,"可是我不想拿我的悲伤来打扰你,多诺万先生。"

"打扰?"多诺万先生赶紧说,"你说到哪里去了,康韦小姐,我很高兴,不,我很难过——我的意思是说,我比谁都更真诚地表示同情。"

康韦小姐微微一笑。哎,她那种表情比不笑更令人伤感。

"'你笑的时候,人们同你一起欢笑;你哭的时候,人们把你当作笑料,'"她引用谚语说,"我已经领悟到这一点了,多诺万先生。我在这个城市里没有朋友和熟人。但是你一直对我很和善。我十分感激。"

他曾经在饭桌上递过两次胡椒瓶给她。

"独自一个人在纽约确实不容易,"多诺万先生说,"不过——

纽约如果宽松一点、友好一点,就不成其为纽约了。康韦小姐,你去公园散散步——是不是能减少一点忧伤?如果你允许我——"

"谢谢你,多诺万先生。假如你不讨厌一个忧郁的人待在你身边,我乐意接受你的陪伴。"

他们漫步走进了商业区那个古老公园的铁栅大门,以前这里曾是先生女士们常来散步的地方,两人找了一张清静的长凳坐下。

青年和老年的悲伤,不同之处就在这里;青年人的烦恼同别人分担后可以相应减少,老年人的悲哀尽管一再向别人诉说,仍保持原状。

"他是我的未婚夫,"一小时后,康韦小姐吐露说,"我们准备明年春天结婚。我不希望你以为我在骗你,多诺万先生,不过他是一个真正的伯爵。他在意大利有领地和城堡。他的姓氏是费尔南多·马齐尼。我没有见过风度比他更好的人了。爸爸当然反对,我们私奔过一次,可是被爸爸追上,带了回去。当时我认为爸爸和费尔南多会决斗呢。爸爸是开出租车马行的——你知道,在普基普西。

"爸爸最后想通了,同意我们明年春天结婚。费尔南多给爸爸看了他爵位和财产的证明文件,然后回意大利去收拾一下城堡,我们婚后可以居住。爸爸很傲气,费尔南多想给我几千元添置嫁妆,爸爸断然拒绝,还申斥了他一顿。他不让我接受戒指或任何别的礼物。费尔南多出海后,我来到纽约,在一家糖果店里做出纳员。

"三天前,我收到普基普西转来意大利的一封信,说是费尔南多乘平底船失事淹死了。

"因此我穿上了丧服。我的心,多诺万先生,将永远留在他的坟墓里。我想我不是一个愉快的伙伴,多诺万先生,我不可能再对任何人发生兴趣了。我不应该剥夺你的欢乐心情,不让你同能够说说笑笑的朋友一起。现在你也许想回公寓去了吧？"

姑娘们，如果你看到一个年轻人匆匆出去找铁锹铲子，就告诉他说，你的心在另一个人的坟墓里。年轻人有盗墓人天性。你不妨问问任何一位寡妇。必须想些办法，让穿着双绉衣服的、哭泣的天使重新获得她失去的心。无论从哪方面来说，死者总是吃亏的。

"我非常难过，"多诺万先生温柔地说，"不，我们没有必要回去。别说你在这个城市里没有朋友，康韦小姐。我非常难过，我希望你相信我是你的朋友，我确实非常难过。"

"我把他的相片藏在这个小金盒里，"康韦小姐用手帕擦了擦眼泪说，"我从没有给任何人看过，可是我可以给你看看，多诺万先生，因为我相信你是真心的朋友。"

康韦小姐打开她挂在胸前的小金盒，多诺万先生很感兴趣地把里面的相片看了很久：马齐尼伯爵的脸不由人不感兴趣。那张脸神采奕奕，一副聪明相，几乎可以说是英俊——那是一个坚强、乐观的人的脸，在他的同伴中间很可能是个领袖人物。

"我还有一幅大的照片，装了镜框，挂在我的房间里，"康韦小姐说，"我们回去后，我可以给你看。我对费尔南多的纪念只有这些照片了。但他将永远在我心里，这一点是肯定的。"

多诺万先生面临一个微妙的任务——在康韦小姐心里取代不幸的伯爵。他对她的爱慕促使他下定了决心。任务的艰巨性似乎并没有使他泄气。他要充当的角色是富于同情心的愉快的朋友；他扮演得如此成功，以致半小时后，他们已经在咖啡馆里一面吃冰激凌，一面娓娓长谈了，尽管康韦小姐灰色的大眼睛里仍带着忧伤。

那天晚上，他们在门厅里分手之前，康韦小姐跑上楼去，取来一个用白色丝巾细心包好的镜框。多诺万先生带着莫测高深的神情看了一会儿。

"他去意大利的前一个晚上给我的,"康韦小姐说,"小金盒里的相片是翻拍的。"

"很帅气的人,"多诺万先生快活地说,"下星期六下午,你肯不肯赏光和我一起去康奈岛玩?"

一个月后,他们向司各特太太和别的房客们宣布,他们已经订婚了。康韦小姐仍旧穿着黑衣服。

宣布订婚后又过了一星期,两人坐在商业区公园的那张长凳上,月光下颤动的树叶和他们的身影仿佛组成了一幅电影画面。但是多诺万显得心事重重的样子。他今晚言语不多;充满爱的嘴忍不住提出了充满爱的心想要问的话。

"怎么啦,安迪,今晚你为什么这么不高兴?"

"没事,玛吉。"

"我看得出来。不是吗?你以前从来不是这样的。到底是怎么回事?"

"不是什么大事,玛吉。"

"是大事,我想知道。你肯定在想另一个姑娘。好吧。假如你喜欢她,干吗不去找她?请你把手臂拿开,对不起。"

"那我就告诉你吧,"安迪明智地说,"不过我认为你不一定理解。你听说过迈克·沙利文没有?人们都管他叫'大迈克'沙利文。"

"我没有听说过,"玛吉说,"假如是他使你变成这副模样的话,我更不想听。他是谁?"

"他是纽约最伟大的人,"安迪几乎怀着崇敬的心情说,"他在民主党或者政界想办什么几乎都能办到。他比东江长,像东江一样宽阔。谁只要说一句反对大迈克的话,两秒钟之内就有千千万万的人向他扑去。前不久他访问欧洲,国王们都像兔子似的钻进了洞里。

"大迈克是我的朋友。拿影响来说,我在选区里连小不拉子都算不上,但是迈克无论对大人物、小人物,甚至没有钱的人都很友好。今天我在鲍里街见到他,你猜他怎么来着?他跑过来同我握手。'安迪,'他说,'我一直在注意你的情况。你最近在街道上干得很出色,我为你骄傲。你想喝点什么?'他要了一支雪茄,我要了一杯威士忌。我告诉他,两星期后我要结婚了。'安迪,'他说,'寄一份请柬给我,好提醒我日期,我一定去参加婚礼。'大迈克是这么说的;他说的话一向算数。

"你不明白,玛吉,大迈克·沙利文参加我们的婚礼是给了我莫大的面子。那将是我一生中最值得骄傲的日子。他参加一个人婚礼,那个结婚的人可不一般。所以我今晚或许显得有点心事。"

"既然他这么重要,你干吗不请他呢?"玛吉轻松地说。

"我不能请他是有原因的,"安迪悲哀地说,"不能让他在婚礼上露面也有道理。别问我什么道理,问我我也不能说。"

"哦,我才不问呢,"玛吉说,"当然,准是政治方面的原因。但是你没有原因不对我笑呀。"

"玛吉,"安迪过了一会儿问道,"你认为我在你心中的地位同你的——同马齐尼伯爵的地位一样重要吗?"

他等了好久,玛吉迟迟不做声。接着,她突然靠在他的肩上哭了起来——抽抽嗒嗒的哭得很伤心,她紧紧握住他的胳臂,绉纱衣服都沾湿了。

"哎,哎,哎!"安迪抛开他自己的烦恼安慰说,"你怎么啦?"

"安迪,"玛吉啜泣说,"我对你说了谎,你永远不会同我结婚了,再也不会爱我了。但是我觉得我应该告诉你。安迪,伯爵的事连影子都没有。我到现在为止没有交过男朋友。可是别的姑娘都有男朋友;并且在男朋友们面前提起;这一来她们的男朋友似乎会更喜欢她们。哦,安迪,我穿黑颜色的衣服特别好看——你很清楚。于是我在一家相片商店买了那幅照片,并且翻拍了一张小的,放在我的小金盒里,编造了伯爵和他死去的故事,那么我就可以穿黑衣服了。谁都不会爱一个说谎的人的,你会甩掉我,安迪,我会羞愧死的。哦,除了你以外,我没有喜欢过别人——就是这么一回事。"

她发觉安迪非但没有把她推开,反而把她搂得更紧了。她仰起头,看到他的愁容消失了,他在笑。

"你能——你能原谅我吗,安迪?"

"当然,"安迪说,"不成问题。伯爵回他的墓地去了。你把一切都说清楚了,玛吉。我原希望你能在婚礼前说清楚的。淘气的姑娘!"

"安迪,"玛吉完全相信她得到了原谅之后,有点不好意思地笑着问道,"你信伯爵的故事吗?"

"呃,根本不相信,"安迪伸手去取雪茄烟盒说,"因为你那个小金盒里的相片是大迈克·沙利文的。"

遁世的地方

狡黠的作家往往会挑选一个难以确定的主题；先从正面设定他的理论，再从反面阐述他的见解——于是，看哪！作品就完成了。因此，我们不妨沿着冗长的、无法测绘的小径前去那个有疑问的地方——波希米亚。

《博士杂志》的副主编格兰杰关好拉盖书桌，戴上帽子，走到过道上，按了"下"的电钮，等电梯上来。

这一天，格兰杰搞得焦头烂额。主编老是反对格兰杰的经营方针，试图搞垮杂志，已有十多次了。一位女士亲自送来一部诗集的原稿，她的祖父曾经同麦克莱伦①并肩作战。

格兰杰是杂志的"狮子馆"馆长。那天他同一个南极探险家、一个短篇小说作家和著名的揭露屠宰场丑闻的人共进午餐。结果他的脑袋一片混乱，全是冰山、莫泊桑和旋毛虫病。

现在有了停息和补偿；有波希米亚。他要去那里找些消遣，是啊，他可以去找玛丽·阿德里安。

半小时后，他像巴西名贵兰花品种的收集家似的，穿过"伊德里亚"公寓的摆满了棕榈盆景的过道。总有一天，替公寓和卧车起名字的人会聚在一起，那时候出于妒忌，难免发生动刀子的流血

---

① 麦克莱伦(1826—1885)，美国南北战争时期将领，1864年以民主党候选人身份竞选总统失败。

事件。

管理员用内线电话通报了格兰杰的名字,他的声音没精打采,似乎单凭本身的惯性就能落到看门人那里。但是声音缓慢地升到阿德里安小姐的耳里。当然,请格兰杰先生立刻上去。

一个表情像是在冰面上行走似的黑人侍女打开了公寓房门。格兰杰侧着身子,进了狭窄的过道。门缝里露出一束赭色头发和一只海绿色的眼睛,伸出白皙修长的、没穿衣服的手臂,挡住了去路。

"真高兴,来的是你而不是别人,"那只眼睛说,"点一支香烟递给我。你打算请我去吃晚饭吗?太好啦。你先到前屋去,我穿好衣服马上出来。别坐在你的老座位上。上面有个馅饼——蛋白糖粉饼。昨晚里弗斯朗诵时,卡普曼朝他扔过去的。索菲刚准备收拾。烟点着了吗?多谢。壁炉架上有威士忌——哦,不是威士忌——是荨麻酒。让索菲替你找些威士忌。我马上就来。"

格兰杰避开了蛋白糖粉饼。他坐着等待时,情绪越来越低落。房间里的气氛像维苏威火山岩床上的西风那样索然无味。四下都有欢宴的残余,即使一只到处觅食的猫见到了也会觉得惊奇。桔子果酱瓶里插着一束零乱的深红色玫瑰,在烟灰和用过的高脚酒杯上耷拉着脑袋。钢琴上搁着一只火锅;一张椅子上有一块用乐谱垫着的三明治。

玛丽穿好衣服,光彩照人地进来了。她的晚装是那种薄薄的黑色料子,衣料的名称①只要更改一个元音就会引起两种极端不同的联想。一种是高卢的巫术和梦魇,另一种是哀悼悲痛的衣服。

他们那晚去了安德烈饭店。人们会悄悄地告诉你,全市惟有那家餐馆具备真正的波希米亚情调,我们不妨跟他们去看看。

---

① 指缎子,缎子原文 satin,同"魔王"的原文 Satan 只有一个字母之差。

安德烈的职业生涯是从鲍里街一家饮食店当侍者开始的。你一见到他,马上会觉得他是个无赖。但是千万别出声,否则他给你端来咖啡时就"宰"你一刀。他攒了一点钱,在第八(或者第九)街的地下室开了一家客饭馆。一天下午,安德烈苦艾酒喝多了。他向吃惊的家人宣布说,他是西藏的大喇嘛,需要一间空旷的会堂供人膜拜。他把饭馆里的桌椅统统搬到后院,自己身上披了一块红桌布,坐在权充莲座的梯子上。顾客陆续来吃饭时,安德烈太太手足无措,慌慌张张地在后院的桌子上铺好桌布,请客人们就座。后院晾桌布的绳子上还挂着家里人一星期换洗的衣服。一帮寻找波希米亚情调的人认为这种创意很有艺术气息,高兴得尖叫喝彩。那个星期的换洗衣服就此一直挂了两年。安德烈酒醒以后,用熨烫过的衬衫袖管印制菜单,用小木桶盛放冰块。接着,他取下饭馆招牌,熄掉门前的电灯。你去那里吃饭时,先得摸索一番,找电铃按钮。看守打开门上的小窗,怀疑地看看你,问你是否认识印第安契卡索族的参议员希罗多德·麦克米利根。如果你认识,就放你进去吃饭。如果你不认识,也放你进去吃饭。那就是必须遵循的波希米亚的原则之一。安德烈积了两万元后,搬到百老汇路附近商业区一个灯火辉煌的地点。他现在的主顾是一些珠光宝气的、有私家汽车的女士,她们都以得到他颇有风度的点头招呼为荣。

安德烈饭店西北角上有一张可以坐六个人的大圆桌。格兰杰和玛丽朝那张桌子走去。卡普曼和里弗斯已经在那儿了。还有设计《妇女休闲杂志》五月号封面的图克小姐,和除了黑白牌威士忌以外什么都不喝的波特亨特太太,因为她仍在为她的丈夫服丧——哦,我忘了她的丈夫是干什么的——很可能已经死了。

吃腻了意大利面条的读者,你们想不想看波希米亚仙境?投一枚硬币看看西洋景吧;当你认为已经看到时,事实上并没有看到。那既不是骗人的戏法,也不是由于眼睛散光的原因。

安德烈饭店的墙壁上满是为饭店提供色彩和喧闹的画家们的原创作品。图画的主题大多是美女。当你说"锡壬和苏打水瓶"的时候,你对安德烈饭店氛围的评价就相去不远了。

首先,我要你见见我的朋友阿德里安小姐。图克小姐和波特亨特太太你们已经认识了。当她叉紧长手套的手指时,你们可以替她拍一张银版照片。照片十分模糊:

年龄,二十七和需要穿高领晚礼服来掩饰皮肤松弛的岁数。交友甚广——不论你怎么理解这个可怕的词。住处——西雅图和火地岛之间的任何地方。性格难以界定——里弗斯朗诵了他写的诗以后,她可以让他使劲捏捏她的手,但是当她给里弗斯一块钱,请他去买咸猪蹄时,她要数数找回来的零钱。品行,满分一百中的七十五分。道德,一百分。

玛丽是波希米亚的公主之一。首先,用玛丽做名字就是大胆的浓墨重彩。在波希米亚这个遁世的地方,每二十个叫法菲和埃洛伊兹的人中间只有一个叫玛丽。

她的手套已经戴紧了。图克小姐摆出五月号杂志封面上的姿势;波特亨特太太咬了几下嘴唇让它显得红一些;里弗斯摸了几次上衣口袋,确保他新写的诗还在身边。(诗稿原先是用打字机打得整整齐齐的,但他又用铅笔在信纸背面重抄了一遍。)卡普曼偷偷地看钟。九点缺十分。九点钟的时候,他得讲个故事。故事梗概是:一个法国姑娘对向她求婚的人说:"你说今天早晨九点钟准备求我父亲答应我们的婚事,你请求过没有?""没有,"他回答说,"九点钟我正在波洛涅森林里用剑同别人决斗呢。""胆小鬼!"她鄙视地说。

他们点了菜。你们了解波希米亚通常的筵席是怎么进行的。上牡蛎的时候来点幽默;上汤的时候来点机智风趣;同第一道正菜搭配的是敏捷的应对;同色拉搭配的是攻击惠斯勒和吉卜林;喝咖啡时唱歌；喝果子酒时大打出手。

阿德里安小姐的眉间有一道皱纹，表明在波希米亚混是多么劳神。每一句俏皮话、警句、妙语都要恰到好处。应对前每迟疑一秒钟就会使你头上的桂冠少掉一片叶子。她的鼻沟和嘴巴之间开始显出一条头发那么细的皱纹。她要寸步不让才能坚守阵地。她必须注意别人对她说的每一句话、每一个字，立刻抓住机会，做出回答。她必须永远比密克马克印第安人更为敏捷，才能轻松地划着谈话的独木舟，避开缪斯女神泉水激流中的礁石。步履沉重的读者啊，波希米亚宴会厅墙上写的字是"放任自流"。从雪茄烟圈中窥视的灰色的幽灵是被弑的"习俗"老国王。奴役他们的暴君是"自由"。

筵席接近结束时，人们伸手去取的不是文雅机智的盐瓶，而是辛辣的胡椒粉瓶子。图克小姐摆出一副洽谈生意的样子，把胳膊肘支在桌上，向格兰杰凑过身去，碰翻了她的酒杯。

"你现在吃饱喝足，情绪很好，"她说，"我想同你谈谈换一个封面的问题①。"

"好主意，"格兰杰用餐巾擦着桌布说，"我对侍者说。"

画家卡普勒喜欢插科打诨。他颇有古代雅典人的遗风，站起来，拉住一个侍者跳华尔兹舞，一直转到餐厅的另一头。侍者显然是个诚实、迟钝、高尚、照章纳税、蔑视艺术的两足动物，他从这场力量悬殊的遭遇战中解脱出来后，带着职业的笑容，晕头转向地回到送菜升降机旁，让它落到升降井的万劫不复的底层。里弗斯开始朗诵他的诗，害得济慈在坟墓里也不得安宁。波特亨特太太讲了一个男人在火车上遇到一个寡妇的故事。阿德里安小姐哼着布里奇波特的咖啡馆里仍称之为法国歌曲的调子。格兰杰带着副主

---

① 原文杂志、书籍的封面cover，也作餐具和桌布解。

编的微笑为每个人的表现捧场,仿佛在说:"好极了!你们应该通过正规渠道投稿。如果我是主编的话——不过你们了解我的处境。"

不一会儿,侍者领班来到他们面前,为难地说饭店休息的时间已经过了很久很久;他们便成群结队走到外面午夜的星空下,街上顿时响起他们意犹未尽的笑声,招来了希望有生意可做的出租马车夫和庸碌世界的无聊居民的妒忌的目光。

格兰杰在伊德里亚公寓棕榈林中的电梯前同玛丽分了手。他走后,玛丽拿了一个小旅行包又下楼来,打电话叫了一辆出租马车去中央大车站,乘上十二点五十五分一班的市郊往返火车,她赭色头发的脑袋靠在红绒布座位上颠簸了四个小时,日出时分在清新刺目的阳光下到了一个名叫克洛格斯维尔的僻静的小车站。

她步行了一英里,到一扇木栅门前拉开了门闩。二十码外是一座棕色的朴素的农舍,一个老人在前廊上的铁皮盆里洗手,他头发银白色,面相像是卡尔文派教徒,衣服的颜色比煤矿里的乌鸦还要黑。

"你好吗,爸爸?"玛丽怯生生地招呼说。

"蒙天保佑,我很好,玛丽·安妮。你妈妈在厨房里。"

一个头发灰白、神秘兮兮的妇女冷冷地吻了她的前额,指指准备早餐吃的没有削皮的土豆。玛丽坐在一张木椅子上削土豆皮,心里一阵激动。

早餐有感恩祷告、冷面包、土豆、咸肉和茶。

"我想你仍旧在城里做你在信里时常提到的工作吧。"她的父亲说。

"是的,"玛丽说,"我仍在那家杂志社写书评。"

早餐后,她帮着洗了盘子,三个人在没有铺地毯的客厅里坐在靠背笔直的椅子上。

"我养成了习惯,"老人说,"每逢安息日总是朗读那部名叫《公祷文审定格式诠释》的伟大作品,作者是教会哲学家和可敬的神学家杰里米·泰勒①。"

"我知道那本书。"玛丽合抱着手深感幸福地说。

伟大的杰里米的韵文像是大提琴演奏的圣乐音符似的滚滚而来,回响了两个小时。玛丽坐在木头椅子上,得意地体验着这种肉体的折磨给她带来的崭新的感觉。生活中可能没有像殉道者那么完美的幸福了。杰里米的小和弦像长筒鼓的拍击声似的抚慰她。"为什么,哦,为什么没有人配词呢?"她暗忖道。

十一点钟,他们去克洛格斯维尔的教堂。她坐的松木长椅的靠背有点前倾,似乎给她一种苦行赎罪的感觉,使圣西米恩②羡慕得几乎要从柱子上下来。牧师盯着她,以她为代表,大声痛骂世人的罪恶。她的父母一左一右坚决地把她夹在审判席上。一只蚂蚁爬上她的脖子,但她不敢动弹。她在做礼拜的人面前垂下眼光——那些人仿佛是长有一百只眼睛的冥府看门狗,看她的种种罪恶被飞快地推进地狱。她的灵魂充满了兴奋的、几乎是狂热的欢乐。因为她摆脱了"自由"暴君的钳制。仁慈而残忍的教义和信条,像支撑瘸腿孩子的钢架似的束缚着她。她给戴上枷锁,穿上疯子的紧衣,走投无路,只能俯首帖耳,惟命是从。他们出来时,牧师停下来招呼他们。玛丽只能低着头,对牧师的问话说"是的,先生,"和"不是的,先生。"当她注意到别的妇女都用左手拿着赞美诗集放在胸前时,她红着脸,赶快把赞美诗集从右手换到左手。

她搭三点钟的一班火车回到城里。九点钟,她坐在安德烈饭店的大圆桌前吃晚饭。桌上几乎还是同样的那些人。

---

① 杰里米·泰勒(1613—1667),英国牧师,著有《神圣的生死》和祈祷文集成。
② 圣西米恩的形象一般是怀抱着圣子耶稣的圣徒。

"你今天上哪儿去了?"波特亨特太太问道,"我十二点钟给你打电话来着。"

"我去了波希米亚。"玛丽神秘地笑笑说。

啊呀!玛丽泄露了秘密。她破坏了我小说的高潮。我本来想告诉你们,波希米亚无非是你不住的乡下小地方。假如你打算取得那里的公民权,宫廷和扈从立刻就收拾好皇室档案和金库迁移到山那边去了。那边是你坐在直达快车里扭过头从车窗里瞥一眼的山坡。

正十一点半,卡普曼受到玛丽·阿德里安应对和闪避中新出现的温柔和迟缓的蒙骗,试图吻她。她立刻给了他一个耳光,力量之大,火气之旺,使他清醒地退缩了回去,尴尬的脸上火辣辣的带着一个红手印。所有的声音都停了下来,仿佛一群喊喊喳喳的麻雀忽然发现了老鹰翅膀的影子。有人违反了伪波希米亚的至高无上的法则——"自由放任"的法则。震惊的不是打耳光的人,而是挨耳光的人。那记耳光产生的效果就像是老师走进小学生戏闹的房间。女人们放下卷起的袖管,摆出一本正经的样子,用手拢拢凌乱的头发。男人们讪讪地看看表。那情景丝毫不像吵架,而像便衣警察——良知——突袭赌场,劈开心的房门时斧子声引起的惊慌。

他们磨磨蹭蹭地穿上外套,只当什么也没有看见,什么也没有听见,结结巴巴地说了几句不习惯说的客套话,假装心情愉快地退场,这时候我也得同我的那帮波希米亚朋友分手了。玛丽使我失去了我小说的高潮;她也可以退场了。

但是我不认输。什么地方肯定有一个宽长各几英里的、比储存法国香槟酒的洞窟更宽敞的洞窟。那里存放着适用于世界上所有小说的反高潮。我要从那里偷一个出来。

明尼·布朗和她的姑妈从克洛格斯维尔到纽约来观光。由于我在她的村子里度夏时,她曾经陪我去看没有鳟鱼的小溪和直泻的瀑布,弄坏过我的照相机,我有义务陪她去看看纽约的有合成苜蓿蜂蜜的蜂房。

使她特别感兴趣的是量身定做的波希米亚。意大利面条的卷须缠住了她的心;免费的红酒淹没了她以为世界上存在商业主义的想法;使她着迷的是可以从加利福尼亚红葡萄酒里提炼出来的机智风趣。

一天傍晚,我们没有去闻小饭馆的比目鱼和漆布桌布的气味,我把这篇刚一开始就已结束的小说的原稿念给她听。我之所以要念给她听,是因为我知道世界上所有的印刷厂都在印这种迎合她和某些别的人的东西。我问她有什么感想。"我不太明白小说的前因后果,"她说,"玛丽在克洛格斯维尔待了多久?"

"十小时又五分钟。"我回说。

"嗯,如此说来,这篇小说还过得去,"明尼说,"假如她待上一个星期,卡普曼就吻到她了。"

失之交臂

人潮高峰时刻,来自诺姆①的人站在街角上,花岗岩似的岿然不动。北极的风吹日晒使他的皮肤成了酱黑色。他的眼睛里依然保留着冰川的蓝色光芒。

他像狐狸那样警觉,像驯鹿肉排那样坚韧,像北极光那样心胸宽广。街上的噪音像尼亚加拉瀑布的水雾似的劈头盖脸朝他扑来——高架铁路的轰响、电车的丁当铃声、没有橡胶的轮箍的卡嗒声、出租马车和运货车夫相互的恫吓呵斥。来自诺姆的人把他淘到的金沙兑成了十万元现款,在纽约吃了一星期的蛋糕和啤酒,嘴里开始发苦,叹息着准备重新踏上奇尔库特②——离开街头噪音和死海苹果馅饼的出口。

六马路上,西伯尔-梅森百货公司的姑娘在眼睛明亮、有说有笑、匆匆下班回家的女售货员人潮中间。来自诺姆的人发现了她,他首先认为,以他的标准衡量,那个姑娘美丽得不同一般。其次认为,她端庄优雅的姿态完全像平整雪地上的狗拉雪橇。第三个感觉是他当场确信,他迫切希望她成为他的女人。从诺姆来的人做出决定时都这样迅速果断。此外,他马上就要回北方去了,因此需要迅速采取行动。

---

① 诺姆角,美国阿拉斯加西沃德半岛南面的海角。
② 奇尔库特,美国阿拉斯加和加拿大育空之间的山口。

西伯尔-梅森大百货公司的成千上万的女售货员涌到人行道上,使得三年来只看到锡沃斯族和奇尔卡特族印第安妇女的男人的航行十分危险。但是来自诺姆的人忠于那个唤醒了他一颗雪藏已久的心的姑娘,便投入莺莺燕燕的洪流,尾随着她。

她在第二十三街上敏捷地走去,没有左顾右盼,和麦迪逊广场上狄安娜的青铜像一样,也不卖弄风情。她光滑的栗色头发梳成辫子;整洁的白衬衫和没有皱纹的黑裙子充分说明了两个优点——品味和俭朴。痴迷的来自诺姆的人跟在后面,相距十码远。

西伯尔-梅森百货公司的姑娘,克拉丽贝尔·科尔比小姐,属于乘轮渡来往于泽西城和纽约之间的辛苦的上班族。她走进轮渡的候船室,上了楼,一阵小跑,奇妙地赶上了刚要离岸的轮渡。来自诺姆的人连跳三步,缩短了十码差距,紧跟在她后面上了甲板。

科尔比小姐在上甲板客舱外面选了一个相当清静的座位。晚上天气不冷,她希望避开乘客们好奇的眼光和乏味的谈话声。此外,她由于睡眠不足而极度疲倦,要打瞌睡。昨晚,她参加了西区鱼类批发行业店员第二社交俱乐部的有油炸牡蛎招待的年度舞会,只睡了三个小时。

今天白天特别烦人。顾客们过分挑剔;有些商品缺货,她挨了顾客的训斥;她最好的朋友玛米·塔特希尔同那个姓多克里的姑娘一起吃午饭,冷落了她。

西伯尔-梅森百货公司的姑娘正处于那些自食其力的女雇员们常有的放松和柔弱的状态。那种状态对于想追求她的男人最为有利:她渴望有一个家,有人关心她,能躲在男人强壮的怀里休息,休息。克拉丽贝尔·科尔比小姐此刻觉得非常困倦。

一个皮肤黧黑、衣着非常高级、但穿戴得随随便便的强壮的男人,把帽子拿在手里,来到她面前。

"小姐,"来自诺姆的人彬彬有礼地说,"请原谅我冒昧,可是我——我——在街上看见了你,所以——所以——"

"嘿!"西伯尔-梅森百货公司的姑娘抬起眼睛,尽可能冷漠地说,"你们这种调戏女人的人,难道真无法摆脱了吗?我从吃大蒜到用帽针,各种办法都试过了,还纠缠不清。你一边待着去吧,弗雷迪。"

"小姐,我不是那种人,"来自诺姆的人说——"说实话,我不是那种人。我刚才说过,我在街上看见你,我太希望认识你了,不由自主地跟了上来。在这个大城市里,如果我不主动搭话,恐怕再也没有机会见到你了;所以才这么做。"

在轮渡暗淡的灯光下,科尔比小姐机灵地打量了他一眼。不,他不像那种专门勾引妇女的人,他没有两面三刀的假笑和厚颜无耻的装模作样。他久经北方风雪的黧黑的脸上透出诚恳和朴实。她倒要听听他有什么话要说。

"你不妨坐下吧,"她打了一个哈欠,故作有礼貌地用手遮住嘴巴说,"不过你得记住——你得老老实实,不然我就叫服务员。"

从诺姆来的人在她身边坐下。他非常喜欢她。不仅仅是喜欢。她的长相正是他长久以来一直在找而没有找到的那种女人。她能对他产生兴趣吗?那要看情况的发展了。不管怎么说,他必须竭尽全力,加强他的要求。

"我姓布莱顿,"他说——"亨利·布莱顿。"

"你有把握说不是琼斯吗?"姑娘朝他凑过去,自作聪明地揶揄说。

"我从诺姆来,"他急切而认真地接着说,"我在那里攒了不少沙子,随身带到这里来了。"

"哦,是吗?"她带着可爱的轻松神情继续揶揄他说,"那你一定是街道清洁队里的了。我觉得好像在什么地方见过你。"

"我今天在街上见到你的时候,你没有注意到我。"

"我在街上是从来不看别人的。"

"可是我看到了你,我觉得从来没有见过有你这么一半美丽的人。"

"我可以留下另一半吗?"

"我想可以。我想你可以留下我所有的一切。我想我也许是你说的那种粗人,不过我待我喜欢的人会非常好的。我在那里吃尽苦头,可是我赢了。我在那里的时候差不多收集了五千两沙子。"

"天哪!"科尔比小姐装模作样地说,"那里肯定是个非常脏的地方。"

那时候她的眼睛慢慢阖上了。来自诺姆的人的声音认真而单调。此外,光谈沙子、清扫有多么沉闷!她把头靠在客舱墙板上。

"小姐,"来自诺姆的人说,声音更认真单调了,"我从来没有见过比你更让我喜欢的人。我知道你现在不可能了解我,但是能不能给我一个机会?你能不能让我认识你,让我赢得你的欢心?"

西伯尔-梅森百货公司的姑娘的头慢慢滑了下来,靠在他的肩膀上。她实在困得不行,竟然睡着了,她狂喜地梦见了鱼类批发行业店员俱乐部的舞会。

来自诺姆的先生双手合抱。他不怀疑瞌睡的真实性,他也懂得不能把这动作当成听从他摆布的表示。他感到无比的幸福和激动,但只把靠在他肩膀上的脑袋当做鼓舞的开端,成功的先兆,他不能乘人之危,轻举妄动。

一点小小的杂质使他满足的金子成分打了折扣。他在自己的财富方面是不是讲得过于直率?可是他太希望赢得她的欢心了。

"我想说,小姐,"他说,"你可以信赖我。克朗代克一带,从朱诺到瑟克尔城,一直到育空,所有的人都认识我。我在那里拼死拼活干了三年,有时候就在冰天雪地里过夜,我不知道会不会有喜欢我的人。我一个人用不了那些沙子。我总盼望有朝一日能遇上合适的人,今天果然遇到了。有钱是件大好事,但是得到你最喜欢的人的爱情就更好了。小姐,假如你准备同一个人结婚,你希望他有什么呢?"

"现钞!"

科尔比小姐嘴里突然响亮地迸出这两个字,说明她正梦见自己站在西伯尔-梅森大百货公司的柜台后面。

她的脑袋突然歪向一边。她醒了过来,坐坐直,揉着眼睛。来自诺姆的人已经不见了。

"咦!我想我准是睡着了,"科尔比小姐说,"街道清洁队的那个人呢?"

一张肮脏的十元钞票的自白

钱会说话。也许你想,在纽约这么大的城市,一张小小的十元旧钞票说的话无非是喁喁私语。哦,那很好!你高兴的话可以跳过十元钞票的这篇低声自传不看。如果你是那种喜欢听约翰·D 的支票簿①通过扩音器朝你吼叫的人,就接着往下看吧。可是别忘记,有时小钱能够办大事。下次你给食品杂货店的伙计二角五分银币小费,好让他把老板的货色多称一点给你的时候,不妨看看钞票上端的四个字②。如果有人责难你,用它们回敬不是很好吗?

我是一张财政部一九〇一年发行的钞票。你也许在朋友手里见过我的模样。正面中央是一幅北美野牛的图像,五六千万美国人都把它误叫做"水牛"。两端是刘易斯船长和克拉克船长③的头像。我的背面是立在舞台中央暖房植物上的自由女神,或者谷类女神,或者马克辛·埃利奥特的婀娜多姿的形象。我的资料出处是经过修订的《法令全书》第 3588 款。如果你想把我兑换成现金,山姆大叔会在柜台上给你十块硬邦邦的现大洋——至于究竟

---

① 美国石油大王洛克菲勒父子的名字都是约翰·戴维森·洛克菲勒(John Davison Rockefeller),小洛克菲勒的名字后面加 Jr.,中间的 Davison 用缩写字母 D。
② 美元背面中央的图案上方有"IN GOD WE TRUST"(我们信赖上帝)四个英文字。
③ 美国第三任总统杰弗逊 1803 年向法国政府洽购路易西安那时,委派探险家刘易斯(1774—1809)和克拉克(1770—1838)沿密西西比河溯流而上,勘察该地区,并寻找通向太平洋的路线。

是银的、金的、铅的或是铁的,我就说不好了。

我说话磕巴的时候,请你们多多原谅——谢谢,我知道你们会原谅的——即使对一张十元钞票,你们也会油然产生些许尊敬和友好的感情,可不是吗?你们知道,一张肮脏的钞票不可能得到正确表达自己想法的机会。我从没有听说过真正有文化、有教养的人能够长时间保存一张十元的钞票,一般都会像错收假钞似的赶快在最近的便民商店或者熟食店里把它花掉。

我虽然只有六岁,但流通甚广,见过不少世面。我想我偿付的债务同阅历丰富的人一样多。各种各样的人都拥有过我。可是有一天,一张皱里巴几的、湿乎乎、脏兮兮的五元旧钞票使我大吃一惊。我挨着它,挤在肉铺老板的气味难闻的、鼓鼓的钱包里。

"嗨,别这么灰头土脸,一副倒霉相了,"我说,"不管怎么说,你早该被收回去,用新钞票替代了。作为一八九九年发行的钞票,你的模样太寒伧了。"

"哎,别以为你自己是张挺括的野牛票就忘乎所以了,"那张五元钞票说,"假如你被塞在厚线袜里用松紧带箍住,在温度超过八十五度的商店待上一整天,你也会疲沓的。"

"我从没有听说过那种钱包,"我说,"是谁这么揣着你呀?"

"女店员。"五元钞票说。

"那是怎么回事?"我不得不问。

"在她们的黄金时代到来之前,你是不会理解的。"五元钞票说。

这时候,我背后一张有乔治·华盛顿头像的两元钞票对五元钞票说:

"别发牢骚啦。棉纱线对你还不够好吗?如果你像我这样,今天在棉花里面待了一整天,被工厂里的灰尘呛得喘不过气,连我商标图案上的那位捧丰饶角的太太都打了五六个喷嚏,你才有抱怨的理由呢。"

那是我到纽约后第二天的事。我是宾夕法尼亚客户存入布鲁克林一家银行的五百元十元钞票里的一张——在那以前从没有接触过我那五元和两元朋友所熟悉的钱包。我每次都待在丝织的钱包里。

我是幸运的钱。我一直在流通。有时候,我一天就换二十个主人。我了解每次交易的内情;每次都为主人的乐趣而斗争。星期六晚上,我似乎从没有错过被拍在酒吧柜台上的机会。十元钞票总是被拍在柜台上,而两元、一元的钞票往往是折叠起来推给酒吧侍者的。我养成了沾光的习惯,只要有可能,我总是蘸上或者溅上一点马提尼或者曼哈顿鸡尾酒。有一次,我被夹在一大卷油腻腻的钞票里,放进手推车小贩的工装裤。我想这下子我恐怕再也没有出头之日了,因为那个雄心勃勃、自己希望开一家百货公司的小贩省吃俭用,每天只靠八分钱的下脚肉和大蒜过日子。可是有一天,小贩的手推车停得太靠近街口,惹上了麻烦,我却得救了。我对那个拿到我的警察一直有感激之情。他在鲍里街附近一家后屋开设赌场的雪茄烟铺把我兑开。管区的警官自己得了好处,使得我也时来运转。第二天晚上,他在百老汇路的一家酒馆喝了酒,我也重见天日,当时的高兴劲儿像是阿斯托重新见到查林十字架似的①。

一张十元钞票在百老汇路上当然成不了气候。我一度做过生活费,被折起来同许多硬币一起放在一个小小的狗皮钱袋里。那些硬币老是吹嘘当初在奥斯宁的日子是多么风光,在吃冰激凌的季节,每当三个姑娘拿到一枚硬币的时候,它们就忙开了。但是当

---

① 阿斯托是做裘皮生意起家的美国金融财阀,创始人约翰·雅各布·阿斯托(1763—1848)原籍德国,后从伦敦移民美国。查林十字架指伦敦特拉法尔加广场南面的一块三角形空地,以前那里有一个哥特式的十字架。

你们想到在吃龙虾的高峰时刻,我们这些野牛皮膏药是不会黏在任何东西上面的,你们就明白那只是"慢车右行"之类的博克①的小窍门罢了。

一位姓名里有"范"的人把我和另外几张钞票扔出去买一叠蓝色筹码的那个晚上,我第一次听到赃钱这个名词。

午夜时分,一个脸胖得像修士、眼神像刚加了工资的看门人的胖子拿起我和许多别的钞票,卷成赃钱玩家们所谓的"一叠"。

"查理,替我记上五百,"他对庄家说,"多加小心。在崖顶上的月光消失之前,我要去峡谷散散步。如果谁下的注超过了上限,保险箱上格左边有六万元现钞,用连环漫画副刊包着。胆子要大;不论遇到什么情况,胆子都要大,但是别翻船。晚安。"

我发现自己夹在两张二十美元的金券②中间。其中一张对我说:

"嗨,短角老兄,你今晚真走运,可以见见世面了。老杰克会把里脊肉弄得像是碎牛肉饼。"

"我不太明白,"我说,"我吃惯了带骨的腿肉,不过也可以尝尝加了你所说的那种调味汁的牛腰肉。"

"真抱歉,"二十元金券说,"老杰克是这家赌场的老板。今晚他要去外面散散心,因为他想捐五万元给教堂,教堂却不接受,还说他的钱不干净。"

"教堂是什么?"我问道。

"哦,我忘了自己是在同一张十元钞票说话。你当然不会明白了。你这种十元钞票放进捐赠箱里似乎太多,要在义卖市场买

---

① 博克(1863—1930),美国发行量很大的《妇女家庭杂志》的主编。
② 指美国财政部以十足黄金作为储备而发行的证券,1933年美国经济大萧条之前金券可自由兑换黄金,也可作为美国货币供应的一部分在市面上流通。1933年后,金券停止了自由兑换,退出流通领域。

什么东西又嫌太少。教堂是座大房子,那里的擦笔布或者随便什么小玩意儿每一件都要卖二十元。"

我不太喜欢同金边证券唠嗑儿。它们都有一道黄颜色。闪光的不一定都是金子。

老杰克肯定是个金边的家伙。他出手阔绰,侍者中间几乎无人不知。

他花钱如流水的名声逐渐传开,百老汇路上凉鼻子、热喉咙的东西都在我们背后追逐。《丛林故事》①的第三卷正等人去完成呢。老杰克的钱也许不干净,但是他这个人却成了香饽饽。围聚在他四周的首先是他的朋友;其次是同他的朋友有一面之交的人;然后他的一些敌人也捐弃前嫌,同他握手言欢;最后他给那不勒斯的渔家姑娘和蝴蝶八重唱演员分发纪念品,以致侍者领班们往各处打电话,通知二三流的歌唱家都来分一杯羹。

我们最后漂到了商业区我十分熟悉的一家酒馆。系着围裙的侍者们看见我们进去时,领班嚷道:"六——十一——十九——十二——"那晚老杰克没有替家具厂或者玻璃厂招徕生意。他安静地坐着,没精打采地哼着小曲。那张二十元的金券告诉我说,教堂拒不接受他的捐赠,伤透了他的心。

欢饮仍在继续,干渴的顾客们对酒瓶里倒出来的东西真正的嗜好,即使布雷迪②也无法模仿。

老杰克把我前面的二十元金券付了账,请大家喝了一巡酒。我成了那卷钞票最外面的一张,他把钞票放在桌上,叫老板过来。

---

① 《丛林故事》是英国小说家吉卜林写的儿童读物,书中除主角莫里是人外,其余都是动物,原书只有两卷,阐释了自然界弱肉强食的规律,说明生活就是掠夺。
② 布雷迪(1863—1950),美国娱乐经纪人,创办纽约市康奈岛游乐场,有许多人景观。

"迈克,"他说,"好人不收这些钱。可不可以用魔鬼的名义买你的酒？据说它们不干净。"

"可以,"迈克说,"我把它们搁在另一个抽屉里,那里有上次教堂义卖市场上牧师女儿为了修建供她居住的新的牧师住宅卖吻得到的善款。"

午夜一点钟,侍者们准备关好前门,里面继续营业时,一个女人溜进酒馆,走到老杰克的桌子旁边。你见过那种女人——黑色的肩巾、蓬乱的头发、苍白的脸、大天使和病猫的眼神——那种随时注意有钱人的汽车和乞丐收容队的女人——她一声不响地站在那里,瞅着钱。

老杰克站起来,把我从那卷钞票上揭下来,欠身递给她。

"太太,"他像演员似的说,"这里有一张肮脏的钞票。我是赌棍。这张钞票是一位先生的儿子给我的。他从哪里得来,我就不清楚了。如果你肯赏光的话,就把它收下吧。"

女人用颤抖的手拿起我。

"先生,"她说,"这批钞票刚印好时,我数过千千万万张,把它们分成一包一包的。我以前是财政部的雇员。有位官员给了我那个位置。你说它们现在脏了。假如你知道——我不多说了。先生,我衷心感谢你,谢谢,谢谢。"

那女人拿着我,几乎是跑步似的走了,你们知道她去哪里吗？面包房。她从老杰克那里出来后,一路小跑到了面包房。我被兑开,她买了十多个面包卷和一个像水轮那么大的果子冻蛋糕。当然,我此后再也没有见过她,因为我给藏在面包房,不知自己第二天会给用到药房买发酵粉还是什么别的地方。

一星期后,我碰到了面包房老板找给那女人的一张一元钞票。

"喂,E35039669号,"我说,"你是不是星期六晚上面包房兑开我时的找头？"

"不错。"一元钞票轻松地说。

"那笔买卖后来怎么啦?"我问道。

"她用 E17051431 号买了牛奶和牛腿肉，"一元钞票说，"她把我留着付房租。那个房间太差劲了，里面还有一个生病的孩子。你真应该看看孩子吃面包和果子冻蛋糕的样子。我想已经饿了好多天了。然后她做了祷告。你别自以为了不起，十元钞票。你们听一次祷告，我们这些一元钞票可以听十次。她说什么'给穷苦人施舍的人'之类的话。哦，我们不谈这种寒伧的话了。我的伙伴们让我烦。我希望自己面子大一些，可以跟你们这种赃钱多见见世面。"

"闭嘴，"我说，"钱没有什么肮脏不肮脏的。我知道祷告词后面的一句话。'等于在主那里积德'。你看看我背上印的是什么。"

"本券为按面值偿付一切公私债务的合法手段。"

"这种赃钱的话叫我听了心烦。"我说。

埃尔西在纽约

不,唐突的读者,这篇故事不是埃尔西系列①的续篇。但是假如你的埃尔西在我们这个大城市里生活过,她的系列丛书里也可能有一章和这篇故事大同小异。

曼哈顿的道路荆棘丛生,充满陷阱,对于流浪的青年人尤其如此。不过监护青年人的市政当局了解坏人设下的圈套,危险的小径上多半都有他们的代理人巡逻,力求把迷途的青年人带出危险。本篇将告诉读者,他们如何带领我的埃尔西安全地渡过难关,到达她所寻找的目的地。

埃尔西的父亲原是下百老汇路福克斯-奥特大衣裘皮公司的剪裁师。他上了年纪,腿脚不便,一个新领到驾驶执照的司机没有遇到更活泼的猎物,便胡乱地把他撞倒了。老人被抬回家,在床上躺了一年,然后死了,留下两元五角现款和一封信,信是奥特先生以前写的,承诺他会尽力帮助他的老雇员。老剪裁师把这封信当做留给女儿的一份宝贵遗产,当可怕的美惠女神快要剪断他的生命之线时,他自豪地把信放到女儿手里。

房东的机会来了,他随即上场,在动迁的一幕里扮演了角色。埃尔西裹着红色的羊毛小肩巾悄悄出门时并没有暴风雪,但她不

---

① 埃尔西系列是美国女作家玛莎·芬利(1828—1909)的26卷《埃尔西丛书》的主角。埃尔西是个虔诚的小女孩,受到亲友甚至生父的迫害,吃尽苦头,但始终保持极好的品德。

顾戏剧的时间、地点和情节一致的三一律还是出了门。至于红肩巾——那就甭管了！埃尔西的褐色秋大衣料子很便宜，但式样和剪裁却是福克斯-奥特公司最好的。幸运的是她有一副姣好的容貌，与时兴的信笺色泽一样的天真的蓝眼睛，还有两元五角里剩下的一元钱。再有的就是奥特先生的信。请注意那封信。那是故事的关键。我喜欢把事情交代得清清楚楚。目前的侦探小说太多了，没有销路。

我们看到埃尔西这样出去闯荡世界了。奥特先生的那封信有个问题，就是公司在一个月前搬了家，而信上没有新的地址。不过埃尔西认为她能找到。她听说警察遇到客客气气的问讯，或者受到调查委员会的威胁，会提供信息和地址的。于是她在一百七十七街乘上市区电车往南到第四十二街，她认为那肯定是岛的尽头。她靠墙站着，拿不定主意，因为城市的喧嚣和繁忙的交通是她闻所未闻、见所未见的。她原先住的地方只能算是纽约的乡村，那里早晨吵醒你的是送牛奶人的帮浦①的吱呀声，而不是奶桶的碰撞声。

一个戴软檐帽的面相和善、皮肤黧黑的年轻人走过埃尔西身边，进了中央大火车站。那是爱达荷州向日葵牧场的汉克·罗斯，他在东部探亲访友后回家。汉克心情沉重，因为向日葵牧场是个冷清的地方，连女人的影子都没有。他这次来东部，指望遇到一个情投意合的、可以分享他的富足和家庭的人，但是纽约的姑娘并不合他心意。他进车站时脉搏突然加快了，因为他看到埃尔西甜蜜天真的面孔和迟疑孤独的模样。他带着西部人真诚的冲动，心想这就是他要找的伴侣。他知道自己可以爱上她，向她提供一切舒适条件，悉心爱抚她，给她幸福，让两株向日葵在原先只有一株向日葵的牧场上茁壮成长。

---

① 泵的旧称。

汉克转身,朝她站立的地方走去。他从不怀疑自己诚实的意图,到了姑娘面前,脱下软檐帽。埃尔西含羞地抬起眼,刚看清他英俊坦率的面孔时,一个魁梧的警察突然向他扑去,揪住他的衣领,把他推到墙根下。两个街区外,一个窃贼背着一袋银器从公寓房子里出来,但跟这件事毫不相干。

"竟敢当着我面调戏妇女!"警察嚷道,"既然你不懂得怎么对女士们说话,我来教教你。跟我走一趟吧。"

牧场主被带走了,埃尔西叹了一口气。年轻人晒黑的脸上那双浅蓝色的眼睛给她的印象不坏。她转身朝南走去,以为已经到了她父亲生前工作的地区,希望有谁能告诉她福克斯-奥特公司在哪里。

她真想去找奥特先生吗?她从老剪裁师那里秉承了独立的精神。假如她能找到工作养活自己,不必向奥特先生求助,就更好了!

埃尔西看到一家挂着牌子的"职业介绍所",走了进去。不少姑娘坐在一排靠墙的椅子上。几个衣着讲究的太太在打量她们。一个穿着窸窣发响的黑色绸衣服的、银白头发、面相和善的老太太看到了埃尔西,赶快过来。

"亲爱的,"她的声音温柔甜美,"你在找工作吗?我很喜欢你的长相。我要找一个既能帮我做些家务、又能和我作伴的年轻女人。你愿意来的话,会有一个条件不错的家,我每月付你三十元。"

埃尔西还来不及表示感谢和接受,一个瘦削的鼻子上架着金丝边眼镜、两手插在口袋里的青年妇女抓住她的胳臂,把她拉到一边。

"我是'预防向求职女工提供工作协会'的蒂克尔鲍姆小姐,"她说,"上星期,我们防止了四十七个姑娘得到工作。我在这里是保护你们的。要提防招聘你们的人。你怎么知道这个女人不会把你招到煤矿上去当苦工,或者不杀了你,取你的牙齿呢?如果你不经过协会同意接受了任何工作,我们的人就会逮捕你。"

"那我怎么办呢?"埃尔西问道,"我没有家,没有钱。我必须找工作。为什么不允许我接受这位好心的太太的提议呢?"

"我不知道,"蒂克尔鲍姆小姐说,"那是废除雇主委员会的事。我的职责只是不让你得到工作。你得把姓名地址留给我,每星期四向我们的秘书报告。我们的待业名单上有六百个姑娘,我们的招工名单上有二十七个合格的雇主,他们需要雇人时,我们会及时允许姑娘们去应聘。此外,每个月的第三个星期日,我们的小教堂有祈祷、音乐和柠檬汽水。"

埃尔西谢了蒂克尔鲍姆小姐的及时告知,匆匆走了。看来她非找到奥特先生不可。

她走过几个街区之后,看到一家糖果店的橱窗里有块"招聘出纳"的牌子。她进了糖果店,回头看看,发现防止工作协会的人没有跟来,便要求面试。

糖果店的老板是个身上带薄荷糖气味的慈祥的老头,他相当详细地询问了埃尔西,认为她正是他要用的人。他希望埃尔西立刻上班,埃尔西怀着感激的心情,脱掉褐色的大衣,准备坐上出纳员的位置。

她还没有上去,一个戴钢边眼镜和黑手套的瘦削的女人站到她面前,伸出一根长手指指着她说:"且慢,年轻人!"

埃尔西愣住了。

"你知不知道,"那个黑手套、钢边眼镜的女人说,"你今天接受这个职位,很可能造成一百个人的肉体痛苦和另外一百个人的灵魂沉沦?"

"哟,我可不知道,"埃尔西惊慌地说,"怎么会呢?"

"朗姆酒,"那女人说,"邪恶的朗姆酒。你知道戏院着火时,为什么有那么多人丧生吗?白兰地糖果。潜伏在白兰地糖果里的邪恶的朗姆酒。我们的社交界妇女坐在戏院里吃这种含白兰地的糖果,吃着吃着就醉了。火魔朝她们扑过来时,她们无法逃避。糖果店是魔鬼的渊薮。如果你帮着散布这些邪恶的糖果,你就是毁灭你同胞的肉体和灵魂的帮凶,是往监狱、疯人院和济贫院里输送后备人员。姑娘,在你接触卖白兰地糖果的钱之前,好好想一想。"

"天哪,"埃尔西不知所措地说,"我不知道白兰地糖果里有朗姆酒。可是我总得想办法生活呀。我该怎么办呢?"

"辞掉这个位置,"那女人说,"跟我走。我告诉你怎么办。"

埃尔西对糖果店老板说她改变了当出纳的主意,穿上大衣,跟那个女人走到有一辆漂亮的四轮马车在等着的人行道上。

"另找工作,"那个黑手套、钢边眼镜的女人说,"在摧毁万恶的朗姆酒方面出把力。"她自顾自上了马车扬长而去。

"看来又得去找奥特先生了,"埃尔西沮丧地走在街上,"我很想不靠别人帮助自谋生路,可是没有办法。"

第十四街附近,埃尔西看到一座房子门边有个告示:"急招五十名女工,缝制舞台服装,工资优厚。"

她正要进去,一个穿黑衣服的、神情严肃的男人拉住她的胳臂。

"亲爱的姑娘,"他说,"我恳求你不要踏进魔鬼的化妆室。"

"啊呀!"埃尔西有点不耐烦地嚷道,"纽约的各行各业仿佛都有魔鬼插手。这地方有什么不对劲呢?"

"这里制作撒旦的服装,"那个严肃的人说,"也就是舞台服装。舞台是通向沉沦和毁灭的道路。你愿意用你的劳动支持它,危害你的灵魂吗?我亲爱的姑娘,你知不知道戏院通向什么地方?

你知不知道戏院的帷幕最后一次降下时,那些男女演员去向何方?"

"当然知道,"埃尔西说,"杂耍表演。但是你认为我靠缝纫挣些钱养活自己是坏事吗?我必须马上找些事做。"

"寻欢作乐的场所,"那位道貌岸然的先生举起双手说,"我的孩子,我请求你离开这个罪恶不义的地方。"

"可我靠什么谋生呢?"埃尔西问道,"即使音乐戏剧像你说的那样下流,我也愿意为它缝制服装,我必须找工作。"

"上帝会扶危济困的,"那个严肃的人说,"教堂旁边雪茄烟铺的地下室每星期天下午有免费的圣经班。祝你平安。阿门。再见。"

埃尔西继续前行,不久便到了工厂林立的商业区。一座砖砌的大房子门前有块镀金招牌——"波西-特里默假花厂",招牌下面是一条新挂出来的横幅,上面的字样是:"招收五百名女工。培训开始即发优厚工资。上楼面洽。"

门口已经有二三十个姑娘,埃尔西向那里走去。一个斜戴着黑色草帽、遮住眼睛的大个子姑娘迎上来说:

"喂,你打算去那里找工作吗?"

"是的,"埃尔西说,"我必须工作。"

"别去,"大个子姑娘说,"我是反对工贼委员会的主席。我们有四百个女工被关在门外,只因为我们要求厂方增加五毛钱周薪,供应冰水,还要工头剃掉胡子。你的脸长得很好看,犯不上当工贼。你肯不肯帮帮我们的忙,去别的地方找工作,还是准备豁出你的漂亮脸蛋?"

"我还是去别的地方试试吧。"埃尔西说。

她在百老汇路上漫无目的地向西走去,忽然看到一座高大建筑上方一块横贯门面的"福克斯-奥特公司"招牌,心儿高兴得怦怦直跳。似乎一个看不见的向导带她穿过许多毫无结果的求职小径来到了这里。

她赶忙进去,把奥特先生写给她父亲的信交给一个雇员,请他通报。过了一会儿,她给带进了奥特先生的私人办公室。

埃尔西进去时,奥特先生在写字桌后面站起来,他满面春风,客气地露出欢迎的微笑,握住她的双手。他已到中年,开始发福,有点秃顶,戴着金丝边眼镜,衣着十分讲究。

"好啊,好啊,敢情这就是老贝亚蒂的小女儿!你的父亲是我们最能干、最宝贵的雇员之一。他没有留下任何财产?好啊,好啊。我想我们是不会忘记他忠诚的服务的。我们的模特儿队伍肯定需要添人。哦,工作很轻松——没有比它更轻松的了。"

奥特先生按了铃。一个长鼻子的雇员开门伸头进来。

"叫霍金斯小姐来。"奥特先生吩咐道。霍金斯小姐来了。

"霍金斯小姐,"奥特先生说,"让贝亚蒂小姐试试俄罗斯貂皮大衣——唔——配上那种最新式样的带白边黑面纱的帽子。"

埃尔西站在大试衣镜子前面,呼吸急促,脸上泛着红晕。她的眼睛像晨星那么发亮。她很美。啊呀!她的确很美。

我希望这篇故事能在这里结束。真该死!我要在这里结束。不,故事必须讲完。我没有编造,只是复述事情经过而已。

我很想献花给那个聪明的警察和那个不让姑娘们工作、从而解救了她们的女人,我很想献花给那个要摧毁白兰地糖果的禁酒主义者和那个反对舞台服装的牧师,还有千千万万保护年轻人、不让他们误入歧途的好心人;并且指出,是他们帮助埃尔西找到了她父亲的恩人和让她摆脱贫困的善良的朋友。这一来,就有了一篇优秀的埃尔西系列故事。我希望这样做,但是还有几句话要说。

埃尔西在镜子前面自我欣赏时,奥特先生去打电话。别问我打给谁。

"奥斯卡,"他说,"今晚替你预定那张老桌子……什么?摩尔式餐厅盆景旁边的那张桌子……对,两个人……对,香槟还用那种牌子的;上烤肉时喝一八八五年的约翰尼斯伯格白兰地。温度要合适,否则我打断你的脖子……不,不是那个女的……不,确实不是……一个新的——漂亮的小妞儿,奥斯卡,漂亮的小妞儿!"

腻烦的读者们,我这就结束,如果你们允许,我想套用盖茨希尔①的几句话,在他面前,你们如果不脱帽致敬,就是傻瓜——是啊,傻瓜。

完了,阁下。完了,协会和社团。完了,各种教团的牧师们。完了,改良主义者和制定法律的人,你们心里虽然怀着无限同情,但是灵魂里却有对金钱的崇敬。我们周围的一切都完了。

---

① 盖茨希尔是莎士比亚剧本《亨利四世》(上)中的人物。

毫不通融

毫不通融

我想你们对舞台和舞台演员大概都有所了解。你们同演员有过接触,被他们感动,你们看过报上的评论和周刊上有关百老汇戏院区、合唱队女演员的留长头发的悲剧演员的笑话。我想你们对于神秘的演艺圈的看法大概可以归纳为如下几点:

挂头牌的女演员有五个丈夫,有假钻石首饰,如果胸部不用东西垫高的话,身段不比你们(女性读者)好到哪里去。合唱队女演员的头发总是染成金色,同私家汽车和匹茨堡来的阔佬关系密切。她们都有穿着牛津式便鞋、沿着铁路徒步走到纽约的经历。名声无可指摘的女演员,在百老汇时总是让她们的母亲扮演滑稽房东太太的角色,巡回演出时总是住在远房亲戚家里。克尔·贝柳的真名是波伊尔·奥凯利。约翰·麦卡洛唱片里的胡言乱语剽窃了首次发售的埃伦·特里的回忆录。乔·韦伯比爱·休·萨森更逗,但是亨利·米勒显得比实际年龄要老[①]。

戏剧界的人晚上离开剧院后都喝香槟酒,吃龙虾,折腾到第二天中午。可是电影终于把他们统统打垮了。

[①] 克尔·贝柳(1855—1911),英国著名演员,经常在美国舞台上演出;埃伦·特里(1847—1928),英国女演员,以演莎士比亚剧本著名,1910—1915年间常在美国、英国、澳大利亚作莎剧题材的演讲;乔·韦伯(1867—1942),美国喜剧演员,与卢·菲尔兹(1867—1941)成立自己的剧院,后从事电影和无线电广播;亨利·米勒(1860—1926),英国出生的美国演员,剧院经理人,1918年在纽约成立亨利·米勒剧院。

其实,我们对舞台演员的真实生活知之甚少。假如大家知道底细的话,对这门行业就更要趋之若鹜了。我们带着屈尊俯就的优越感斜眼看演员,回家后却在镜子前面念台词,做形体练习。

最近,越来越多的人用新眼光来谈论演员。似乎有人泄露说,男演员并不是开着汽车酗酒闹事的人,女演员也不是渴望钻石的洛勒莱①;他们是讲究实际的、好学的人和禁欲主义者,他们有子女和家庭,有自己的房产,处理私人事务时有条不紊,平平凡凡,同我们这些为煤气、房租、冬天的燃煤、夏天的冰块,以及看门人伤脑筋的好公民一模一样。

有关那些喜剧和悲剧演员的新旧传闻是否属实,不是这里要猜测的问题。我这里讲的是两个演员的小故事,为了证明故事的真实性,我只要让你看看基托尔通俗笑剧剧院舞台入口的铸铁门把手上方那块深色的痕迹就可以了,那是戴手套的手懒得找门闩,急躁地推门时形成的——我看见彻里像燕子还巢似的匆匆进去,及时上装,准备登台演出。

哈特-彻里通俗笑剧团让人大开眼界。鲍勃·哈特在东部和西部巡回演出有四年之久,他提供的综合节目包括一场独角戏、三支迅速变换的歌曲、两个模仿著名演员的模仿秀,和一支引来好几家剧院的低音提琴手的赞许目光的踢踏舞。

演员最得意的时候是看同行亵渎舞台的可怜的演出。为了得到这种乐趣,他们常常放弃百老汇路第三十四街和第四十四街之间阳光最好的角落,去看天分不如他们的同行演出的日场戏。演艺圈里的人生平最大的玩笑莫过于一面暗自冷笑,一面保持着鼓掌的样子。

一天下午,鲍勃·哈特那张有偿付能力的、一本正经的、著名

---

① 洛勒莱,德国传说中以美色和歌声迷惑船夫使船遭难的女妖。

的通俗笑剧演员的面孔出现在竞争对手的售票窗口,拿到了一张乐池座位的赠票。

甲、乙、丙、丁先后闪亮登场,过眼就忘,使得哈特先生越来越郁闷。别的观众尖叫、蠢动、吹口哨、鼓掌,但是"浑身有戏的红角儿"鲍勃·哈特拉长着脸,两手像撑着一绞毛线让奶奶缠线团的孩子似的分得很开。

庚出场时,"红角儿"腰板突然坐直了。庚是威诺娜·彻里的本色歌曲和表演的编号。彻里的节目并不是重头戏,但她演得出色,使人眼目为之一亮。她先扮演一个天真可爱的、系着方格子花布围裙的乡村少女,臂弯里挎着一篮道具雏菊,巧妙地告诉观众,圆木盖的乡村学校里除了算术和语文以外,还有别的东西可学,尤其是"老师留我在校"的那个节目。她的方格子花布围裙一摆,人很快就不见了,一转眼,又以一个少不更事的"巴黎姑娘"的面貌重新上场——艺术地重现了古老的红磨坊。然后——

其余的事,你们都知道了。鲍勃·哈特也知道,但他看到了另一个人。他认为在他见到的专业演员中,彻里是惟一适合扮演他所创作的短剧里的"海伦·格兰姆斯"一角的人,他写了那部短剧后,把底稿一直塞在衣箱的底格里。鲍勃·哈特,正如所有正常的演员、食品杂货店老板、新闻记者、教授、股票场外经纪人以及农民一样,当然也有一部剧本塞在什么地方——塞在衣箱的底格、树干、写字桌、干草堆、分类架、上衣内袋、保险柜、小手提箱和煤库里,等待弗罗曼①先生来接洽。他们分属五十七个不同的种类。

可是鲍勃·哈特的短剧不是准备在泡菜坛子里终老的。他起的剧名是《老鼠当家》。他写完后一直悄悄收藏着,等待符合他心目中的"海伦·格兰姆斯"条件的搭档。如今"海伦"出现在他眼

---

① 查尔斯·弗罗曼(1860—1915),美国剧院经理人,有"戏剧界的拿破仑"之称。

前,具备他的口味所要求的全部天真任性、青春活泼和无可挑剔的表演技巧。

这场戏结束后,哈特去票房找经理,打听到了彻里的住址。第二天下午,他找到了西四十几号街上那座老旧的房子,递进他的名片。

威诺娜·彻里白天穿着一件世俗的衬衣和一条朴素的纱裙,束起头发,带着慈善修女般的眼神,很适合扮演那部还没有动笔创作、还没有起名字的新英格兰剧本里的长老会执事的女儿普鲁登斯·怀斯①一角。

"我看过你演的戏,哈特先生,"她仔细看了他的名片后说,"你找我有什么事?"

"我看了你昨晚的演出,"哈特说,"我创作了一部短剧,没有拿出来。剧本里有两个主要角色,我认为你适合担任其中一个。因此,我认为应该找你谈谈。"

"请到客厅里来吧,"彻里小姐说,"我一直希望做些这方面的事。我认为自己应该演一些有意思的戏,不要老是做些小节目。"

鲍勃·哈特从口袋里取出珍爱的《老鼠当家》的剧本,念给她听。

"请再念一遍。"彻里小姐说。

接着,她清晰地向他指出,用一个送信人代替电话通知,删去争夺手枪高潮之前的一段对话,彻底改掉海伦·格兰姆斯妒心大发时的台词和动作,剧本就会改善许多。哈特没有争辩,全盘接受了她的意见。她具备哈特所缺少的女人的直觉,指出的地方确实是短剧的弱点。谈话结束时,哈特愿意拿他干了四年通俗笑剧的判断、经验和积蓄来打赌,《老鼠当家》肯定能在巡回演出的花园

---

① 原文"普鲁登斯"和"怀斯"的含义是"谨慎"和"聪明"。

里成为一朵开不败的鲜花。彻里小姐没有贸然决定。她不时皱起细腻光滑的眉头,用铅笔的一端轻轻敲打洁白秀气的牙齿,最后做出了结论。

"哈特先生,"她说,"我觉得你的短剧能成功。格兰姆斯那个角色很适合我,像是第一次送进保证干洗的洗衣店、结果却缩水的法兰绒衣服。我能凸现那个角色,正如小妈妈义卖展销会上一位四十四团的上校。我看过你的演出。我知道你能胜任另一个角色。不过生意归生意。你那个角色的周薪是多少?"

"二百元。"哈特回说。

"我那个角色的周薪要一百元,"彻里说,"妇女的工资自然要打个折扣。但是我靠工资生活,每星期还要攒几块钱。舞台生活不错。我喜欢,可是我更喜欢另一种生活——有朝一日,我想在乡间买一座小房子,院子里养几只普利茅斯品种鸡和六只鸭子。

"还有些话我要说在前头,哈特先生,在生意方面,我毫不通融。如果你要我在你的短剧里同你演对手戏,我可以接受。我相信我们能演好。我还要说的是:我的化妆造型不搞什么旁门邪道;我实事求是,我演戏拿工资,正像在商店或者写字间工作的姑娘一样。我要积些钱,等我过了登台年龄以后用。我不会去养老院,或者退休女演员之家。

"哈特先生,如果你希望我们建立纯粹的商业合伙关系,我同意参加。我对一般的通俗笑剧剧团有所了解;但是这次的情况有些特殊。我希望你明白,我登台演出,是为了每逢发包银的日子能领到一个牛皮纸小信封。我养成了一个习惯,平时攒钱,以备将来不时之需。我希望你明白我是怎么样的人。我不了解通宵餐馆是什么样的;我只喝淡茶;我生平从不同守候在舞台旁门的人搭讪;我把钱存在五家银行里。"

"彻里小姐,"鲍勃·哈特声调平和认真地说,"你有你的为人准则。'实事求是'的字样也贴在我的帽子里,刻在我的化妆盒上。我晚上做梦总是看到长岛北岸一座五居室的平房,厨房里有个日本厨师在做蛤蜊汤和鸭子,我的柞丝绸上衣口袋里揣着房产地契,躺在边廊的吊床上,看斯坦利①的《非洲探险记》。周围没有别人。你对非洲恐怕没有兴趣吧,是吗,彻里小姐?"

"一点没有,"彻里说,"我的钱都存在银行里。储蓄存款有四厘利息。即使以我目前挣的工资计算,十年以后,光是每月的利息就有五十元左右。当然,我也可以把部分本金投资做些小生意——比如说搞个女帽店或者美容院,多挣一些钱。"

"很好,"哈特说,"你的想法不错,确实不错。不少演员有钱时乱花,不知道存一些,遇到刮风下雨的日子就抓瞎了。你有正确的生意头脑,我很高兴,彻里小姐。我的想法和你一样;我想我们把这个短剧打磨好以后,我们的收益能比目前翻一番。"

《老鼠当家》以后的过程也是所有成功的舞台剧本的创作过程。哈特和彻里二人剪裁,拼凑,改型,在对话和舞台调度方面进行外科大手术,更改台词,恢复原样,增加,删除,改变剧名,恢复旧名,重写,用匕首替换手枪,恢复使用手枪——短剧经受了一切已知的提炼和改进。

他们在公寓的很少有人使用的客厅里排练剧本,客厅里的一台老式挂钟每到正点敲响前五分钟都会发出卡嗒一声,他们掐准时间,短剧达到惊心动魄的高潮前半秒,海伦·格兰姆斯扣下了没装子弹的手枪扳机。

是啊,那确实是一场激动人心的好戏。海伦·格兰姆斯是个具有西部牛仔本领和胆量的姑娘,她热烈地爱上了她父亲的私人

---

① 斯坦利(1841—1904),英国探险家,曾去中非寻找营救被土著俘虏的苏格兰传教士大卫·利文斯通。

秘书和有希望的女婿弗兰克·德斯蒙,她的父亲绰号叫"阿拉帕荷印第安人",是个身价二十五万元的牧牛场主,从舞台布景来看,牧场不是在巴德兰,便在阿玛干塞特,当过轻步兵的德斯蒙(鲍勃·哈特扮演)穿狩猎马裤和皮绑腿,自称是纽约人士,你不禁会纳闷,他到巴德兰或者阿玛干塞特来干什么,同时你也会猜测,牧场主为什么要聘用一个穿皮绑腿的秘书。

不管怎么样,你我都清楚,无论承认与否,我们都喜欢那种介乎"小蓝胡子"和用俄语演出的"辛白林"①之间的戏剧。

《老鼠当家》只有两个半人物。哈特和彻里当然是其中两个;半个是由舞台工作人员客串的小角色,他穿着夜礼服,只上一次场,惊慌地宣布房屋已被印第安人包围,按照经理的吩咐,关掉了火炉的煤气。

短剧还有一个女角——一个五马路的社交界漂亮女人——她来牧场小住,在杰克·瓦伦丁(也就是弗兰克·德斯蒙)破产前还是三马路富有的公子哥儿时曾经迷住了他。舞台上只有这个女人的相片——杰克把她的照片放在阿玛干塞特或者巴德兰客房的火炉架上。海伦自然妒忌了。

再说那个激动人心的剧本。老"阿拉帕荷"格兰姆斯一天晚上死于心肌梗塞——那是海伦在舞台脚灯前面用旁白告诉我们的——当时只有秘书在场。当天前些时候,老格兰姆斯收到运往东部的一批肉牛的销售款——六十四万七千元现金,放在牧场的书房里。如今现金不知去向。牧场主猝死时,只有杰克·瓦伦丁在场。

"上帝知道我多么爱他,但是假如他干出这种事情来——"你

---

① 蓝胡子是法国传说中一个连杀六妻的贵族;辛白林是莎士比亚同名剧本中的英国国王,他的女婿受朋友欺骗,怀疑妻子不贞,几乎酿成悲剧,剧本情节源自薄伽丘《十日谈》第二天故事之九。

明白,是吗?还有许多关于那个不出场的五马路女人的流言蜚语——通俗笑剧托拉斯把价格压得那么低,以致女演员上场时都得由男工作人员替她们扣上衣服背后的纽扣,难道女仆的工资真那么高吗?

且慢。高潮到了。海伦·格兰姆斯虽然有西部人的大大咧咧的脾气,仍气昏了头。她让自己相信,杰克·瓦伦丁非但是个骗子,而且还是金融家。一下子丢了六十四万七千元钱和一个穿马裤的情人,脾气再好的淑女也会气昏头的。那就走着瞧吧!

他们站在牧场住宅的有剥制的麋鹿头装饰的书房里(纽约的麋鹿俱乐部不是在阿玛干塞特举办过一次吃炸鱼的野餐会吗?),结局开始了。据我所知,一场戏里最有趣的是序幕结束的时候。

海伦以为杰克拿了钱。还有谁会拿呢?票房经理在前面值班;乐队没有离开过他们的座位;舞台看门人"老杰米"把守得很严,不出示长毛猎狐犬或者汽车作为身份保证的人根本通不过。

前面说过,海伦气昏了头,她对杰克·瓦伦丁说:"强盗、小偷——更可恶的是,你欺骗了信任你的人,这就是你的下场!"

当然,她说罢就拔出了值得信任的三二口径的手枪。

"但是我慈悲为怀,"海伦接着说,"我不取你的性命——我要让你一辈子受到良心谴责。我要让你看看,我轻而易举就可以杀掉你这个该杀的人。火炉架上是她的照片。我要用本应穿透你的怯懦的心脏的子弹打穿她那张比你好看得多的脸。"

她说到做到。不用假的空弹,也没有助手拉绳索。海伦开枪了。子弹——真正的子弹——穿过照片上的面孔——打中隐藏在墙壁里的启动一块滑板的弹簧——瞧呀!滑板打开了,露出令人信服的一叠叠的现钞和一袋袋的金币——就是那失踪的六十四万七千元。效果好极了。你们知道是怎么回事。彻里在她的公寓房间里瞄准天花板上的一个靶子,练习了两个月。这场戏要求好枪法。她必须打中糊墙纸后面滑板上一个直径只有三英寸的铜盘;她每晚必须绝对正确地站在一定的位置,照片也必须绝对正确地放在一定的地方,她每次必须打中。

当然,老"阿拉帕荷"自己把那笔钱藏在秘密的地方;当然,杰克除了他应得的工资以外,什么都没有拿;当然,那个纽约女人实际上已经同布朗克斯的一个建筑承包商订了婚;杰克和海伦必须像摔跤擒拿似的拥抱,结束全剧。

哈特和彻里把《老鼠当家》排练得无懈可击,在一家适当的通俗笑剧剧院试演。短剧获得极大成功。那是少数几个轰动一时的精彩节目之一。票价最低的顶层楼座的观众唏嘘不已;正厅前排的穿礼服的观众涕泗滂沱。

演出后,剧院经纪人开好空白支票,把钢笔塞给哈特和彻里,请他们签约。包银是每周五百元。

那晚十一点半,鲍勃·哈特脱下帽子在彻里所住的公寓房间门口向她道了晚安。

"哈特先生,"她沉思地说,"请进来待几分钟。我们目前有了成功和挣钱的机会。我们要做的事是尽可能削减每一分钱开支,尽可能把每一分钱攒起来。"

"你说得对,"鲍勃说,"我一向实事求是。你有你的储蓄计划;我每晚都梦见那座有日本厨师、周围没有惹麻烦的人的平房。任何增加净收入的事情都会引起我的兴趣。"

"进屋来待几分钟吧,"彻里沉思地重复说,"我要替你出个主意,既可以大大地减少你的开支,帮你实现你的计划,也可以帮我实现我的计划——这一切都根据纯粹的生意原则。"

《老鼠当家》在纽约连续上演了十个星期,盛况空前——对于一个通俗笑剧来说确实很不容易——然后开始巡回演出。长话短说,它保持了两年卖座纪录,丝毫没有衰退的迹象。

纽约基托尔剧院之一的经理,山姆·帕卡德,评论哈特-彻里剧组说:

"这样优秀的小剧组在戏剧界并不多见。在节目单上看到他们的名字就是一件愉快的事。他们工作老实勤恳,从不咋咋呼呼,演出前准时来到剧院,演出后立刻回家,完全是绅士淑女的作风。这种不给我添麻烦、使我对演艺一行产生敬意的演员以后恐怕也不多见。"

闲话扯得远了,现在回到故事的核心:

第二个上演季节结束时,《老鼠当家》回到纽约,在屋顶花园和夏季剧院继续演出。即使以最高价售票,也不愁没有观众。鲍勃·哈特的买房款差不多已经付清,彻里的储蓄存折越来越多,以致她不得不用分期付款方式买了一个分类架,专门保存。

即使你们难以置信,我仍要把这些事情告诉你们,好向你们保证,舞台演员中间也有许许多多勤奋的人——正如有的人想当总统,有的杂货铺伙计想在弗拉特布什购置房产,有的女士渴望找个会娶她的伯爵或者亲王。我希望读者能允许我说,他们在不懈的追求过程中,往往神秘地创造了奇迹。

好吧,现在请听我说。

《老鼠当家》在纽约新建成的威斯特伐利亚剧院(这个名称同德国火腿无关)首演时,威诺娜·彻里有点紧张。她朝火炉架上的东部美人照片开枪时,子弹没有穿过照片击中铜盘,而是打到了鲍勃·哈特脖子的左下侧。哈特毫无思想准备,干净利落地倒在舞台上,彻里则极富艺术气息地晕了过去。

观众以为他们看的不是男女主人公结婚或者和解的喜剧,而是发生流血事件的悲剧,高兴地鼓掌喝彩。在这种情况下总是能圆场的舞台监督立刻降下帷幕,两拨置景人员多少怀着尊敬的心情分别把哈特和彻里从舞台上抬下来。下一个节目继续演出,像开饭的铃声那么令人愉快。

工作人员在舞台入口处发现一个年轻的医生,捧着美国月季的煎汁等候他的病人。医生仔细检查了哈特,快活地笑了。

"没有头号新闻,老兄,"他诊断说,"子弹假如偏左两英寸,打断了颈动脉,麻烦就大了。按照现在的情况,你只要叫道具师随便从哪条裙子上撕点花边包扎一下,回家让你那里的社区医生处理,你不会有问题的。对不起,我还要照顾外面的一个重病号。"

鲍勃·哈特放了心,抬头看看,自己觉得好了一些。这时候,杂耍演员文森特来到他躺着的地方。文森特的真名是山姆·格里格斯,老家在佛蒙特州的勃拉特波罗,他每到外地演出,总是寄玩具和槭糖给他家里的两个小女儿。文森特的巡回演出路线同哈特和彻里一样,是他们的流浪朋友。

"鲍勃,"一向严肃的文森特说,"伤势不重,我很高兴。那位小姐为你急死了。"

"谁?"哈特问道。

"彻里,"杂耍演员说,"我们不清楚你伤得怎么样,所以把她拖开了。经理和三个姑娘好不容易才把她按住。"

"这只是个意外,"哈特说,"不能怪彻里。她今天的状态不好,不然绝对不会出差错的。我不怨她。她一向实事求是。医生说我三天后又能工作了。叫她不必担心。"

"老兄,"山姆·格里格斯板起脸说,那张苍老的脸上皱纹更多了,"你是下棋的自动装置,还是没有感觉的针插?彻里为你哭得死去活来——不停地叫'鲍勃,鲍勃,'他们不让她来看你,不得不按住她的手臂。"

"她怎么啦?"哈特睁大眼睛问道,"三天后短剧可以恢复演出。医生说我伤得不重。她损失的工资不会超过半周。我知道这是意外。她究竟怎么啦?"

"你似乎瞎了眼,或者有点傻,"文森特说,"那姑娘爱你,你受了伤,她几乎急得要疯了。你自己究竟怎么啦?难道你一点也不在乎她?我希望你能听到她喊你的声音。"

"她爱我?"鲍勃从他躺着的一堆布景板上抬身说,"彻里爱我?不可能。"

"我希望你能看到她,听到她的叫喊。"格里格斯说。

"可是,老兄,"鲍勃·哈特坐了起来,"不可能。我对你说,不可能。这种事情我想都没有想过。"

"凡是活人都不会看错,"杂耍演员说,"她爱你爱得要发狂。你怎么一点没有觉察?"

"可是天哪,"鲍勃站起来说,"太晚啦。太晚啦,我对你说,山姆,太晚啦。不可能的事。你一定搞错了。不可能。肯定搞错了。"

"她为你哭,"杂耍演员说,"为了对你的爱情,三个人几乎都按不住她,她大声呼喊你的名字,以致他们不敢拉开大幕。你想想清楚,老兄。"

"为了对我的爱情?"鲍勃瞪着眼睛说,"我不是对你说过已经太晚了吗?太晚了。要知道,彻里和我结婚已有两年了!"

闪亮的金子

带有寓意的故事就像是蚊子的细长的口器。它刺进你的皮肤,分泌出一滴稀释你血液的唾液,刺激了你的良知。因此,我们不如先看看寓意,了却心事。闪光的不一定都是金子,但是把测试金子的酸溶液瓶塞关好的是聪明的孩子。

百老汇路同华盛顿广场交界的一角是小里亚托剧院区。演员们站在这里,一听他们的谈话就知道他们的身份:"'没门,'我对弗罗曼说,'周薪一百,少一个子儿都不干。'我说罢就出来了。"

灯火辉煌的剧院区西南有一两条街道,说西班牙语的美国人聚居于此,在寒风刺骨的北方获得一些热带的温暖。这个区域的活动中心是一家名叫"庇护所"的咖啡餐馆,顾客多半是来自南方的流亡者。智利、玻利维亚、哥伦比亚、山峦起伏的中美洲共和国、愤怒的西印度岛屿,政治火山爆发后,披斗篷、戴宽檐帽的先生们像火山熔岩似的涌来。他们在这里研究对抗策略,等待机会,寻求资助,招募亡命徒,私运枪支弹药,准备东山再起。他们在"庇护所"找到了适合他们滋生的土壤。

"庇护所"餐馆提供的食品,无论来自南回归线或者北回归线的人都觉得好吃。出于利他主义的原因,这里有必要说几句题外话。厌倦了法国厨师的烹调花招的吃客啊,赶快去"庇护所"吧!只有在那里才吃得到按西班牙方式烹制的鱼——青鱼、鲱鱼,或者墨西哥湾的鲹鱼。番茄赋予它颜色、个性和灵魂;红辣椒给了它风味、独创性和热情;不知名的香草提供了刺激和神秘——而它的登峰造极的荣光需要专门介绍。它的上下左右——绝非里面——有一种若隐若现、轻灵微妙的氛围,恐怕只有物理研究学会才能查出它的根源。别说"庇护所"做的鱼里加了大蒜。只能说大蒜的精灵飘然而过时朝那盘上面放着欧芹的鱼丢了一个飞吻,如同现实生活中一样,你自作多情地认为那个给别人的吻在自己的嘴唇上回味无穷。那个名叫康齐托的侍者给你端来一盘黑豆和一瓶波尔图葡萄酒时——啊,简直是天上人间!

一天,一艘汉堡-美国航线的班轮在五十五号码头卸下了来自卡塔赫纳的乘客,佩里科·齐梅内斯·比利亚布兰卡·法尔孔将军。将军的肤色介于棕黄色和栗色之间,腰围四十二英寸,穿了高跟马靴身高也只有五英尺四。他留着两撇像是游乐园打靶场的老板的胡子,一身礼服像是得克萨斯州的议员,神气活现的样子则像是没有受到委派的代表。

法尔孔将军懂的英语只够他打听去"庇护所"餐馆该怎么走。到了附近后,他看到一座红砖房屋前面的"西班牙酒店"的招牌。窗口有块西班牙文的告示:"本店说西班牙语。"将军带着宾至如归的感觉走了进去。

舒适的账房间里坐着老板娘奥布赖恩太太。她是个金发女人——哦,一头无可指责的金黄头发。此外,她十分和蔼可亲,长得白白胖胖。法尔孔将军深深一鞠躬,把脱下的宽檐帽子扫过地板,说了一串西班牙话,音节像是沿着火药引线点燃的鞭炮。

"西班牙人还是意大利人?"奥布赖恩太太愉快地问道。

"我是哥伦比亚人,夫人,"将军自豪地说,"我讲西班牙语。你窗口的告示写着这里说西班牙语。怎么回事呀?"

"你已经在说西班牙语了,不是吗?"夫人说,"我可不会。"

法尔孔将军在西班牙酒店租了客房,安顿下来。傍晚时,他上街逛逛,看看这个北方喧闹的城市的奇迹。他一面走,一面想着奥布赖恩太太美妙的金黄色头发。"在这里,"将军自言自语地说,当然用他本国的语言,"可以找到世界上最漂亮的女人。我们哥伦比亚的女人中间可没有这么好看的。但是法尔孔将军不应该想漂亮女人。我的国家要求我忠诚。"

在百老汇路和小里亚托的拐角上,将军给卷了进去。来往的电车使他不知所措,一辆电车的保险杠刮了他一下,害他撞到一辆堆满桔子的手推车上。一辆出租马车的轮毂擦过他身边,相距只有一英寸,车夫劈头盖脸给他一顿臭骂。他跌跌撞撞跑到人行道上,一台炒花生机器的汽笛朝他耳朵喷了一阵滚烫的热气,吓得他赶快跳开。"天哪!这个鬼城市是怎么搞的?"

将军像受伤的沙锥鸟似的从人流中逃出来时,两个猎手立刻瞄上了他。一个是"恶棍"麦圭尔,他惯用的家伙是结实的手臂和八英寸长的铅管。另一个柏油马路上的暴君宁禄是手段比较文明的"蜘蛛"凯利。

他们朝显而易见的猎物扑去时,凯利抢先一步。他用胳臂肘挡开了麦圭尔先生的袭击。

"闪开!"他厉声命令说,"是我先看到的。"麦圭尔为了不吃眼前亏,乖乖地躲开了。

"请原谅,"凯利先生对将军说,"你碰到一点麻烦,是吗?我来帮你忙。"他捡起将军的帽子,掸掉灰尘。

凯利先生的办法百试不爽。将军被喧嚣的街道搞得晕头转向,像欢迎一个见义勇为的骑士似的欢迎解救他的人。

"我的愿望是回我住的奥布赖恩的酒店,"将军说,"哎哟,先生,这个纽约城里来来往往的车子又响又快。"

凯利先生的礼貌不允许这位显赫的哥伦比亚先生独自回去担当风险。他们一直走到西班牙酒店门口。斜对面是"庇护所"餐馆的有灯光照明的招牌。凯利先生对这里的街道几乎没有不熟悉的,他一看外表就知道那是"意大利人的场所"。凯利先生把所有的外国人分为"意大利人"和"法国人"两类。他对将军说,他们一见如故,应该去那里在酒的基础上加深他们的交情。

一小时后,法尔孔将军和凯利先生坐在"庇护所"阴谋家之角的一张桌子旁,桌上已经摆了不少酒瓶和杯子。将军第十次吐露了他来美国的秘密使命。他说他来这里是替哥伦比亚革命者购买武器——两千支温切斯特连发枪。他口袋里揣着卡塔赫纳银行开给纽约联行的两万五千元汇票。别的桌子上有别的革命者向同谋大声说出政治秘密,但嗓门都不如将军那么高。将军拍桌子,招呼侍者添酒,他朝他的朋友呼喊说他的任务是严格保密的,不能透露给任何人。凯利先生热情高涨,深表同情。他在桌子上伸过手去,握住将军的手。

"先生,"他诚恳地说,"我不知道你的国家在哪里,但我是支持它的。我猜想准是美国的一个分支机构,因为诗人和小学老师有时候也称呼我们为哥伦比亚①。你今晚碰到我也是你的运气。全纽约只有我能帮你做成这笔枪支交易。美国国防部长是我最好的朋友。目前他正好在纽约,我明天帮你去找他。先生,你把汇票藏好。我明天来你这儿,带你去看部长。嗨!你说的不会是哥伦比亚特区吧?"凯利先生突然起疑说。"靠两千支枪可拿不下来——以前用更多的枪试过,都没有成功。"

"不,不!"将军嚷道,"是哥伦比亚共和国——南美洲顶端的一个伟大的共和国,是啊,是啊。"

"那就好,"凯利先生放心地说,"我们现在回家,明天再见。

---

① 美国首都华盛顿所在的行政区域是哥伦比亚特区(The District of Columbia),Columbia 意为"哥伦布发现之地",诗歌中常用 Columbia 借喻美洲和美国,同拉丁美洲的哥伦比亚共和国的(Colombia)有一个字母之差。

我今晚给部长写封信,同他约一个会面的时间。把枪支运出纽约有些难办。连麦克拉斯基都办不到。"

"你们的纽约真是个大地方,"他说,"街上的车辆太吓人了,炒花生的机器声音刺得耳朵痛。但是,凯利先生——头发金黄金黄、胖得可爱的太太们——她们了不起!太了不起啦!"

凯利到最近的电话间,打电话给百老汇路上的麦克拉里酒馆,找杰米·邓恩。

"是杰米·邓恩吗?"凯利问道。

"是我。"对方回答。

"你才不是呢,"凯利快活地说,"你是国防部长。你别走开,我马上过去。我这里有一条你从未钓到过的大鱼。是一支有金纸箍的高级雪茄,还附有许多免费赠券,足够买一台豪华大吊灯和一座小溪旁的普赛克①塑像。"

杰米·邓恩是骗子界的文学硕士,坑蒙拐骗的艺术大师。他生平没有用过大头棒,看不起蒙汗药。事实上,他向他要下手的受害者只提供最纯粹的酒精饮料,如果说纽约能找到这种东西的话。"蜘蛛"凯利的野心就是把自己提升到杰米的档次。

这两位绅士当天晚上在麦克拉里酒馆商谈。凯利介绍了情况。

"这个人傻里傻气,太容易骗了。他来自哥伦比亚岛,那里似乎有罢工、世仇或者什么事,他们派他来采购两千支温切斯特枪,进行调解之用。他给我看了两张一万元、一张五千元的汇票,在这里的一家银行取款。杰米,他没有换成千元大钞放在银盘子上端给我,真叫我生气。现在我们只能等他去银行提出现款给我们了。"

---

① 希腊神话中一少女形象出现的人类灵魂的化身,与爱神厄洛斯相恋。

他们商量了两个小时后,邓恩说:"明天下午四点钟把他带到百老汇路××号。"

第二天,凯利去西班牙酒店找将军。发现那个纵横捭阖的战士正同奥布赖恩太太谈得有滋有味。

"国防部长在等我们呢。"凯利说。

将军依依不舍地离开了。

"唉,先生,"他叹了一口气说,"身在公门,不得不去。不过,先生,你们美国的女人——多么美丽!奥布赖恩太太就是一个例子——多么美啊!她是天仙——天后级的美女——牛眼睛的天后。"

凯利先生本来就不笨,在自己的想象力的激发之下变得更加机灵。

"当然!"他笑着说,"你指的是漂白出一头金发的天后,是吗?①"

奥布赖恩太太听到了他的话,抬起金发的头。她的大眼睛朝离去的凯利先生瞪了一下。除了在公交车辆上以外,人们千万不能对女士有粗鲁的言行。

多情的哥伦比亚人和他的陪伴到了百老汇路上的地址,在接待室里等了半小时,才被引进一间布置讲究的办公室,一个气度不凡、面孔光洁的人坐在办公桌前写什么东西。法尔孔将军的老朋友凯利先生把将军介绍给美国国防部长,说明了他此行的任务。

"哦——哥伦比亚!"他听了介绍后意味深长地说,"这件事恐怕有点小小的困难。总统和我对那个国家的看法有点分歧。他倾向于支持现有的政府,而我——"国防部长朝将军神秘而鼓励地

---

① "牛眼睛"原文 ox-eyed 与过氧化氢 peroxide 发音相似,过氧化氢即双氧水,可作消毒剂和漂白剂。

一笑。"法尔孔将军，你当然知道，自从塔曼尼战争以后，国会通过了一项法案，规定凡是美国出口的武器弹药都必须通过国防部。如果我能为你办些事，我看在老朋友凯利先生的份上，很乐意帮忙。但必须严格保密，因为我已经说过，总统对你们哥伦比亚革命党的活动印象不佳。我派勤务兵去取我们仓库里现有的武器清单。"

部长按了铃，勤务兵立刻进了办公室。

"把小型武器存货清单的乙表拿来。"部长说。

勤务兵很快就拿了一张打印好的纸回来。部长仔细看了一会儿。

"我发现，"他说，"政府补给九号仓库里有两千支温切斯特枪，本来是摩洛哥苏丹订购的，但他忘了付现金。我们的规矩是购货时必须支付现金。我亲爱的凯利先生，如果你的朋友法尔孔先生想要这批武器的话，可以按出厂价买去。我想如果我现在结束这次会见，一定能得到你的理解。日本公使和查尔斯·墨菲马上就要来见我了！"

这次会见的结果之一是将军对他尊敬的朋友凯利先生感激万分。另一个结果是敏捷的国防部长在以后两天里忙得不可开交，他买了放枪支的空木箱，装进砖块，然后存在一个特地租用的仓库里。还有一个结果是，将军回西班牙酒店后，奥布赖恩太太走到他面前，捡掉他上衣翻领上的一个线头，说道：

"先生，我不想插手，但是那个猴子脸、狸猫眼、探头探脑的小混混找你干吗？"

"啊呀呀！"将军喊道，"你可不能这样说我的好朋友凯利先生。"

"到夏季花园来，"奥布赖恩太太说，"我要和你谈谈。"

我们不妨假设他们谈了一个小时。

"照你说来，"将军说，"只要花一万八千元就能买下这个酒店的设备，还包括这座花园的一年租金？这座可爱的花园太像我亲爱的哥伦比亚的庭院了。"

"便宜得不能再便宜了。"奥布赖恩太太说。

"啊，天哪！"法尔孔将军喘着气说，"战争和政治对我算得了什么？这个地方简直像天堂。我的国家自有别的勇敢的英雄继续为之战斗。光荣和杀人对我有什么意义？啊！毫无意义。我在这里找到了一个天使。我们买下西班牙酒店，你就是我的人，钱不应该浪费在枪支上面。"

奥布赖恩太太把她金黄色的头发依偎在那个哥伦比亚爱国者的肩膀上。

"哦，先生，"她幸福地叹息说，"你真了不起！"

两天后，约定向将军交付武器的日子到了。一箱箱的所谓枪支堆在租来的仓库里，国防部长坐在箱子堆上，等待他的朋友凯利去把受骗者带来。

凯利先生在约定的时间赶到西班牙酒店，看见将军坐在桌子后面算账。

"我做出决定，"将军说，"不买枪支了。我今天买下了这家酒店的设备，佩里科·齐梅内斯·比利亚布兰卡·法尔孔将军准备和奥布赖恩太太举行婚礼了。"

凯利先生几乎厥倒。

"嗨，你这瓶秃头的老鞋油，"他唾沫飞溅地说，"你这个骗子——盗用公款的诈骗犯！你拿你那个只有鬼才知道在什么地方的国家的钱买了一家寄宿所。"

"啊，"将军加好一栏数字的总额后说，"这就是你所说的政治。战争和革命不是好东西。是啊。追随战争女神不是最佳选择。不。同天后——那个牛眼睛的天后——一起开酒店倒是惬意的事。啊！她的头发多么金光灿灿！"

凯利先生噎得够呛。

"啊,凯利先生!"将军深情地说,"难道你没有吃过奥布赖恩太太做的咸牛肉末吗?"

丛林中的孩子*

蒙塔古·西尔弗是西部一流的街头推销员和贩卖赝品的骗子,有一次在小石城时,他对我说:"比利,如果你上了年纪,脑子不灵活,不能在成人中间做规矩的骗局,那就去纽约吧。西部每分钟产生一个冤大头①;但是纽约的冤大头却像鱼卵一般多——数都数不清!"

两年后,我发觉自己记不清那些俄罗斯海军上将的姓名了,又发觉左耳上方长了几茎白发,我认为应该是采纳西尔弗的劝告的时候了。

某天中午,我到了纽约,便去百老汇路逛逛,竟然遇到了西尔弗。他衣着华丽,靠在一家旅馆门口,用绸手帕在擦指甲上的半月痕。

"是得了麻痹性痴呆症,还是告老退休了?"我问他说。

"喂,比利,"西尔弗说,"见到你真高兴。是啊,我觉得西部的人逐渐聪明起来,聪明得有点过分了。我一直留着纽约,把它当做最后的一道点心。我认为在纽约人身上捞油水有点缺德。他们熙来攘往,懵懵懂懂,更是少用脑筋。我真不愿意让我老妈知道,我

---

* 英国古代民谣和儿歌中有《丛林中的孩子》的故事,叙说一个恶叔为篡夺财产,将一对侄儿女骗至森林害死,后来这一词用来指天真轻信、容易受骗的人。

① 这句话是19世纪美国著名的马戏团老板巴南说的,意谓世人容易上当受骗。

在剥这些低能儿的皮。她万万料不到我这么没出息。"

"那么说,做植皮手术的老医生的候诊室里已经挤满了人吗?"我问道。

"哎,也不尽然,"西尔弗说,"剥皮的勾当暂且不考虑。我来这里才一个月。不过我随时都可以开始;纽约主日学校的学员们,每人自愿捐助了一块皮,帮我置办了我身上的这套行头,他们很可以把照片寄到《每日晚报》上去扬扬名。

"我正在研究这个城市,"西尔弗说,"我每天读报。我了解这个城市,正像市政厅里的猫了解爱尔兰籍的值班警察一样。你从这里的人身上刮钱刮得稍微慢一点,他们就烧得发慌,赖在地上乱叫乱嚷。到我的房间里去坐坐,我详细告诉你。为了旧日的交情,我们一起来整治这个城市吧。"

西尔弗领我进了一家旅馆。他房间里四下放着许多不相干的东西。

"从大城市的这些乡巴佬身上搞钱的方法,"西尔弗说,"比南卡罗来纳州查尔斯顿煮玉米的花样还要多。不论下什么饵,他们都会上钩。大部分人的智商没有什么差别。他们的智商越高,理解力就越低。哎,不久前,不是有人把小洛克菲勒的油画像当做安德烈亚·德尔·萨尔托画的著名的圣约翰像卖给约·皮·摩根吗①?

"你看到墙角里那捆印刷品吗,比利?那是金矿股票。有一天我上街去推销,不出两小时就不得不住手了。为什么呢?因为妨碍交通,被警察抓了去。大家争先恐后抢着买,挤得水泄不通。在去警察局的路上,我卖了一些股票给警察,后来我就停止出售

---

① 萨尔托(1486—1531),意大利画家,他画的圣约翰生平事迹壁画陈列在佛罗伦萨。洛克菲勒和摩根都是美国财阀。

了。我不愿意人家轻易给我钱。为了保持自尊心,我做买卖时总要给一点回报。在他们给我一分钱之前,我要他们猜猜芝—哥这个地名中间缺了哪个字;在用纸牌赌博时,我让他们手里先拿到一对九。

"还有一个小计谋,由于太容易得手,我不得不放弃。你看到桌上那瓶蓝墨水吗?我在手背上画一个船锚,权充刺青,然后去银行,说我是杜威①上将的侄子。我开了一千元的支票,支取他账里的钱,银行愿意兑付。可是我只知道我叔叔的姓,不知道他的名字叫什么。这件事虽然没有成功,但说明纽约是个多么容易搞钱的城市。至于窃贼,如今他们也不去人们家里了,除非先替他们预备好热的晚餐,再有几个大学生伺候他们。强盗在住宅区里杀了人,可是走遍全市只算是人身攻击罪。"

"蒙塔,"等西尔弗停下时,我开口说,"你的高论准确地贬低了纽约,可我还有些怀疑。我来这里不过两小时,但我认为它不会这么轻易地落到我们手里。这里没有合我口味的乡村气氛。如果居民头发上沾着稻草,穿着假天鹅绒坎肩,佩着七叶树果做的表坠,我就放心啦。依我看,他们并不容易上钩。"

"你说得不错,比利,"西尔弗说,"初来乍到的人都有这种感觉。纽约比小石城或者欧洲大得多,它让外来的人看了害怕。你不久就会宽心的。老实告诉你,这里的人没有把钱喷了消毒剂,放在洗衣篮里,痛痛快快地送来给我,我真想揍他们。我讨厌去外面搞钱。这里戴钻石首饰的是谁?哟,是骗子的老婆温妮,恶棍的新娘贝拉。要纽约人的钱实在太容易啦。我担心的只有一件事:等我身上装满了面额二十元的钞票的时候,恐怕会压断我坎肩口袋里的雪茄烟。"

---

① 杜威(1837—1917),美国海军将领,1898 年美西战争中指挥了马尼拉湾战役。

"我希望你说得对,蒙塔,"我说,"不过我还是后悔没有安心在小石城做些小买卖。那里永远不会缺少农场主。你总可以找几个,让他们在要求增设邮局的申请书上签个名,然后拿到银行里去贷款两百元。这里的人似乎生来就明哲保身,吝啬得很。我怕凭我们这些本领在这里是吃不开的。"

"别担心,"西尔弗说,"我已经把这个冥顽不灵的城市估计得非常准确,就好像北河是哈得孙河而东江根本不是一条江一样。住在百老汇四个街口以内的人,一辈子除了摩天大楼以外没有见过别的房屋。一个出色能干的西部人在这里待上三个月,不论软哄硬骗,好歹要露几手。"

"吹牛归吹牛,"我说,"你现在老实说,除了向救世军求助,或者在海伦·古尔德小姐①门前装病告帮之外,你有没有具体的计划,可以立刻弄一两块钱来花花呢?"

"计划多的是,"西尔弗说,"你有多少资本,比利?"

"一千元。"我告诉他。

"我有一千二百元,"他说,"我们合伙大干一场。要挣大钱的办法实在太多啦,简直不知道该从哪儿着手。"

第二天早晨,西尔弗到我下榻的旅馆里来看我,他容光焕发,看上去有什么大喜事。

"我们今天下午去见见约·皮·摩根,"他说,"我在旅馆里认识的一个人要替我们介绍介绍。他是摩根的朋友。他说摩根喜欢见见西部的人。"

"这倒不坏,"我说,"我很愿意认识摩根先生。"

"结识几个金融大王,"西尔弗说,"对我们有益无害。我开始

---

① 海伦·古尔德(1863—1938),美国资本家杰·古尔德的长女,曾捐款给纽约大学。

有点喜欢纽约对待外地人的社交方式了。"

西尔弗认识的人姓克莱因。三点钟光景,克莱因带了他那位华尔街的朋友到西尔弗的房间来拜访我们。"摩根先生"同他照片上的模样差不多,左脚裹了一条土耳其毛巾,走路时拄着一根手杖。

"这两位是西尔弗先生和佩斯克德先生,"克莱因介绍说,"我似乎不必提这位金融界最伟大的人物的名字——"

"废话少说,克莱因,"摩根先生说,"同两位先生见面,我很高兴;我对西部很感兴趣。克莱因告诉我,你们是从小石城来的。我想我在那边什么地方有一两条铁路。如果你们两位喜欢玩玩沙哈①,我——"

"唉,皮尔庞特,"克莱因赶紧插嘴说,"你忘啦!"

"对不起,哥儿们!"摩根说,"自从我害了痛风病以来,在家无聊,偶尔玩玩纸牌。你们在小石城时,认不认识独眼彼得斯?他住在新墨西哥城的西雅图②。"

我们还来不及回答,摩根先生已经用手杖拄着地板,来回走动,嘴里不干不净地高声咒骂。

"难道华尔街今天有人抛售你的股票吗,皮尔庞特?"克莱因赔笑问道。

"股票?不是的!"摩根先生吼了起来,"是我派人去欧洲收购的那幅画。我刚想起来。他今天打电报来说,找遍意大利也没有弄到。明天我愿意出五万元买那幅画——七万五千元也成。我授权委派的人可以相机办理。我真不明白,为什么所有的陈列馆会

---

① 一种多人参加的纸牌赌博,每人先后发牌五张,四明一暗,逐张下注,最后互比大小,统赢赌注。
② 西雅图在美国西北部的华盛顿州,新墨西哥州在西南部,作者故意混淆,说明"摩根"的无知。

让一幅达·芬奇——"

"哎,摩根先生,"克莱因说,"我以为你已经把达·芬奇的全部作品都买下来了。"

"那幅画是什么样子的,摩根先生?"西尔弗问道,"它一定大得像是熨斗大楼的门面吧。"

"我怕你的艺术素质太差啦,西尔弗先生,"摩根说,"那幅画只有二十七英寸高,四十二英寸宽;名称是'爱的闲暇'。有许多穿衣服的模特儿在紫色的河岸上跳舞。电报说那幅画可能已经运到美国来了。缺了那幅画,我的收藏就不齐全。好吧,哥儿们,再见吧,我们当金融家的晚上非早睡不可。"

摩根先生和克莱因一起坐车走了。我和西尔弗谈起大人物的头脑真简单,对别人一点都不怀疑;西尔弗说,在摩根那样的人身上找钱,真叫人惭愧;我说我也认为确实说不过去。晚饭后,克莱因建议出去散散步,我们三人便去七马路观光。克莱因在一家当铺橱窗里看到一对衬衫袖扣很中意,他进去买,我们也跟了进去。

我们回到旅馆,克莱因走后,西尔弗挥舞着手向我蹦跳过来。

"你看到了吗?"他问道,"你看到了吗,比利?"

"看到了什么?"我问。

"哎,摩根要的那幅画。挂在当铺里,写字台后面。我没有声张,因为克莱因在场。千真万确,就是那幅画。上面的那些女孩子画得再自然没有啦,身材窈窕,如果穿衣服的话,一定都合乎胸围三十六、腰围二十五、臀围四十二英寸的标准,她们在河边跳慢四步。摩根先生说他愿意出多少钱来着?噢,不用我告诉你啦。当铺里的人决不会知道那幅画是值大价钱的。"

第二天早晨,当铺还没有开门,我和西尔弗早就等在门口,仿佛急于典当我们的衣服去换酒喝似的。我们进去,先看看表链。

"上面挂的那幅彩色石印画太粗糙了。"西尔弗装出随便的样子对当铺老板说,"可是我很中意那个袒肩膀、红头发的姑娘。我给你两元二角五分,我想你立刻就会脱手了吧。"

当铺老板笑笑,继续拿出表链给我们看。

"那幅画,"他说,"是去年一个意大利人质押给我们的。我借给他五百元。画名叫'爱的闲暇',是莱奥纳多·达·芬奇画的。两天前过了法定的质押期限,不能再赎取了。这儿有一种表链现在很时兴。"

过了半小时,我和西尔弗付了当铺老板两千元,捧着那幅画出来。西尔弗雇了一辆车去摩根的办公室。我回旅馆去等他的好消息。两小时后,西尔弗回来了。

"你见到了摩根先生吗?"我问道,"他付了你多少钱?"

西尔弗颓然坐下来,抚弄着台布的流苏。

"我根本没有见到摩根先生,"他说,"因为摩根先生一个月之前就去欧洲了。但是有一件事叫我弄不明白,比利,百货公司里都有同样的画出售,配好镜框,每幅只卖三元四角八分,但是单买镜框却要三元五角——真把我搞糊涂啦。"

复活的日子

我看见画家着手创作复活节的图画时在咬铅笔,皱眉头,因为常规的应景画面只有四种构思。

首先是异教的春天女神伊斯特尔①。画家在这里可以充分发挥想象力。一个秀发飘逸、脚趾数目正确的美丽少女就能符合要求。著名的模特儿克拉丽斯·圣瓦瓦苏可以在"春倦图",或者特里尔比②随便称做什么的图画里扮作伊斯特尔。

第二个形象是周围有百合花图案装饰的、眼睛朝上看的、忧郁的淑女,那有点封面女郎的味道,但是可靠。

第三个是五马路复活节游行时的曼哈顿小姐。

第四个是玛吉·墨菲,她的旧草帽上插了一根新的红色羽毛,快活而腼腆地在大街上看热闹。

当然,兔子并不重要;复活节彩蛋也是如此,因为圣经考证学把蛋煮得太老了。

复活节图画范围有限的题材表明,在我们所有的节日中,复活

---

① 伊斯特尔(Easter),原系日耳曼民族春分时向黎明女神 Eastre 表示敬意的异教节日,基督教将春分(3月21日)满月后的第一个星期日定为复活节,因此该日不可能早于3月22日,或迟于28天后的4月25日。西方用繁殖力强的兔子和衍生生命的鸡蛋作为复活节的象征。
② 特里尔比是英国作家杜莫里耶(1836—1896)长篇小说中的少女,在巴黎充当模特儿为生,三个青年画家都爱上了她。但她在匈牙利音乐家斯范加利的培养下成为名噪一时的歌手。

节的概念最为模糊,最变化多端。首创这个节日的虽然是异教徒,但它属于我们的宗教。如果追溯到第一个春季的话,我们会看到夏娃自豪地从无花果树上选摘一片新的绿叶来遮掩她的私处。

这段带考证性的、有学问的开场白目的是提出一个定理,说明复活节不是一个日期、季节、节假日或者场合。如果你随着丹尼·麦克里的脚步走去,就会发现它究竟是什么。

在日历上星期六与星期一之间,复活节一早就来到了它应有的位置。五点二十四分,太阳升起;十点三十分,丹尼以太阳为榜样也起来了。他到厨房的洗涤槽那里去洗脸。他的母亲在煎咸肉,看他抓住那块圆肥皂的认真、滑溜、机警的神情时,想起了他的父亲。二十二年前,在如今是拉帕洛玛公寓、当初是哈莱姆区的一块空地上,她第一次看见他父亲打垒球,在二三垒之间接一个危险的地滚球时,也是这副神情。丹尼的父亲坐在前屋一扇打开的窗子前抽烟斗,微风吹拂着他蓬乱的灰色头发。两年前,打炮眼时巨型炸药突然提前爆炸,他的眼睛瞎了,但仍抽烟斗。盲人很少喜欢抽烟,因为他们看不到袅袅升起的烟雾。你看不见标题的颜色时,能喜欢别人念晚报给你听吗?

"今天是复活节。"麦克里太太说。

"我不吃煮鸡蛋,吃炒的。"丹尼说。

早饭后,他穿上运河街进口商行货车车夫星期日去做礼拜的衣服——长礼服、条纹裤、漆皮鞋、横挂在坎肩胸前的镀金表链、有翅角的硬领、卷檐的圆顶礼帽,以及肖恩斯坦商店(第十四街和托尼的水果摊中间)周六晚上大减价时买的蝴蝶领结。

"你今天自然要出去啰,丹尼,"麦克里老头有点怀旧似的说,"人们说复活节多少算是个节日。嗯,反正是春天的好天气。我能从空气里感觉到。"

"我为什么不该出去?"丹尼找碴似的用胸腔音说,"难道我应该待在家里？难道我还不如一匹马？我的拉车的马每星期还有一天休息呢。我要知道,是谁挣钱付房租,换来你刚刚吃过的早饭？你倒说说看！"

"好吧,孩子,"老头说,"我不是发牢骚。我眼睛看得见的时候,觉得星期日出去玩玩是再好不过的事情了。风里有草皮和烧树枝的气味。我有烟可抽。你好好玩一天,休息休息,孩子。有时候我希望你的妈妈识字有文化,我就可以听听希波波坦默斯①后来究竟怎么样了——好吧,不谈这个了。"

"他说的希波波坦默斯是什么蠢话？"丹尼穿过厨房时问他的母亲,"你最近是不是带他去过动物园了？为什么？"

"我可没有带他去过,"麦克里太太说,"他整天坐在窗口。穷人家的瞎子根本没有什么消遣。我认为他有时候在胡思乱想。有一天,他不停地谈油,几乎谈了一个小时。我以为煎锅里的油热得着火了。其实没有。他说我不理解。丹尼,对一个瞎子来说,星期日,节假日,实在太无聊了。他以前眼睛好的时候,脾气又好,身体又结实,谁都比不上他。孩子,今天天气不错。玩个痛快吧。晚上六点开饭。"

"你有没有听人谈起过希波波坦默斯？"丹尼下楼出大门时,问看门人迈克说。

"没有,"迈克把衬衫袖管卷卷高说,"不过这两天来,房客向我申诉的种种有关动物界、自然界和非法荒谬言论中惟独没有这个题目。你去找房东吧。不然,你高兴的话可以搬家。你租的房子里面有希波波坦默斯吗？既然没有,你问这话是什么意思？"

"那是老头提的,"丹尼说,"大概没有什么意思。"

丹尼拐到五马路,然后朝北,走进伊斯特尔——穿着鲜艳的新

---

① 希波波坦默斯(hippopotamus),"河马"的音译。

衣服的现代伊斯特尔——率领复活节游行的中心。在巍峨的褐色教堂里,花丛中传出圣歌的欢乐音乐,至少你在看到那些复活节的姑娘时会产生花枝招展的感觉。

穿戴着长礼服、绸礼帽、胸襟佩着栀子花的男士们充当了传统的背景。小孩手里拿着百合花。褐石邸宅的窗台上摆满了百合仙子的妹妹弗洛拉①的最丰饶的创造。

戴着白手套、面色红润、纽扣整齐的警察,科里根,在街角行人道边来回走动。丹尼认识他。

"喂,科里根,"他问道,"复活节是什么意思?我知道三月十七日月亮第一次由缺变圆的时候是复活节——可是为什么呢?它是特有的宗教仪式呢,还是政府出于政治考虑而设定的?"

"它是纽约特有的一年一度的庆祝,"科里根说,他慎重的态度像是第三副警督,"一直延伸到哈莱姆区。有时候,甚至把预备队派到第一百二十五街。依我看,没有政治考虑。"

"谢谢,"丹尼说,"还有——你有没有听过人们唠叨过希波波坦默斯?尤其在没有喝醉酒的时候?"

"我想那东西不会比海龟大,"科里根沉思说,"肯定含有木醇。"

丹尼漫无目的地走着。他负有欢度星期日和节日的沉重的双重任务。

体力劳动者往往带着悲哀的神情,即使最好的度身定做的衣服的优美的线条也难以掩饰。正由于这个原因,一些营养充足的铅笔和钢笔画家总是把普通百姓当做忧伤的模特儿。一般庸人寻找快活时,总有脸色阴沉的悲剧女神来凑热闹。所以丹尼对伊斯特尔板着脸,郁郁不乐地寻找快乐。

---

① 弗洛拉,罗马神话中的花神。

杜根酒馆的边门可以进出;丹尼要了一杯应景的黑啤酒。他坐在潮湿的后屋,一张铺着深色漆布的桌子旁,心里还在琢磨春天节日的神秘意义。

"喂,蒂姆,"他招呼侍者说,"大家为什么要过复活节?"

"得啦!"蒂姆会心地闭起一只眼睛说,"这有什么新鲜?好吧。我想你大概看了托尼·帕斯特①的戏。我可猜不出来。你说说答案——是两个苹果,还是一码半长?"

丹尼从杜根酒馆出来后,朝西往回走。四月的阳光似乎激起他心里一阵模糊的感觉。他做出了错误的判断,以为根子在基蒂·康伦那里。

丹尼在大马路离基蒂家一个街口的地方遇到她正要去教堂。他们在街角紧紧握手。

"哎呀!你穿得整整齐齐,可是一脸不高兴的样子,"基蒂说,"出了什么事?和我一起去教堂吧,快活一点。"

"去教堂干吗?"丹尼问道。

"今天是复活节日呀。傻瓜!我等到十一点,以为你会来约我一起去呢。"

"复活节日代表什么,基蒂?"丹尼阴郁地问道,"似乎谁都不知道。"

"你这个人比谁都不开窍,"基蒂兴致勃勃地说,"你甚至不看看我的新帽子。还有我的裙子。复活节日是姑娘们换春装的日子。傻瓜!你陪我一起去教堂吗?"

"我去,我去,"丹尼说,"如果复活节是从那里开始的话,人们也应该找个借口。帽子确实漂亮。绿玫瑰棒极了。"

---

① 帕斯特(1837—1908),美国著名演员、剧院经理人,1888年在纽约联邦广场开设托尼·帕斯特剧院,据说滑稽歌舞剧这一形式是他首创的。

教堂里，牧师讲了几段《圣经》。他讲得很快，没有捶胸顿足，因为他急于回家去吃星期日的午饭；但他知道该做些什么。他围绕一个主题——复活。不是新的创造，而是从旧的基础上产生的新生命。会众以前听过多次。但是讲坛下面第六排有一顶新颖的帽子，香豌豆花配薰衣草的装饰，引起不少注意。

做完礼拜后，丹尼还在磨磨蹭蹭，基蒂等在一旁，天蓝色的眼睛里露出不快。

"你陪我回家吗？"她问道，"不过你不必管我。我自己也能回去。你似乎使劲在想什么问题。好吧。我什么时候再和你见面，麦克里先生？"

"像平常那样，我星期三晚上去你家。"丹尼说着，转身穿到马路对面去了。

基蒂扭头就走，帽子上的绿玫瑰愤愤地颤动着。丹尼走了两个街口才停下来。他两手插在口袋里，站在街角的行人道旁。他的面孔像塑像似的毫无表情。他的灵魂深处却有些蠢动，蠢动得如此细微缓慢，以致他冷酷的性格难以觉察。那比四月的天气更柔和，比感官的呼唤更微妙，比女人的爱情更纯洁深邃——他不是避开了绿玫瑰和那双拴住了他有一年之久的眼睛吗？丹尼不知道那究竟是什么。急于赶回家吃午饭的牧师对他说过，牧师的声调使人昏昏欲睡，丹尼没有听清。但是牧师说出了真相。

丹尼突然拍一下大腿，高兴地喊了一声。

"希波波坦默斯！"他朝路边一根灯柱喊道，"我这样的粗人怎么猜得到？我这个该死的榆木脑袋！现在我明白他想说的是什么了。

"希波波坦默斯！真叫人笑掉大牙！他差不多是一年前听的；居然还有印象。我们念到纪元前四百六十九年就停了，榆木脑袋怎么也猜不出他想说什么。"

丹尼乘上电车,到了他挣钱付房租的公寓。

麦克里老头仍坐在窗口。他的已经熄灭的烟斗搁在窗槛上。

"是你吗,孩子?"他问道。

丹尼像刚要做件好事被人撞见似的发火了。

"这个家里的房租和伙食是谁付的钱?"他恶狠狠地说,"我没有权利进来吗?"

"你是个忠心的孩子,"麦克里老头叹息说,"天黑了吗?"

丹尼伸手从架子上取下一本厚书,烫金的书名是《希腊历史》。书上积的灰尘有半寸厚。他把书放在桌子上,翻到夹着纸条的地方,大喊一声说:

"你是不是要听希波波坦默斯?"

"我没有听见你打开书本呀,"麦克里老头说,"我的孩子好久好久没有念书给我听了。不知什么原因,我特别喜欢希腊人。你念到某个地方就停了。外面天气很好,孩子。你去外面散散心吧。我坐在窗口抽烟,已经习惯了。"

"我们上次停下的地方是伯——伯罗奔尼撒半岛①,不是希波波坦默斯,"丹尼说,"战争从那里开始,持续了三十年左右。页头标题说,一个名叫菲利普的马其顿人在纪元前三三八年的谢——谢隆纳一场决战中成了希腊的头头。我念给你听。"

麦克里老头坐着,用手掌拢住耳朵,全神贯注地听了一个小时的伯罗奔尼撒战争。

接着,他站起来,摸索到厨房门口。麦克里太太在切冷肉。她抬头看看,只见麦克里老头眼泪直流。

"你听到我们的孩子念书给我听吗?"他说,"没有比他更好的

---

① 公元前431—前404年,雅典人和斯巴达人在此开战,雅典人失败,丧失了统治希腊的权力。

了。我又有两个眼睛了。"

晚饭后,他对丹尼说:"今年的复活节过得好开心。现在你该去看基蒂了。今天够好的了。"

"这个家里的房租和伙食是谁付的钱?"丹尼生气说,"难道我没有待在家里的权利吗?晚饭后还要往下念纪元前一四六年的科林思战役,书上说希腊王国成了罗马帝国的组成部分。难道我在这个家里什么都不是吗?"

第五个车轮

排队等候过夜铺位的人挤紧了一些,因为天气很冷,很冷。他们是生活的大河留在五马路和百老汇路所形成的三角洲上的冲积物。排队的人冻得不停地跺脚,瞅着麦迪逊广场上由于寒冷而无人露宿的长凳,用混杂的语言互相喃喃交谈。迷蒙的、不敬神的熨斗大楼像直刺云霄的巴别塔似的矗立在对面的三角洲上,这些说不同语言的、无家可归的人正是被上帝的巡视天使从巴别塔召唤来的。

牧师站在一个松木板的肥皂箱上,比他的羊群高出一头,谆谆教导着北风派给他的流动听众。这里仿佛是个奴隶市场。十五美分买一个。你把他转让给睡神,负责登记的天使便在你名下记一笔。

牧师是个认真而不知疲倦得难以置信的人。他查阅了可以为同胞提供服务的清单,选择了安排睡觉的一项,每周三和周五晚上,凡是到他的肥皂箱那儿申请的人都可以得到一个铺位。剩下的五个夜晚就由别的慈善家去处理了,如果他们也发挥作用的话,这个邪恶的城市就可能成为一个风情纯朴的庞大的宿舍,人们都可以在鼾声中打发美好的时光,让社会问题、收房租的人和种种营生见鬼去吧。

八点钟刚过,华盛顿纪念碑的阴影下聚集了一小群观望的人。时不时有人上前捐给牧师小额钞票或者银币,有的显得畏畏缩缩,有的得意洋洋,有的大大咧咧,也有人认真数好钱。然后,一个肤色和冷漠态度像北欧人的助手把一小队得救的人领到寄宿所。与此同时,牧师一直在告诫那群人,他的话没有华丽的词藻,只有单调的真理的谴责。在等候铺位的队伍散去之前,你必须听听牧师的一句话——也就是他那晚讲的主题。那句话值得印在世界上所有悼亡花圈的白绸带上。

"喝五分钱威士忌的人,没有一个是存心想做醉鬼的。"

酒徒们啊,好好琢磨一下。这句话的范围很广,从出苗的裸麦到义冢地①都包括在内了。

队伍后面一个眉清目秀、腰板笔挺的年轻人使劲把头缩在翻起来的上衣领子里。上衣是花呢料子,剪裁式样讲究,裤管仍保留熨烫的痕迹。但是我要真心实意地奉劝看这篇故事的杂货店的学徒,假如你们指望看到的是一个落难公子,就不必看下去了。因为那个年轻人只不过是托马斯·麦奎德,一个月前由于酗酒被解职的马车夫,如今落魄,排在等候过夜铺位的队伍里。

如果你家在纽约高级住宅区,你就一定知道范·斯迈思家的由两匹体重各一千五百磅、奔跑如飞的栗色马拉的马车。马车的形状像是浴缸,靠在里面的范·斯迈思老夫人撑的遮阳伞小得像是除夕晚会上的羽毛拂。托马斯·麦奎德没落之前是赶范·斯迈思家的栗色马的马夫,而赶他的则是范·斯迈思夫人的侍女安妮。不过爱情故事里常有这种伤心的事情,鞋子太小夹脚、办事不顺利,或者牙痛,会使任何一个崇拜丘比特的人干出蠢事。此外,托马斯身体方面的麻烦也不少。让他心烦意乱的不仅是夫人的侍女同他分了手,还有他备受折磨的神经几乎使他相信自己看到了某

---

① 义冢地:《新约·马太福音》第 27 章第 3—10 节:犹大出卖耶稣后感到悔恨,把告密得来的三十枚银币丢在圣殿里,出去自缢,祭司长用这笔钱买了一块地作为埋葬外乡人的义冢。

些不存在的东西:在柏油马路上,在空中,在等候铺位的凄凉的队伍周围飞舞、爬行、扭动。四星期的烈性威士忌以及限于饼干、大红肠和泡菜的伙食,往往会造成某种心理动物学的后果。他受着寒冷、愤怒和幻象的困扰,处于绝望的境地,迫切需要人们的同情和交流。

排在他右边的是一个年纪同他相仿的青年人,衣服破旧,但相当整洁。

"你是什么情况,老弟?"托马斯带着同病相怜的亲切问道,"酗酒吗?不会同我一样吧?你不像是靠乞讨为生的。我也不是。一个月前,我还赶着全市最棒的两匹佩尔什栗色马,飞奔在百老汇路上,每英里只要两分八五秒。瞧我现在这副模样!喂,你怎么会到这个捐品拍卖会过夜铺位柜台来的?"

另一个年轻人似乎欢迎前马车夫同他套近乎。

"不,"他说,"我倒不是酒的问题,除非我们把丘比特当做酒吧侍者。不理解我的亲友们认为我的婚姻是不明智的。我失业了一年,因为我不会干活;我病了,在贝尔维尤公立医院和别的医院住了四个月。我的妻子和孩子不得不回娘家去住。昨天医院把我赶了出来。我身无分文。这就是我的倒霉身世。"

"真不幸,"托马斯说,"光棍一人好歹能凑合过去。我不愿意看到女人小孩跟着受罪。"

这时候,五马路上风驰电掣地开来一辆红色的豪华汽车,行驶之快全然不顾速度限制,引起了那些没精打采的排队人的注意。汽车左侧带了一个备用轮胎。

汽车经过那些不幸的人对面时,备用轮胎的栓扣松动,轮胎突然脱落,掉在马路上,弹跳了几下,在飞驰的汽车后面滚动起来。

托马斯·麦奎德意识到这是一个机会,他从牧师的羊群中窜了出去。不出三十秒,他抓到了那个滚动的轮胎,把它拊在肩上,跟在汽车后面一路小跑。马路两边的人们喊叫、吹口哨、朝红汽车挥舞手杖、指着那个挎着轮胎追赶汽车的托马斯。

托马斯心想,那个坐汽车的阔佬至少会给他一元钱,酬谢他如此卖力的服务。

汽车过了两个街口后才停下。开车的是一个戴围巾的、瘦小的棕色司机;坐在后排的是个穿着昂贵的貂皮大衣的、气宇不凡的绅士。

当过马车夫的托马斯彬彬有礼地交还了捡到的轮胎,他的布满血丝的眼睛里比较白亮的部分露出指望得到一两枚甚至更多的银币的神情。

但是那种神情没有得到应有的理解。穿貂皮大衣的绅士接过轮胎,把它放在车里,盯着托马斯看了一会儿,自言自语地说了一些莫名其妙的话。

"奇怪——奇怪!"他说,"有几次连我自己都认为伽勒底扶乩术是灵验的。难道果真如此吗?"

接着,他用不太神秘的语言对满怀希望等在一旁的托马斯说:

"先生,谢谢你好心抢救了我的轮胎。恕我冒昧问你一件事。你知道住在华盛顿广场北面的范·斯迈思家吗?"

"我怎么不知道呢?"托马斯回说,"我以前住在那里。真希望现在也一样。"

穿貂皮大衣的绅士打开车门。

"请上车吧,"他说,"正盼着你呢。"

托马斯·麦奎德吃惊地、然而毫不迟疑地听从了。坐在汽车里似乎比站在外面排队好。但是他盖好膝毯,汽车重新上路后,他心里却开始琢磨这次奇特的邀请。

"也许这个人身边没有零钱,"他判断说,"那种乱花钱的阔佬身边往往不带现钱。也许他到了一个能弄到现钱的地方就打发我走。不管怎么说,今晚我躲开了那个露天铺位大会。"

神秘的汽车客裹在大衣里似乎也为生活中的意外事情感到惊异。"不可思议!惊人!奇怪!"他不断自言自语。

汽车到了横贯全市的七十几街时,朝东拐弯,开了半个街区,在一排褐色面墙的房屋前停下。

"请随我到我家去吧,"他们下车后,穿貂皮大衣的绅士说。"他肯定要给钱了。"托马斯暗忖着,跟他进了屋。

门厅里灯光暗淡。主人带他进了右边的一扇房门,随手把门关好,周围顿时一片黑暗。宽敞的房间中央突然亮起一个奇特的发光的圆球,托马斯借它微弱的光线,发现房间布置豪华,是他在舞台上或者童话故事里见所未见的。

挂在墙上的华丽的红帷幕上有金线绣的各种奇妙图形。房间底端暗金色的门帘有闪闪发亮的月亮和星形银饰。家具富丽堂皇,世上罕见。前马车夫的脚踩上羊毛地毯时仿佛陷进了松软的雪堆。三四个形状古怪的架子或者桌子上面铺着黑丝绒布。

托马斯·麦奎德一只眼睛打量着这个宫殿似的房间,另一只眼睛想看看带他进来的主人——发现他已经不见了。

"天哪!"托马斯喃喃说,"简直像是幻景。准是书上说的摩拉维亚夜谭。不知那个穿皮大衣的人上哪儿去了。"

发光圆球旁边的乌木架子上,一个剥制的猫头鹰忽然缓缓展开翅膀,眼里射出强烈的电灯光。

托马斯吓得骂了一声,抓起身边柜子上一个青铜的青春女神塑像,使劲朝那个可怕的恶鸟扔去。猫头鹰连同架子哗啦啦倒在地上,紧接着听到卡嗒一声,墙壁和天花板上十几个磨砂灯泡齐刷刷地亮了起来,把房间照得通明。暗金色的门帘撩开又落下,神秘的汽车客走了进来。他个子很高,穿着一套剪裁合身、式样高雅的夜礼服。两撇范戴克式的胡子闪着金黄色的光泽,波浪形的长头发整齐地从当中分开,一双莫测高深的东方型的大眼睛似乎具有催眠的力量,令人肃然起敬,印象深刻。如果你能设想出俄罗斯大公在印度邦主的正式觐见室里走下宝座,欢迎来访的皇帝时的模样,你对他的威严气派多少就有点概念了。但是托马斯·麦奎德长期酗酒造成的震颤性谵妄,使他顾不上礼数了。他望着这位奢华优雅、有点吓人的主人时,隐隐约约联想到牙医师。

"嗨,大夫,"他没好气地说,"你养的鸟够厉害的。但愿我没有打坏什么东西。它朝我亮起三十二支光的灯泡时,吓得我几乎灵魂出窍。我用餐具柜上那个小青铜熨斗大楼的姑娘给它拍了一张快照。"

"那只不过是个机械玩具,"绅士摆摆手说,"在我向你解释我为什么把你带回家里来时,好不好请你坐下?你或许不会理解,也不赞成促使我这样做的心理暗示。因此我开门见山,从你承认你知道华盛顿广场北面的范·斯迈思家的那件事说起。"

"是不是银器被盗?"托马斯尖刻地问道,"还是珠宝失窃?我当然知道他们。是不是老夫人丢了遮阳伞?我确实知道他们。然后呢?"

大公搓搓他那双白皙的手。

"不可思议!"他喃喃说,"不可思议!难道连我自己都相信伽勒底扶乩术了吗?我向你保证,"他接着说,"你没有什么可以害怕的。相反的是,我要告诉你,你会有意想不到的好运气。我们等着瞧吧。"

"他们要我回去吗?"托马斯问道,声音里带着旧时的职业自豪感,"假如他们让我回去,我可以承诺把酒戒掉,从此规规矩矩。你是怎么知道的,大夫?天哪,你这里是我见到的最小的职业介绍所了,还有带闪光灯的猫头鹰等等。"

优雅的主人宽容地笑笑,说是要失陪一会儿。他到外面人行道上,向那个还等着的司机交代了几句话,然后回到神秘的房间里,在客人身边坐下,开始攀谈,他的谈话风趣亲切,以致那个刚才还在排队等候过夜铺位的可怜虫几乎忘了外面寒冷的街道。仆人端来一些冷禽肉、花色面包和一杯极好的葡萄酒;托马斯觉得自己仿佛沉浸在阿拉伯魔力世界。半小时飞快地过去了,门外突然响起回来的汽车的喇叭声,大公起身,说是再要失陪一下。

房子的主人在大门口迎来两个穿戴得很暖和的女人,带她们穿过门廊,从左面的房门进了一个较小的房间,小房间同宽敞的前房有厚厚的双层门帘相隔。这里的家具更为漂亮雅致。一张嵌金丝花纹的黄檀木桌子上放着几张白纸和一件带小辘轳的、古怪的三角形的仪器或者玩具,显然是金子打的。

身材较高的女人揭开黑面纱,解开大衣。她年纪五十左右,一脸愁容和皱纹。另一个女人年纪较轻,比较丰满,像仆人或者陪从那样,在稍后稍远一些的椅子上就座。

"凯鲁布斯科教授,你派人请我来,"年长的女人厌烦地说,"希望你有比平时更明确一点的消息告诉我。我对你法术的信心本来就不大,现在几乎丧失殆尽。假如不是妹妹坚持要我来的话,今晚我不想来了。"

"夫人,"教授露出他最有亲王风度的微笑说,"真正的法术是不可能失败的。行使心灵特异功能有时候耗费时间。我承认,我们以前用纸牌、水晶球、观看星象、扎拉辛魔咒、卜卦都没有成功。但是我们最终找到了心灵特异功能的途径。伽勒底扶乩在我们的探索过程中奏了效。"

教授的声调似乎表明他确实相信自己说的话。年长的女人瞅着他,稍稍有点兴趣。

"我扶乩画出来的字根本没有意义,"夫人说,"你凭什么说奏效?"

"扶乩画出来的，"凯鲁布斯科教授站直身子说，"是这几个字：'他将驾着马车的第五个车轮来到。'"

"我见过的马车多了，"夫人说，"可从没有见过五个轮子的。"

"进步，"教授说，"科学和机械学的进步使它有了可能——说得更确切一些，第五个车轮是个备用轮胎。巫术方面也有了相应的进步。夫人，我重复一遍，伽勒底扶乩已经成功。我非但能够回答你提出的问题，而且能够让你亲眼看到证据。"

夫人的怀疑和宁静都被打乱了。

"哦，教授！"她焦急地喊了起来——"什么时候？什么地方？找到他没有？快告诉我。"

"我出去一下，"凯鲁布斯科教授说，"我想马上可以向你们证明真正法术的灵验。"

魔术师突然出现在托马斯身边时，他正心满意足地在吃最后的一点面包和冷肉。

"假如你能受到欢迎和优待的话，你愿意回老地方去吗？"他殷勤地微笑着问道。

"你看我像不像是神经有病的人？"托马斯回答说，"我已经吃足了流浪生活的苦头。可是他们还要我吗？老太太脾气倔得很，像新斧子上的螺丝那样拧不动。"

"亲爱的年轻人，"教授说，"她在到处找你呢。"

"太好啦！"托马斯说，"我干。他们称之为马的那两匹害水肿病的骆驼，叫我这样一流的车夫也觉得头痛，不过我仍旧可以接受那份工作，大夫。他们还算是可以相处的好人。"

巴格达的哈里发愉快的脸色突然起了变化。他怀疑地盯着前马车夫。

"请问你叫什么名字？"他问道。

"你在找我，"托马斯说，"难道不知道我的名字？你这个侦探

毫不通融

真有意思。你大概是总局的警察吧。当然,我叫托马斯·麦奎德,范·斯迈思家的那两头大象由我赶了一年。一个月前,他们开除了我——原因也不必说了,大夫,你看到我是怎么对付你的猫头鹰的。我酗酒堕落,我看见你车子上的轮胎掉下来时,正在华盛顿纪念碑前那群无家可归的人中间排队等候免费的过夜铺位。我回答了所有的问题,最佳答案有什么奖品?"

使托马斯大吃一惊的是,教授二话不说,揪住他的衣领,把他拖到大门口,用那只了不起的阿拉伯鞋子狠狠地把他踢下台阶,彻底打破了他的幻想,使他颜面扫地。

前马车夫爬起来,脑子清醒一些后,赶快朝百老汇路跑去。

"神经病,"他判断那个神秘的汽车客说,"我想他喜欢踢人作乐。不管怎么说,他至少应该给一块钱呀。我得赶快回去排队,否则那些等铺位的人都被牧师训得睡着了。"

托马斯走了两英里路,到达目的地时,发现等铺位的队伍只剩下八九个人。他重新排队,站到左边一行的末尾。他前面是那个同他谈起生病住院,提过妻子小孩的年轻人。

"看见你回来真难过,"年轻人转身对他说,"我以为你碰上好事,不用排队了呢。"

"我吗?"托马斯说,"哦,我只是跑了一圈,暖暖身子!看来今晚捐款的人不太踊跃。"

"遇到这种天气,"年轻人说,"仁慈也钻了谚语的空子,从自家开始,在自家结束①。"

这时候,牧师和他的助手开始唱最后一首赞美诗,恳求上帝和世人。等候铺位的队伍中间,气管温度仍在三十二度②以上的人

---

① 英文谚语有"仁慈从自家开始"之说。
② 美国日常生活中至今仍沿用华氏温度计量,用 F 表示,纯净水的冰点为华氏 32℉,相当于摄氏 0℃;人的正常体温为华氏 98.6℉,相当于摄氏 37℃。

不存希望地、不合调子地跟着唱起来。

唱到第二句时,托马斯看到一个壮实的姑娘冒着风从对面的人行道朝他奔来。"安妮!"他大声喊着也朝她奔去。

"你真傻,真傻!"姑娘搂住他的脖子,又哭又笑地嚷着,"你干吗要这样?"

"酒,"托马斯简单地解释说,"你知道。但是以后不喝了。滴酒不沾了。"他带她走到人行道边。"你怎么会看见我的?"

"我是特地来找你的,"安妮挨紧着他说,"你真是个大傻瓜!凯鲁布斯科教授告诉我们,可能在这里找到你。"

"凯什么教授,我不认识这个人。他在哪一家酒吧干活?"

"他是个算命看相的,托马斯,世界一流。他说他凭伽勒底望远镜看到了你。"

"他撒谎,"托马斯说,"我根本没有望远镜。他也从没有看见我用任何人的望远镜。"

"他还说你是同马车的第五个轮子一起来的。"

"安妮,"托马斯恳切地说,"你说的车轮把我搞糊涂了。假如我有马车的话,我早就在车里睡觉了。何必唱赞美诗、听说教。"

"听我说,你这个大傻瓜。太太说可以让你回去。是我求她的。但是你必须规规矩矩。今晚你就可以去,你在马厩楼上的老房间已经打扫干净了。"

"太好啦!"托马斯真挚地说,"你真好,安妮。这些好事是什么时候开始的?"

"今天晚上,在凯鲁布斯科教授家里。他派汽车来接太太,太太带我一起去的。以前我也陪太太去过。"

"教授是干什么的?"

"看相算命,还会巫术。太太常去请教他。他什么都知道。太太付了他好几百块钱,可是他还没有解决太太的问题。不过他说凭星象知道,我们在这里可以找到你。"

"老太太要这个家伙干什么事?"

"那是家庭隐私,"安妮说,"你问得太多了。回家去吧,你这个大傻瓜。"

他们离开了排队的地方,但是没走多远,托马斯又停下来。

"你身上有钱吗,安妮?"他问道。

安妮严厉地看着他。

"哦,我明白你的意思,"托马斯说,"你错了。我再也不喝酒了。不过刚才和我一起排队的人中间有个人情形不太好。他是正派人,有妻子孩子,还有病。如果你能给他半元钱,让他今夜睡上一张像样的床铺,我会感谢你的。"

安妮开始掏钱包。

"我身上有钱,"她说,"不少钱。十二块呢。"但她带着女人根深蒂固的、对别人借口做好事诓钱的猜疑又说:"把他带到这里来,让我先看看。"

托马斯按照她的吩咐去了。那个病弱的排队人很快来到。他们两人走近时,在掏钱的安妮抬起头看看,尖叫了起来:

"沃尔特先生——哦——沃尔特先生!"

"是你吗,安妮?"年轻人有气无力地说。

"哦,沃尔特先生!——太太在到处找你呢!"

"妈妈想见我吗?"他苍白的脸上泛起红晕说。

"她在到处找你。当然想见你。她要你回家。她去过警察局、停尸所,去找过律师、侦探,刊登过悬赏寻人广告,什么办法都试过了。后来又找星相术士。你是不是马上回家,沃尔特先生?"

"她要我回去的话,我很愿意,"年轻人说,"三年的时间可不短啊。我想我只得步行了,除非电车可以免费搭乘。以前我身体好的时候,步行起来比那两匹拉车的老马还快。两匹栗色马还在吗?"

"还在,"托马斯激动地说,"再过十年也会在的。那两匹大象似的马寿命准会有一百四十九年。我是马车夫。五分钟前重新上岗的。现在我们乘电车吧——呃——如果安妮买车票的话。"

在百老汇路的电车上,安妮分别给了两个浪子五分钱,让他们买票。

"你出手真大方。"托马斯讥刺地说。

"钱包里不多不少还有十一元八十五分,"安妮说,"明天我全给凯鲁布斯科教授,世界上最伟大的人。"

"呃,"托马斯说,"看来他是个能干的侦探。他能告诉你在什么地方找我,我很高兴。如果你把他的地址告诉我,我改天去看看他。"

托马斯在电车座位上挪动一下,膝盖和肘子上的擦伤使他若有所思。

"喂,安妮,"他悄悄地说,"也许是最后一次的醉酒幻觉,可是我隐隐约约记得,我同一个阔佬一起坐汽车,到了一个满是老鹰和弧光灯的屋子里。他请我吃了面包和酒,然后把我从台阶上踢下来。如果说是震颤性谵妄的话,为什么我身上这么痛?"

"闭嘴,你这个傻瓜。"安妮说。

"如果我找到那家伙住的地方,"托马斯最后说,"改天我要去那儿,给他的鼻子来上一拳。"

诗人和乡巴佬

我有一位诗人朋友住在乡下,同大自然密切交流了一辈子,有次写了一首诗,拿去见编辑。

那是一首生动的田园诗,洋溢着真正的泥土气息、禽鸟的歌唱、小溪潺潺的流水声。

诗人怀着能拿到稿费,吃上一顿牛排大餐的希望,再去见编辑,问问是否采用时,编辑把诗稿退还给他,评论说:

"太不自然了。"

我们几个聚在一起,喝着红葡萄酒,用叉子卷起滑溜的意大利面条,连同愤怒吞下肚去。

我们商量下来,决定为那位编辑设一个陷阱。和我们一起的还有已经成名的小说家柯南特,他一生住在大城市里,除了坐在特快火车上嫌恶地望望窗外,从未见过田园风光。

柯南特写了一首诗,用"母鹿和小溪"作为标题。一看内容就知道诗人同牧羊女的徜徉最远只到过花店的橱窗,诗人有关鸟类学的知识全部是同酒吧侍者闲聊时得来的。柯南特在这首诗的末尾署上自己的名字,我们把它交给同一位编辑。

这番话同故事本身没有什么关系。

第二天早晨,正当编辑开始审读这首诗的时候,有个人从西岸轮渡码头出来,大步走上第四十二街。

新来的是个年轻人,浅蓝色的眼睛,下垂的嘴角,头发的颜色同布兰尼先生一个剧本里的小孤儿一模一样(后来发现她是伯爵的女儿)。他穿着灯芯绒裤子,一条裤腿塞在靴子里面,短袖上衣后背还有纽扣。他头上的一顶草帽破旧不堪,使人怀疑以前是不是给牲口戴过,上面是不是有让骡马耳朵伸出来的窟窿。他的手提箱简直无法形容,波士顿人绝对不会用这种箱子带午餐盒和法律书去写字间的。他一个耳朵上面的头发沾着干草屑——乡巴佬的信用证、天真汉的徽章、伊甸园残留下来羞辱懒人的最后痕迹。

城里人带着心照不宣的微笑在他身边走过。当他们看到这个乡里乡气的外地人站在阳沟旁,伸着脖子张望高大的建筑时,便收敛了笑容,甚至朝他望望。这种情形太普通了。有几个人瞅着他的手提箱,琢磨他葫芦里卖的是什么药,是宣传康奈岛游乐场的什么新玩意儿,或者推销什么牌子的口香糖。然而大多数人根本不加理会。当他像马戏团小丑似的躲开来往的车辆时,连报童都露出腻烦的样子。

"邦戈·哈里"站在八马路上,他的胡子染了色,明亮的眼睛透着和善。哈里是个优秀的艺人,看到同行表演过火总觉得别扭。这时,乡下人张着嘴在看一家珠宝首饰商店的橱窗,哈里慢慢挤到他身边,摇摇头。

"过分了,朋友,"他批评说——"太过分了。我不知道你演的是什么角色,但是你的服装道具过了头。至于那些干草屑——即使普罗克特①马戏团现在也不用那种玩意儿了。"

"我不明白你的意思,先生,"那个天真汉说,"我不找什么马戏团。我刚从厄尔斯特县来城里观光观光,收干草的季节过后有点空闲。哎呀!这个城真够大的。我原以为波基普西②已经了不

---

① 普罗克特(Procter)是美国19世纪创立的一家经营肥皂蜡烛的公司,善于做广告,后与甘布尔(Gamble)公司合并,成为世界最大的专营洗涤剂类产品的企业,即P&G(普鲁克特-甘布尔公司)。
② 波基普西,纽约州东南部城市,当时人口三万左右。

起了,可是这个城要大出五倍。"

"好吧,""邦戈·哈里"扬起眉毛说,"我不想多嘴。你也不必告诉我。我认为你应该稍稍收敛一点,所以给你提个醒儿。不管你演什么,祝你成功。不管怎么说,我们去喝杯酒吧。"

"我可以喝杯淡啤酒。"对方同意说。

他们进了一家面孔光洁、目光诡诈的人常去的酒馆,坐下来各自要了酒。

"我碰到你很高兴,先生,"海洛克斯[①]说,"你想不想玩七点的纸牌戏?我有牌。"

他从洪荒时代诺亚的手提箱里找出一副纸牌——沾满晚餐咸肉的油腻和玉米地泥土的脏兮兮的罕见的纸牌。

"邦戈·哈里"哈哈大笑。

"我可不玩,哥们,"他坚决地说,"我一点也不反对你的化妆。但是我还是要说你搞得过火了。一八七九年以后,连鲁勃剧团都不这么打扮了。凭你这副模样,在纽约布鲁克林恐怕连一块老怀表都骗不到。"

"你别以为我没有钱。"海洛克斯说。他拿出一捆卷得紧紧的、有茶杯口那么粗细的钞票放在桌上。

"这是我奶奶卖掉农场分给我的一份钱,"他宣布说,"一共是九百五十元。我进城来看看有什么买卖可做。"

"邦戈·哈里"拿起那卷钞票看看,笑眯眯的眼睛里几乎露出尊敬。

"我见过印刷得更粗糙的,"他评论说,"你这身衣服是行不通的。你想把那种假钞用出去,应该穿淡黄色的皮鞋,黑衣服,戴一顶彩色帽箍的草帽,多谈谈匹兹堡和运费差价,早餐时喝白葡

[①] 海洛克斯,原文 Haylocks 意为"沾有干草的头发"。

萄酒。"

"他是哪一路的?"海洛克斯收起他那些遭到非难的钞票离开后,两三个目光诡诈的人问"邦戈·哈里"。

"我想大概脑子有病,"哈里说,"或者是杰罗姆手下的。再不然就是玩什么新骗局的人。他太像乡巴佬了。我现在觉得他的——哦,不,不可能是真的钞票。"

海洛克斯继续走去。他也许又觉得口渴了,因为他走进小街上一家幽暗的小酒馆,买了啤酒。几个耗在酒吧一头的面相凶恶的人初见到他时眼睛一亮;随后当他夸张的乡土气显得过于频繁时,那些人的表情变成了警惕和猜疑。

海洛克斯拎起手提箱,放在酒吧上。

"请替我看管一下,先生。"他咬着一支棕黄色的雪茄头说。

"我溜达一会儿再来。你要看好箱子,里面有九百五十块钱,尽管你看我模样不像是有那么多钱的人。"

外面什么地方的留声机在放一张乐队音乐的唱片,海洛克斯循声而去,他上衣后摆的纽扣噗噗地脱落下来。

"咱们把它分了,麦克。"酒吧前耗着不走的人互相使眼色说。

"嗨,"酒吧侍者把手提箱踢到一边,"你们不至于认为我会动心吧?谁都看得出来他不是呆鸟。我猜大概是麦卡杜的诱捕队的人。他不乔装才怪呢。全国各地哪里还有他这种打扮的人。如果箱子里有九五零的话,准是一只停在九点五十分的只值九十八分的沃特伯里牌闹钟。"

海洛克斯充分享受了爱迪生先生①提供的娱乐,回来取了箱子。他继续在百老汇路上闲逛,浅蓝色的眼睛急切地东张西望。

---

① 爱迪生(1847—1931),美国发明家,拥有一千多项专利,包括白炽电灯、扬声器、留声机、有声电影等;此处指留声机。

行人纷纷向他投去不屑的眼光和讥刺的微笑。他是纽约不得不容忍的最老式的乡巴佬了。他那种土得要掉渣的模样夸张得难以想象,超出了谷仓、打草场和滑稽笑剧舞台上的产物,只能招来厌烦和怀疑。他头发上的草屑如此真实新鲜,充满了田野气息,以致摆仙人摘豆摊子骗钱的人看到他也都收起豆子,折好桌子,赶紧走人。

海洛克斯坐在石阶上,再次从手提箱里取出那卷钞票。他剥下最外面的二十元面额的一张,招呼一个报童过来。

"小子,"他说,"去替我把这张钞票兑开。我身边缺零钱。你跑得快些,我可以给你五分镍币。"

报童脏兮兮的脸上透出不高兴。

"嘿,你想得美!你自己去兑那张假钞票吧。你身上的衣服根本不是乡下货色。别拿道具钞票来打哈哈啦。"

街角上有个替赌场拉客的、眼光锐利的托儿。他看到海洛克斯,脸色突然变得冷漠善良。

"先生,"乡下来的人说,"听人说这个城市里有下注赌输赢的拳击比赛或者押宝的纸牌赌博。我从老厄尔斯特来这里开开眼界,这只手提箱里有九百五十块钱。你知道哪里有下十块、八块的赌注玩一把的地方?我想试试手气,然后盘下一个场子自己干。"

那个托儿显出痛苦的样子,假装察看自己左手食指指甲上的一块白斑。

"得啦,老兄,"他责备似的说,"总局派你出来打前站真是白痴。你这身打扮老掉了牙,在两个街区里连掷色子的街头赌博都休想找到。你走吧。我不知道哪里有赌场。"

海洛克斯又一次遭到善于识辨虚假的大城市的排斥,便在马路牙子上坐下来,开始琢磨。

"准是我这身衣服的关系,"他暗忖道,"他们以为我是个乡巴佬,不愿意同我打交道。在厄尔斯特县,谁都不会笑话这顶草帽。我想在纽约你要人们看得起的话,你的打扮就得同他们一样。"

于是,海洛克斯去百货公司采购,售货员在旁边搓着手,说话低声细气,用皮尺替他量胸围身长,发觉他钱包特鼓,显得更是殷勤。送货的小厮捧着大包小裹络绎来到他下榻的百老汇路上的酒店。

晚上九点钟,酒店里出来一个厄尔斯特县发誓都不认识的人。淡黄色的皮鞋,式样最新颖的帽子。浅灰色的裤子熨得笔挺,潇洒的英国式的散步服装胸袋里露出一块青灰色的丝手帕。他的硬领会使洗衣作坊的橱窗生光;他的金黄色的头发修剪短了,沾在上面的干草屑早已不知去向。

他像花花公子似的,光彩照人地站了一会儿,琢磨着去哪里寻找晚间的娱乐。然后,他迈着百万富翁的优雅的步子,朝那条亮同白昼的欢乐的街道走去。

正在他停歇的那一刻,城里最精明的眼睛已经把他圈进了视野。一个灰眼睛的大汉朝酒店门口的闲人中间他的两个朋友扬扬眉毛,招呼他们过来。

"这是我六个月来看到的油水最多的花花公子,"灰眼睛的大汉说,"跟我来。"

十一点半,一个人慌慌张张跑到西四十七街警察局报告,说他遭人劫了。

"九百五十块钱,"他上气不接下气地说,"我奶奶卖掉农场分给我的那笔钱全给抢走了。"

值班警官问出他的姓名是杰贝兹·布尔顿,住址是厄尔斯特县蚱蜢村,然后开始记录那些歹人的相貌特征。

科南特去见编辑,打听他那首诗的处理结果时,立刻给引进摆着罗丹和 J.G. 布朗塑像的小办公室。

"我读了'母鹿和小溪'的第一行,"编辑说,"马上就知道作者一生都在同大自然进行心与心的交流。诗句的完美艺术形式掩盖不了那个事实。用一个朴素的比喻来说,正好像自由奔放的山林之子穿了时髦的衣服走在百老汇路上。服饰下面仍可以看出诗人的本色。"

"谢谢,"科南特说,"我想稿酬支票仍像往常那样星期四寄来吧。"

这篇故事的寓意有点混淆。你可以在"守在农场里别进城"和"千万不要写诗歌"两者之间做出选择。

安宁的长袍

大城市里神秘的事情接踵而来，相隔时间如此之短，以致报刊的读者和约翰尼·贝尔钱伯斯的朋友们不再为他一年前无法解释的突然失踪感到诧异了。如今这一神秘事件的真相已经大白，但是一般人都觉得不可思议，只有少数同贝尔钱伯斯关系密切的人才完全相信。

众所周知，约翰尼·贝尔钱伯斯属于社会名流的精英阶层。他从不像时髦人物那样用标新立异的方式来炫耀财富，然而凡是能为他的崇高的社会地位增光的事情都有他的一份。

他在服饰方面尤其特出。模仿他的人在这一点上都枉费心机。他永远打扮得大方得体，各式各样的衣服不计其数，被公认是纽约，因此也是美国衣着最讲究的人。纽约的裁缝能替贝尔钱伯斯做衣服都感到莫大的荣幸，即使分文不取也心甘情愿。穿在他身上的衣服就是花了钱也做不到的广告。他特别看重裤子，要求一丝不苟，宁肯穿打补丁的，也不愿穿起皱的。他家里雇了专人，整天替他熨熨烫烫。朋友们说他的衣服最多穿三小时后就非换不可。

贝尔钱伯斯消失得十分突然。朋友们最初并不惊慌，三天后，他们开始采取通常的探询方法，但毫无头绪。他没有留下任何痕迹。接着查找动机，也不得要领。他没有仇人，没有欠债，没有绯闻。他的银行账户里有几千元余额。他从来没有显出精神反常的倾向,事实上,他的性格特别安详平和。寻找失踪者的各种手段都用上了,但白费气力。近年来,失踪的案例日益增多,人们会像蜡烛似的熄灭,连一缕青烟都不留下。

五月间,贝尔钱伯斯的两个老朋友,汤姆·埃尔斯和兰斯洛特·吉列姆,去了一次欧洲。他们在意大利和瑞士游山玩水期间,偶尔听说瑞士境内的阿尔卑斯山上有个值得一去的修道院。修道院坐落在特别险峻的悬岩上,一般观光客难以登临。那里有三件罕为人知、但十分引人的东西,一是修士们酿造的美妙绝伦的甜酒,据说品质远远胜过本尼迪克特教团和沙特勒兹修道院的产品。二是一口浇铸得十分高明的、有三百年历史的青铜大钟。最后,据说那里从没有英国人到过。埃尔斯和吉列姆认为应该亲身核实一下这三件传闻。

他们在两个向导的帮助下,花了两天功夫,才到圣贡德劳修道院。修道院矗立在寒冷多风的悬岩上,周围全是险恶的、深可没膝的积雪。负责接待为数不多的游客的修士热情地招待他们。他们喝了修道院自酿的名贵甜酒,发现确实回味无穷,提神醒脑。他们听了那口余音袅袅不绝的大钟,负责接待的那个修士说,英国人的足迹虽然遍及世界上几乎所有的角落,他们两位却是踏进这些灰色院墙的首批说英语的游客。

下午三点钟,两个年轻的纽约人和克里斯托夫修士站在修道院寒冷的过道上看修士们排队进入饭厅。修士们两人一排,低着头,缓缓行进,脚下的草鞋踩在粗糙的石板地上没有什么声息。队伍款段经过时,埃尔斯突然抓住吉列姆的胳臂。"快看,"他急切地低声说,"那个已经走到面前的靠你这边的人,手放在腰上的那个——如果不是约翰尼·贝尔钱伯斯才怪呢!"

吉列姆看见并且认出了那个失踪的时尚的典范。

"老贝尔在这里搞什么鬼名堂?"他惊奇地说,"汤米,不可能是他！从没听说贝尔有宗教倾向。事实上，他的领结打得不合心意时，我只听到他骂娘，没有听过他赌神罚咒。"

"是贝尔，不会错，"埃尔斯斩钉截铁地说，"不然我需要找眼科大夫了。可是约翰尼·贝尔钱伯斯，时髦衣服的皇家大法官和社交界的泰斗，怎么会冷藏在这里，穿着黄褐色的浴衣忏悔呢！我真弄不明白。我们问问接待我们的那个老好人吧。"

他们向克里斯托夫修士打听。这时候，修士们已经进了饭厅。克里斯托夫不清楚他们问的是谁。贝尔钱伯斯？圣贡德劳的修士们立誓出家时，都舍弃了世俗的姓名。两位先生想找哪个修士谈话吗？如果他们去饭厅指点他们想找的人，尊敬的院长一定会允许的。

埃尔斯和吉列姆去了饭厅，向克里斯托夫修士指出他们看到的人。是啊，是约翰尼·贝尔钱伯斯。他们现在看清了他的面孔，他坐在那些灰不溜秋的修士中间，低着头，用一个褐色的粗陶碗在喝清汤。

修道院院长同意两位游客和修士交谈，他们便在会客室里等待。那个穿草鞋的修士悄悄进来时，埃尔斯和吉列姆困惑而吃惊地看着他。他确实是约翰尼·贝尔钱伯斯，可是模样完全变了。他的刮得很光洁的脸上有一种不可名状的安宁，一种达到至福境界的欣喜。他气宇轩昂，眼睛含着安详超脱的光芒。他的穿着仍像以前在纽约那么整洁，但又有多么大的差别！他现在只穿一件衣服——一条褐色粗布长袍，腰间用绳子束住，宽松的褶皱几乎垂到脚背。他仍像以前那样潇洒优雅地同来客握手。如果说那次会晤中有谁显得窘迫的话，窘迫的绝对不是约翰尼·贝尔钱伯斯。会客室里没有椅子；他们站着谈话。

"见到你很高兴，老兄，"埃尔斯有点笨拙地说，"没想到居然在这里见到你。这个主意不坏。不管怎么说，人生本来就是镜花水月。抛开叫人眼花缭乱的繁华世界,隐退下来过过——呃——冥想和——呃——默祷和唱诗之类的生活,确实是一大解脱。"

"嘿,少来那一套,汤米,"贝尔钱伯斯愉快地说,"别担心,我不会向你们托钵募捐的。我和那些老伙计搞的一套都是清规戒律。你们知道,我在这里的名字是安布罗斯修士。我只能同你们谈十分钟话。吉列姆,你穿的坎肩式样相当新颖,不是吗?百老汇路现在是不是流行这种款式?"

"还是那个老约翰尼,"吉列姆高兴地说,"你究竟——我是说你为什么——哦,真该死!你干吗这么做,老兄?"

"剥掉这件浴衣,"埃尔斯几乎含泪恳求说,"和我们一起回去吧。老朋友们见到你会高兴得发狂。你不是那种看破红尘的人,贝尔。你莫名其妙地甩掉我们后,我知道至少有五六个姑娘为你憔悴。你打个辞职报告,申请豁免,该做什么就做什么,赶紧离开这个制冰厂吧。你在这里会得感冒的,约翰尼——天哪!你连袜子都没有!"

贝尔钱伯斯低头看看自己脚上的草鞋,淡淡一笑。

"你们不明白,"他宽慰他们说,"你们要我回去是一片好意,可是我再也不会过以前的生活了。我在这里达到了我向往的全部目标。我感到非常幸福满足。我会在这里终老。你们看到我穿的长袍吗?"贝尔钱伯斯深情地抚摸着那件直笼统的袍子:"我终于找到膝盖部位不会鼓起来的服装。我达到了——"

这时候,那口大铜钟的隆隆声在整个修道院上空回荡起来。准是召唤大家马上去祈祷,安布罗斯修士二话不说,立刻低下头,转过身,离开了会客室。他走过门廊的石板地时,略微挥挥手,似乎同老朋友告别。他们离开了修道院,再也没有见到他。

这就是汤姆・埃尔斯和兰斯洛特・吉列姆最近从欧洲旅游带回来的故事。

姑娘和骗局

有一天,我碰到了老朋友弗格森·波格。波格是个高档的敬业的骗子。西半球是他的总部,他经营的项目包罗万象,从倒卖落基山脉东部大草原的市政用地,直到在康涅狄格州推销木制玩具,那种玩具是把肉豆蔻果的粉末用水压机压制成型的。

波格捞了一大笔钱后,有时候来纽约略事休息。他说有酒、面包和美人相伴的在荒野里的日子①过得太累,太没有意思,正如塔夫脱总统②在康奈岛游乐场坐大起大落的过山车似的。波格说:"我喜欢在大城市里休假,特别是纽约。我不太喜欢纽约人,曼哈顿③大概是全世界惟一找不到纽约人的地方。"

波格在纽约逗留期间,有两个地方必定可以找到他。一个是四马路上一家小旧书店,他经常在那里浏览他喜爱的伊斯兰教和动物标本剥制技术的书籍。我是在另一个地方——第十八街一间过道隔出来的卧室里——找到他的,他没穿鞋,光着袜子坐在那里,用一把小齐特拉琴弹奏"沃巴什河岸"。这首曲子他练了四年,仍不入调,即使用最长的钓鱼线还够不着河水。梳妆台上放着一把四五口径的蓝钢左轮手枪和一卷十元、二十元面额的钞票,数

---

① 这里引用了波斯诗人莪默·海亚姆《鲁拜集》中的诗句。
② 塔夫脱(1857—1930),美国第二十七任总统,1913年连任竞选失败。
③ 曼哈顿是纽约市的一个区,华尔街、百老汇路、鲍里街、格林威治村、哈莱姆等均在此,曼哈顿常用以象征整个纽约。

额之多好像是属于那些讲春天响尾蛇故事的牛仔。想打扫房间的女仆在过道里徘徊,既不敢进来又不敢跑开,因为波格光穿袜子的脚使她反感,左轮手枪使她惊吓,大都市的本能又使她无法远离那卷黄绿色钞票的魔法似的影响。

我坐在弗格森·波格的衣箱上听他说话。他的谈话比谁都坦率。同他的表达方式相比,亨利·詹姆斯①一个月大时要吃奶的哭声都像是扶乩的乱画符。他自豪地把他那一行的小故事讲给我听,因为他认为那是艺术。我好奇之余,问他是否有妇女从事他这一行。

"女士吗?"波格带着西部人对妇女的尊重说,"呃,她们算不上什么。她们在特殊的骗局方面成不了气候,因为她们太受一般骗局的困扰了。什么?她们不得不这样。世界上有钱的是谁?男人。你几时见过男人会轻易给女人一块钱?男人可以大大方方、不计回报地把他的钱给另一个男人。但是当他往夏娃夫人的女儿协会设置的自动售货机里投进一枚硬币,拉一下控制杆,而没有菠萝口香糖掉出来时,你在四个街口之外都可以听到他踢售货机的声响。女人最难对付的就是男人。他仿佛是低品位的矿石,女人要花大气力才有效益。她们多半受了蒙骗,买下了以次充好的矿点。她们没有条件购置粉碎机和昂贵的机械,不得不把现有的矿石加以淘选,弄痛了她们娇嫩的手。有些是天然的流矿槽,每吨能淘出一千元的精矿。欲哭无泪的女人只得依靠署名的信件、假发、怜悯、皮鞭、烹调本领、动之以情、晓之以理、丝内衣、娘家地位、胭脂、匿名信、紫罗兰香囊、人证、手枪、充气隆胸垫、石炭酸、月光、美容冷霜和晚报来笼络男人了。"

---

① 亨利·詹姆斯(1843—1916),美国小说家,晚年入英国籍,著有《贵妇人的画像》《鸽翼》《专使》等,注重心理描写,后期作品力求细密准确地反映深层思想感情,文句又长又复杂。

"你太荒唐了,弗格森,"我说,"完美和谐的婚姻结合中绝对没有你所说的'骗局'!"

"呃,"波格说,"当然不是那种每次使你有理由报告警察总局,请他们派预备队和滑稽剧团经纪人来调查的骗局。然而有这种情况:假定你是五马路上一个通过不太光彩的手段而发迹的百万富翁。

"你晚上带了一个价值九百万元的钻石胸针回家,把它交给同你永结丝萝的女士。她说:'啊,乔治!'她察看一下钻石的真伪后,上前吻了你。这正是你所期待的。你得到了。好吧,这就是骗局。

"不过我要讲给你听的是阿尔泰米西亚·布莱。她来自堪萨斯,她的模样让人联想到玉米的各个方面:玉米须那般金黄的头发;湿润夏季长在低洼地里的玉米秆那般高挑婀娜的身材;玉米苞那般引人注意的大眼睛;她喜爱的颜色是绿色。

"我最近一次去你们那个僻静城市的凉爽幽深的场所时,遇到一个名叫沃克劳斯的人。他的身价——也就是说,他的财产有一百万元。他告诉我,他做的是街道的生意。'街头商人?'我讥刺地说。'完全正确,'他说,'铺筑道路公司的大股东。'

"我有点喜欢他。一天晚上,我运气不佳,情绪低落,没有烟可抽,也没有地方可去,在百老汇路上遇到了他。他戴着大礼帽,钻石饰物,仪表堂堂。你即使走在他身后,也会自惭形秽。我的模样像是托尔斯泰伯爵①和六月份的龙虾的杂交品种。我运气不佳。我——不过我还是看看那个生意人吧。

---

① 托尔斯泰(1828—1910),俄罗斯作家,出身贵族,1863—1899年间先后完成长篇小说《战争与和平》《安娜·卡列尼娜》《复活》,1869年9月因事途经阿尔扎马斯,深夜在旅馆突然感到一种从未有过的忧愁和恐怖,在此前后,他在书信中谈到自己近来等待死亡的阴郁心情。

"沃克劳斯叫住我,和我谈了几分钟话,然后带我去一家高级餐馆吃饭。那里有音乐,贝多芬,波尔多调味汁,法语的咒骂,奶油杏仁饼,高傲和香烟。我有钱的时候对这些东西并不陌生。

"我说过,我坐在那里,一定像是身无分文的杂志插图画家那般窝囊,我的头发一定蓬乱得像是要在布鲁克林的波希米亚男人聚会上给大家念一章《埃尔西的学校生活》①。但是沃克劳斯像猎熊向导似的对待我。他不怕伤侍者的感情。

"'波格先生,'他向我解释说,'我是在利用你。'

"'接着干,'我说,'我希望你不要回过神来。'

"他便告诉我他是什么样的人。他是纽约人。他惟一的野心就是招人注意。他要与众不同。他要人们把他认出来,向他鞠躬致意,告诉别人他是谁。他说他一辈子都希望这样。他只有一百万元,因此不能通过花钱来哗众取宠。他说有一次为了引起公众注意,他在东区一个小广场上种了大蒜,供穷人免费食用,但是钢铁大王卡内基听说后,立刻在那上面盖了一所盖尔语的图书馆。他三次跳到行驶的汽车前面,但惟一的结果是撞断五根肋骨和报上一条短讯,说是一个身高五英尺十、有四颗牙齿经过填补的身份不明的人被车撞了,据信是臭名昭著的'红头发里利'火车劫匪帮的最后的成员。

"'你有没有试过新闻记者这条路子?'我问他说。

"'上个月,'沃克劳斯回答,'我请记者吃饭的花销是一百二十四元八毛。'

"'你得到了什么?'我问。

"'你提醒了我,'他说,'一百二十四元八毛之外还有八块五毛钱的消化素。是啊,我大倒胃口,得了消化不良症。'

---

① 参看本卷《剪亮的灯盏》中《埃尔西在纽约》篇注。

"'你要我怎么帮你炒作出名呢?'我问道,'类比陪衬吗?'

"'今晚就有一个机会,'沃克劳斯说,'我讨厌这么做,但是不得不求助于反常行为。'说到这里,他把餐巾扔在汤盆子里,站起来,朝餐厅那头坐在一株棕榈盆景下面吃土豆的先生深深一鞠躬。

"'那是警察局长。'我的攀龙附凤的朋友高兴地说。

"'朋友可以有野心,'我赶紧说,'但是不可以过河拆桥。你把我当做跳板,向警察献殷勤,使我倒了胃口,因为你会贬低我的身份,遭人唾骂。你要考虑考虑。'

"在费城炖雏鸡的聚会上,我想到了阿尔泰米西亚·布莱。

"'如果我让你上报,'我说,'所有的报纸每天给你一两栏的篇幅,大多数报纸还刊登你的照片,连续炒作一个星期,你肯出多少钱?'

"'一万元,'沃克劳斯顿时兴奋起来,'但是不能同谋杀案扯到一起,'他说,'也不能让我在正式舞会上穿粉红色的内裤出丑。'

"'我不会要求你做那类事,'我说,'我的计划正派、时髦、不带女人气。吩咐侍者来杯咖啡,我把运作过程讲给你听。'

"一小时后,我们在华丽嘈杂的餐馆里谈妥了交易。当天晚上,我给萨利纳市的阿尔泰米西亚小姐发了一份电报。第二天早上,她带了两张照片和一封署名的信件去找第四长老会教会的长老,拿到一些车费和八十元现款。她在托皮卡稍作停留,把一张用闪光灯拍摄的内景照片和一张情人节卡片同信托公司的副总裁换了一本火车时刻表和一包上面写有二百五十元字样的五元面额的钞票。

"她接到我电报后的第五天晚上,已经打扮整齐,穿着袒胸露肩的夜礼服,在等我和沃克劳斯带她去纽约的一家妇女公寓吃晚饭。一般男人进不了那种公寓,除非他会玩比齐克牌戏,抽那种含脱毛剂的香烟。

"'她漂亮极了,'沃克劳斯一见到她就说,'他们一定会给她两栏篇幅。'

"我们三个人策划了一个方案。纯粹属于商业性质。沃克劳斯要按当今流行的方式大张旗鼓地、热情洋溢地追求布莱小姐一个月。当然,就他求名的野心而言,这些事算不了什么。一个打白领带、穿浅口漆皮鞋的男人大把大把地花钱,买营养品和鲜花送给身材苗条、婀娜多姿的金发女郎,在纽约是常见的事,正如害震颤性谵妄症的人常见到蓝毛乌龟一样。不平常的是,他每天要给她写情书——最糟糕的情书,也就是你去世后你妻子公诸于众的那种情书。一个月后,他要甩掉她,她就起诉,追究他的毁约责任,要求赔偿十万元。

"阿尔泰米西亚小姐可得一万元。如果胜诉,她拿到的就是一万元;如果败诉,她照样拿这个数。双方为此签了协议。

"有时候,他们邀我一起出去,但次数不多。我跟不上趟。她常常拿出他的情书,说是像发货提单。

"'嗨!'她会说,'你管这种东西叫什么?——五金商人的侄子得悉婶子害了荨麻疹写信问候吗?你们这些东部的笨蛋不知道情书该怎么写,正如堪萨斯的蚱蜢不知道拖船是什么东西似的。"亲爱的布莱小姐!"——那种称呼能给你的婚礼蛋糕添上粉红色的糖粉和一只红色的小糖鸟吗?凭那种玩意儿,你指望法院听证席上有谁会听?如果你想让人们注意你稀疏的灰白头发,你要认真对待,称呼我"小甜心"和"忍冬花",署名用"妈妈的调皮捣蛋的大孩子"。要干就干得像样些!'

"那以后,沃克劳斯用钢笔蘸着洗不掉的塔巴斯科辣酱油。他写的信看起来有了一些新意。我在想象中看到陪审团端坐着,其中妇女们听取那些作为物证的情书时,互相拉拉帽子。我还在想象中看到沃克劳斯的知名度越来越高,简直可以同克莱默大主教①、布鲁克林大桥②,或者色拉上的乳酪比美。

"他们约好一个晚上;我站在五马路一家高级餐馆外面观看。法院传票送达吏进了餐馆,把有关文件交到沃克劳斯的桌子上。人们看着他们,沃克劳斯像古罗马演说家西塞罗那么得意。我回自己的住处,点燃了一支五分钱的雪茄庆祝一番,因为我知道我们的一万元已经到手了。

"两小时后,有人敲我的房门。门外站的是沃克劳斯和阿尔泰米西亚小姐,她偎依——是的,偎依在他身边。他们告诉我,他们已经去教堂结了婚。他们说了些有关爱情之类的、有点诗意的话。他们把一个包裹放在桌上,道了晚安后走了。

"因此我说,"弗格森·波格总结说,"女人具备的只有出于自我保存和消遣的骗局天性和本能,在特殊的骗局方面成不了气候。"

"他们放在桌上的包裹里是什么东西?"我怀着一贯的好奇心问道。

"呃,"弗格森说,"一张去堪萨斯城的黄牛火车票和沃克劳斯先生的两条旧裤子。"

---

① 克莱默大主教(1489—1556),坎特伯雷大主教,替英国国王亨利八世出主意,解决了国王同凯瑟琳王后离婚的问题。
② 布鲁克林大桥,连接布鲁克林和曼哈顿岛的悬索桥,由德裔工程师勒布林父子设计建造,1869年动工,1883年完成,诗人哈特·克兰在长诗《桥》中誉为人类成就的象征。

驯性的呼唤

成立典礼结束后——由于义勇骑兵①的出席,典礼进行得十分顺利——这些忠诚能干的前战士中间有些人访问了纽约。新闻记者从衣箱里翻出他们参加北海滩炸鱼野餐会用的旧宽檐帽和皮腰带,混在来访的西部人中间。除了每个记者写的报道里都用了"外地人"这个称呼之外,没有造成什么损害。那些西部人温和地观察摩天大楼,但只看到第三层就不想费劲再看了;他们望着百老汇路打哈欠;蜷缩坐在旅馆走廊的大椅子里;一副厌倦郁闷的模样,活像是模拟战役中被打散的、找不到侍从的炮兵团军官。

特迪国王的皇家猎熊队②的观光团有一个掉队的:阿利桑纳州幼羽镇的格林布赖尔·奈。

六马路上每天高峰时刻的旋风把他同他忠诚的伙伴们吹散了。一千条窸窣作响的裙子扬起的尘埃迷了他的眼。横空出世的高架铁路上车辆的巨大声响震耳欲聋。两千只闪电似的眼睛眩晕了他的视觉。

风暴来得如此突然而猛烈,格林布赖尔的第一个冲动是趴在

---

① 义勇骑兵,1898年美西战争期间,由西奥多·罗斯福和伦纳德·伍德率领、在古巴作战的美国第一义勇骑兵团。

② 指西奥多·罗斯福的义勇骑兵团。"特迪"是西奥多的爱称,西奥多·罗斯福有一次打猎时不忍开枪打一头幼熊,后人们把美国儿童喜爱的玩具棕熊称做"特迪熊"。

地上,抓住树根。他随后领悟到这场混乱是人为的、而不是大自然的现象,便带着苦笑,退到一个门口。

记者们写道,如果没有宽檐帽的话,从这些北方高乔人①的身上根本看不到西部的特色。但愿老天擦亮他们的眼睛!不可能起皱的部位满是皱纹的黑斜纹布衣服;出厂时便已定型的、亮蓝色的活扣领带;老式的翻下来的硬领,白得像是日夜营业、只有星期日休息的餐馆橱窗的招牌;长期骑马形成的罗圈腿;挥舞套索形成的右手拇指和其余四指的奇特的半握姿势;梅角②最毒辣的太阳都晒不出来的黧黑的皮肤;难得眨巴的蓝眼睛,仿佛清点畜栏里牛数似的,无意识地把拥挤的行人分成四个一组;不合群的孤僻严肃的神情像是皇帝或者骑一天马都见不到人影的广袤牧场的主人——格林布赖尔·奈身上就有这些西部的标志。是啊,亲爱的读者,他也戴着一顶宽檐帽——正像麦迪逊广场邮局的邮递员周日下午去布朗克斯公园时所戴的那样。

格林布赖尔·奈突然跳进大都会漂移的牛群,抓住一个人,把他拉了出来,一掌拍在他的锁骨上,害得他跟跟跄跄地退到墙根。

受害者捡起掉落的帽子,像遭到凌辱、打算写信给《论坛报》投诉的纽约人那样,满脸怒容。但是他看看攻击他的人,知道这一掌是模仿西部的表示友好和亲热的方式,西部人用轻侮、喧闹和拳头来欢迎朋友;用判断枪弹应该打什么部位时要求的礼貌和规矩来接待敌人。

"山里的上帝啊!"格林布赖尔抓住对方的前臂说,"这不是朗杭·梅里特吗?"

对方是一个——哦,百老汇路上每天都可以看到的那种——

---

① 高乔人,居住在南美阿根廷和乌拉圭一带草原上的人,一般为混血种,多从事牧业或过流浪生活。
② 梅角,新泽西南特拉华湾入口处的海岬。

生意人——戴着最新式的卷边圆礼帽——脸刮得很干净,事业有成,消化良好,衣服得体。

"格林布赖尔·奈!"他抓住那只打过他的手嚷道,"好家伙!见到你真高兴!你怎么来了——哦,当然——成立典礼——我记得你参加过义勇骑兵。当然,你必须来和我共进午餐。"

格林布赖尔阴郁地用他那只大小、形状和肤色都像马鞍的手把梅里特牢牢按在墙上。

"朗杭,"他说话的声音悲哀得几乎影响交通,"你怎么会被他们搞成这副模样的?你简直成了奉公守法的公民,被他们登上了市民姓名地址录。你在基拉河的时候可从来没有这么窝囊过。'来和我共进午餐!'想当年你把吃饭说成是喂脑袋。"

"我在纽约住了七年,"梅里特说,"我们一起在加西亚老头的队里给牛群打烙印是八年以前的事了。不管怎么说,我们去酒馆。再次听到'喂脑袋'这种说法非常高兴。"

他们在人群中择路进了一家旅馆,仿佛遵循自然规律似的向酒吧走去。

"喝什么,自己说话。"格林布赖尔邀请道。

"来杯马提尼①。"梅里特说。

"天哪!"格林布赖尔喊道,"想当年在基拉河的时候,你我在魔鬼峡谷的旅馆里喝酒从来没有含糊过!现在你居然喝鸡尾酒——好吧,不谈这个了。我要一杯威士忌,不掺水的——由你付账。"

梅里特笑笑,付了钱。

他们在餐厅与酒吧相连的一个小间里吃饭。格林布赖尔想要

---

① 杜松子酒和苦艾酒调制的鸡尾酒,因首创者是纽约一个姓马提尼斯的酒吧侍者而得名。

火腿煎蛋,格林布赖尔巧妙地说动他朋友改点了芹菜浓汤、炸鲑鱼、松鸡肉馅饼和色拉。

"我和八年没有见面的朋友,"格林布赖尔说,"周三下午一点钟在一个差劲的城市里,坐在二尺宽四尺长的餐桌旁,如果只喝一杯就了事的话,岂不要九匹野马在六百四十英亩的土地上连踢我四十次?你明白这些统计数字的意思吗?"

"当然,老兄,"梅里特大笑了,"侍者,来杯冰镇苦艾酒——你喝什么,格林布赖尔?"

"威士忌,不掺水,"奈说,"朗杭,你一向凑着瓶口喝威士忌——骑在飞奔的马背上,凑着瓶口喝酒——阿利桑纳的烈性威士忌,可不是这种苦艾酒——唉,说这话有什么用。这次归你付账。"

梅里特把酒单压在杯子底下。

"好吧。我想你大概认为我被这个城市惯坏了。其实我和你一样,格林布赖尔,骨子里仍旧是西部人;不过要我回那边去的话,我可下不了决心。纽约很舒服——非常舒服。我日子过得不错,我喜欢这种生活。我不想再过那种披着湿毯子在暴风雪里赶牲口、吃咸肉、喝冷咖啡,六个月才能大喝一次的日子了。我想今后我仍会待在这里。格林布赖尔,今晚我们去看戏,晚饭在——"

"我告诉你你是什么人,梅里特,"格林布赖尔说,一只胳臂肘支在色拉盘、另一只支在黄油碟子上,"你绝对是个衰老的、没用的、耳朵残缺的萨利·沃克小姐。上帝把你造成一个直立的人,让你能叉开腿骑马,用原创的脏话咒骂。你却辜负了他一片好意,躲到纽约来,穿那种系带子的小尺码鞋子,拿腔拿调地说话。我见过你只用了四十九秒半钟就套住一头小公牛,绑住它的蹄子。假如你现在还想见这个人物,只有写信给警察局长请他查找了。至于你喝的这种胡扯淡的东西——这种泡着橡实、含止痛剂的樱草香精——它们同老老实实的人是不相称的。我不愿意看到你这副模样。"

"呃,格林布赖尔,"梅里特抱歉似的说,"在某种程度上你说得对。有时候,我自己觉得好像是个用奶瓶哺养的孩子。可是我要告诉你,在纽约很舒服——非常舒服。它有独到之处——风光,人群,日新月异的变化,甚至它的空气都像是一英里长的拴马索,一头拴在你的脖子上,另一头拴在第三十四街什么地方。我说不出所以然。"

"上帝知道,"格林布赖尔悲哀地说,"我也知道。东部把你吞没了。你本来是鹿肉,现在成了小牛肉。你让我想起窗里的日本山茶花,被贴上标签,封存了起来。在这里安息吧。你让我觉得口渴。"

"来杯鲜荨麻酒。"梅里特招呼侍者。

"我要威士忌,不掺水,"格林布赖尔叹息说,"这次归你付账。你这个脱队的牛仔。"

"我有罪,但情有可原,"梅里特说,"你不了解情况,格林布赖尔。这里太舒服了,以致——"

"把你的嗅盐给我用一下,我要晕倒了,"格林布赖尔说,"有一次在凤凰城,我看见你用一把没有子弹的枪震住了三个墨西哥边境来的歹徒——"

格林布赖尔伤心得说不下去了。

"雪茄!"他大声招呼侍者,掩饰自己的情绪。

"我要一盒土耳其香烟。"梅里特说。

"这次归你付账。"格林布赖尔拖长声音说,竭力掩饰他对那种柔和的香烟的蔑视。

七点钟,他们在一家高级餐馆吃晚饭。

这里聚集着一群光彩四射的绅士淑女。明亮的灯光照着漂亮的女人和勇——不管怎么样,还是这么说吧——勇敢的男人。乐队演奏优美的曲子。就餐的客人通过侍者给乐队一些小费,乐声立刻就响一点。你多给他们酒钱,他们就多给你麦亚比尔①。投桃报李呗。

梅里特竭力使这顿饭吃得愉快。格林布赖尔是他喜欢的老朋友,他劝格林布赖尔喝一杯鸡尾酒。

"看老朋友的面子,"格林布赖尔说,"我不妨喝喝那种咳嗽药水。不过我宁肯喝威士忌。这次的酒钱由你付。"

"好!"梅里特说,"现在你看看菜单,把你要吃的挑出来。"

"你饶了我吧!"格林布赖尔睁大眼睛说,"厨房车里的花式品种都在这儿了,我怎么挑得过来?这是什么?有喘病的马②?我不要。可是瞧啊!这里的东西分门别类,二十次都兜捕不完。让我看看清楚。"

点了菜肴后,梅里特看看酒单。

"梅多克③不坏。"他建议说。

"你喝你的多克吧,"格林布赖尔说,"我还是喝不掺水的威士忌。归你请客。"

格林布赖尔打量一下餐厅。侍者端上菜来,把盘子收走。他在观察。他看到纽约餐馆里的吃客都在开怀吃喝。

"你离开基拉河的时候,牧场怎么样?"梅里特问道。

"很好,"格林布赖尔说,"你看见那张桌子上穿红点子绸衣服的女士吗?呃,她可以在我的篝火上热豆子。是啊,牧场很好。她

---

① 贾科莫·麦亚比尔(1791—1864),德国作曲家,原名雅各布·利布曼·比尔;原文麦亚比尔(Meyerbeer)和比尔(Beer)中的 beer 意为"啤酒"。
② 此处原文应为 hors d'œuvre,是法语中的"冷盘"或"主菜前的小吃",字形和 horse with the heaves(有喘病的马)相似。
③ 指法国梅多克地区产的红葡萄酒。

模样不错,正像我有一次在黑河看到的白色的野马。"

咖啡端上来时,格林布赖尔把一只脚搁在旁边的椅子上。

"朗杭,你说这个城市很舒服,"他沉思地说,"是啊,确实很舒服。同刮北风时的草原不一样。朗杭,你们管那个带把的瓦罐里的东西叫什么来着?哦,罐焖仔鸡。味道真好。那匹白野马回头扬起鬃毛的神态同她一模一样——瞧她,朗杭。我想假如我的牧场能卖个好价钱,我会——"

"侍——者!"他突然喊道,嗓门之大惊得餐厅里的人手里的刀叉都停住不动了。

侍者朝他们的桌子奔来。

"再来两杯那种鸡尾酒。"格林布赖尔吩咐说。

梅里特瞅瞅他,意味深长地笑了。

"由我付账。"格林布赖尔说着,朝天花板吐了一口烟。

未 知 数

诗人朗费罗——或者是那个发明智慧的孔夫子?——说过:

生活是现实,需要认真对待;
事物并不是它们看上去的模样。

数学既然是衡量生活中所有事物的惟一正确的尺度,我们就应该想尽办法使我们的话题适应那位二加二等于四的伟大女神的标尺和平衡列。数字——以及无懈可击的总和——应该用来对付任何可能出现的对抗因素。

数学家看了上面的两行诗后会说:"啊哈! 年轻的先生们,假如正数 X——也就是说,'生活是现实'能够成立的话——那么所有的事物(生活所包含的一切)就都是现实。任何现实的事物都应该是它们看上去的模样。可是,如果我们探讨一下'事物并不是它们看上去的模样'这个命题,为什么——"

不过这有点离题,不成其为诗歌了。我们追求的是可爱的代数宁芙;我们将带领你去见那个难以捉摸的、富有魅力的、受到追求的、令人满意的、神秘的 X。

本世纪开始前不久,老纽约塞普蒂默斯·金索尔文有了一个创意。他发现面包是用现货面粉,而不是期货小麦焙制的。金索尔文先生看到小麦收成欠佳,交易所对生长中的小麦没有明显的影响,便囤积居奇,操纵面粉市场。

第一个结果是,当你或者我的房东太太(南北战前南方人养尊处优,她不需要做任何事情)买一个五分钱的面包时,你得多花两分钱,那两分钱进了金索尔文先生的腰包,作为他眼光敏锐的见证。

第二个结果是,金索尔文先生洗手不干的时候,已经捞到了二百万元的利——呃——油水。

金索尔文先生在做有关面包的数学实验时,他的儿子丹还在大学里念书。丹放假回家,看见老先生穿着大红的晨衣,在那幢坐落于华盛顿广场旁边的红砖邸宅的门廊上看《小杜丽》①。他退休时,从面包主顾那里额外得到的两分钱,如果排列起来,足以围绕地球十五圈,并且覆盖巴拉圭的全部外债。

丹同父亲握了手,马上前去格林威治村看他中学时期的老朋友肯维茨。肯维茨脸色苍白,头发鬈曲,刻苦好学,有数学头脑,倾向于利他主义和社会主义思想,坚决反对寡头政治。肯维茨没有上大学深造,而在他父亲的珠宝店里做钟表学徒。丹平易近人,老是笑眯眯的,对国王和捡破烂的一视同仁。丹和肯维茨两人性格虽然截然不同,但相处很融洽。假期结束后,丹回大学,肯维茨回去摆弄他的钟表发条,在珠宝店后面的小书房里潜心看书。

四年后,丹带了文学硕士的学位和漫游欧洲两年的经历回到华盛顿广场的老宅。他怀着悼念的心情去格林伍德公墓看了塞普蒂默斯·金索尔文的精致的墓碑,同家庭律师一起不厌其烦地翻阅了打字机打的大量文件,发现自己已是一个孤独绝望的百万富翁,接着,他匆匆赶到六马路上那家老珠宝店。

肯维茨取掉嵌在眼眶里的放大镜,把老父亲赶出幽暗的后屋,

---

① 《小杜丽》是英国小说家狄更斯(1812—1870)的后期作品,其中有小杜丽全家因无力偿还债务而先后被处终身监禁的情节。

放下手里的钟表活。他和丹一起到外面，坐在华盛顿广场的一条长椅上。丹没有什么大变化，他身体健壮，脸上威严的神情很容易松弛下来变成微笑。肯维茨比较严肃认真，显得更有学问，有哲学家和社会主义者的风度。

"我现在弄清楚了，"丹最后说，"那些著名的法律专家把我可怜的父亲敛聚的证券和所得移交给我时，我从他们那里问明白了。总数有二百万元，肯。据说是他从那些在街角小面包房买面包的家伙身上挤出来的。你研究经济学，肯，你了解垄断、大众、章鱼①和劳动人民的权利。我以前从未考虑过这些事情。我大学课程学的只包括足球和尽量对人公正。

"可是我回来，发现父亲的钱是怎么挣来以后，我一直在思考。我非常想偿还那些不得不在面包上多花了钱的人。我知道这么做的话，我的收入会大大缩水，但是我要同他们公平交易。你有什么好办法吗，聪明人？"

肯维茨大大的黑眼睛亮了起来。他的瘦削聪明的脸上几乎显出讽刺的神情。他像朋友和法官似的抓住丹的胳臂。

"你做不到！"他断然说，"你们这些发了不义之财的人，受到的主要惩罚之一就是当你们悔罪时，你们发现已经丧失了赔偿能力。我佩服你的良好用心，丹，但是你无能为力。那些人辛辛苦苦挣来的小钱长期遭到掠夺。现在要弥补这个过错为时已晚。你无法偿还给他们。"

"当然，"丹点燃烟斗说，"我们不可能找到每一个受到剥削的人，把少找他们的钱退还给他们。经常买面包的人太多了。他们的口味真怪——我一向不怎么爱吃面包，除非是抹了羊乳干酪的吐

---

① 美国作家弗兰克·诺里斯(1870—1902)写的美国小麦三部曲中第一部名为《章鱼》，主题是加利福尼亚州的小麦生产，"章鱼"影射带有垄断性质的太平洋西南铁路公司，以它盘根错节的触手扼杀养育它的国家。

司。不过我们好歹也许能找到一部分人,返还一些父亲从他们那里弄来的钱。如果我能做到,我心里会好受一点。在面包这样乏味的东西上敲诈实在说不过去。把煮龙虾或者香辣大蟹的价格提高,一般人倒不会在意。我得动动脑筋,肯。能退的钱,我都要退回去。"

"慈善事业多的是。"肯维茨有口无心地说。

"那好办,"丹吐了一口烟说,"我可以为市政府修筑一个公园,或者捐赠一个文竹花坛给医院。但是我不希望我们把卖金砖给彼得的赚头被保罗拿走。我要偿还的是面包方面的短缺,肯。"

肯维茨飞快地动着他瘦削的手指。

"你知不知道,要多少钱才能弥补消费者在面粉囤积期间所受的损失?"他问道。

"我不知道,"丹说,"我的律师说我的财产有二百万元。"

"即使你有一亿财产,"肯维茨着重说,"也不足以弥补已经造成的损害的千分之一。你无法想象不义之财所造成的恶果的严重性。从穷苦人干瘪的钱袋里挖出来的每一分钱所起的伤害作用比它本身要扩大一千倍。你不会明白的。你不了解,你的补偿愿望是无法实现的。根本没有这种可能。"

"打住,哲学家!"丹说,"没钱寸步难行,有钱走遍天下。"

"绝对不行,"肯维茨重复说,"我可以给你举个例子。托马斯·博伊恩在瓦里克街开了一家小面包房。他的主顾是一些最贫穷的人。面粉价格上涨后,他不得不提高面包价格。他的主顾买不起了,博伊恩经营不下去了,他的一千元投资——也就是他的全部财产——血本无归。"

丹·金索尔文用拳头猛击一下公园长椅。

"我来处理这个事例,"他嚷道,"带我去见博伊恩。我偿付他一千元,让他重新开一家面包房。"

"你先开一千元的支票,"肯维茨说,"另外再开几张,支付由此引起的一系列后果。第二张支票的数额是五万元。博伊恩生意失败后发了疯,房东赶他搬家,他放火烧了房子。损失大概是五万元。博伊恩后来死在疯人院。"

"不要扯远了,"丹说,"我的行善对象清单上没有保险公司。"

"第三张支票的数额是十万元,"肯维茨说,"博伊恩的面包房倒闭后,他的儿子走上了邪路,被指控犯了谋杀罪。审理了三年后,他上星期被判无罪,摊到纳税人头上的这场官司的费用大概是十万元。"

"继续谈面包房!"丹不耐烦地说,"政府不需要排队买面包。"

"这个事例里的最后的一点——你跟我去看。"肯维茨站起来说。

那个有社会主义思想的钟表匠自我感觉良好。他天性喜欢和百万富翁抬杠,从事的职业却带有悲观色彩。肯维茨会告诉你说,金钱是罪恶和腐败的根源,同时又说你那块崭新的表需要清洗,并且换一个新的叉轮。

他同金索尔文走出广场南端,到了破旧贫困的瓦里克街。他带领那个章鱼的悔罪的后代上了一座破败的红砖公共住宅的狭窄的楼梯。他敲敲一扇房门,一个清晰的声音招呼他们进去。

幽暗的房间里几乎空无一物,只有一个年轻的妇女坐在缝纫机前干活。她像招呼老熟人似的朝肯维茨点点头。小窗透进来的一缕阳光把她浓密的头发染成了古老的托斯卡纳盾牌的颜色。她向肯维茨嫣然一笑,眼睛里露出询问的神情。

金索尔文默默站着,面对她的清澈伤感的美貌不禁怦然心动。他们接触到了事例的最后一项内容。

"这个星期做了多少,玛丽小姐?"钟表匠问道。地板上有一堆灰色的粗布衬衫。

"差不多有三十件,"年轻的妇女快活地回说,"我几乎挣到了四元钱。我越来越熟练了,肯维茨先生。我有这么多钱简直不知道该怎么办了。"她明亮柔和的眼睛转向丹。苍白的圆脸上泛起一点红晕。

肯维茨像乌鸦似的咯咯笑起来。

"博伊恩小姐,"他说,"我给你介绍一下金索尔文先生,也就是五年前提高面包价格的金索尔文的儿子。他觉得应该做些事,帮助那些由于涨价而遭受困难的人。"

年轻妇女脸上的笑意立刻消失了。她站起来,伸出食指指着门。她正视着金索尔文,现在的神色并不给人愉悦之感。

两个男人下楼到了瓦里克街。肯维茨把他对章鱼的全部悲观主义和怨恨都发泄了出来,他用一串辛辣的语言数落了他朋友的金钱的一面。丹似乎用心在听,然后面对肯维茨,同他热烈握手。

"我感谢你,肯,"他含糊地说,"老朋友,非常感谢你。"

"天哪!你疯了吗?"钟表匠说,多年来第一次跌落眼镜。

两个月后,肯维茨到百老汇路一家大面包房,把面包房老板修理的一副金丝边眼镜给他送去。

肯维茨进去时,一位夫人正在买面包。

"这种面包是一毛钱一个。"店员说。

"我在住宅区买一向是八分钱一个,"夫人说,"不必拿了。我回家时吩咐车夫弯到那里去买。"

钟表匠觉得那位太太的声音好耳熟,便停了下来。

"肯维茨先生!"夫人热情地招呼他,"你好吗?"

肯维茨以他社会主义者和经济学家的理解力打量着她华贵的裘皮围脖和等在外面的马车。

"哟,博伊恩小姐,是你啊!"他开口说。

"现在是金索尔文太太,"她纠正他的称呼说,"丹和我上个月结了婚。"

人生如戏

我一个朋友在报馆当记者,经常有些赠票,前不久的一晚,他邀我去看了滑稽歌舞剧。

有个节目是小提琴独奏,演员的相貌十分奇特,他年纪还不到四十,但是浓密的头发已经灰白。我对音乐兴趣不大,任凭那些吱吱呀呀的声音在耳旁飘过,专心致志地观察拉琴的人。

"一两个月前,我们报道过那个演员,"记者说,"他们派我去采访。要求一栏篇幅,文笔要特别轻松有趣。我们的头儿似乎喜欢我处理本市新闻的滑稽格调。是啊,目前我在写一篇有关笑剧的报道。那次我去了剧院,收集了许多素材,但是任务完成得肯定不好。我交上去的那篇东西像是报道东区一次葬礼的捧场文章。怎么会这样呢?我无法从滑稽的角度切入。我把素材给你。你也许能以此为根据写出一个独幕悲剧,当开幕戏用。"

演出结束后,我的记者朋友一面喝着维尔茨堡啤酒,一面把素材讲给我听。

"我认为完全可以写成一个极好的滑稽故事,"他讲完后,我说,"即使那三个人是真实舞台上的真实演员,他们的表演也不会更荒谬可笑了。不瞒你说,我认为世界就是舞台,所有的男男女女都是演员。'人生如戏。'我爱引用莎士比亚先生的这句话。"

"你不妨试试。"记者说。

"我会试的。"我说;事实上我也这样做了,为的是向他表明,他可以用这些素材为他的报纸写出一栏幽默作品。

阿宾顿广场附近有一座房屋。底层是一家卖玩具、杂货和文具的小店,已经开了二十五年。

二十年前的一个晚上,小店楼上举行婚礼。房屋和店铺的业主是梅奥寡妇。结婚的是她的女儿海伦,新郎是弗兰克·巴里。男傧相是约翰·德莱尼。海伦十八岁,有一次晨报刊登了她的照片,但旁边却有一条来自蒙大拿州比尤特的消息,标题是"犯有数起命案的女凶手"。你的眼睛和智力排斥了照片和标题之间的联系后,拿起放大镜,察看照片下面的文字,发现她被介绍是下西区著名的美女之一。

弗兰克·巴里和约翰·德莱尼是该区"著名的"公子哥儿,也是每当舞台大幕拉开时,你预料他们会互相拆台的好朋友。爱听音乐会和上剧院的人经常看到这种情节。这是故事里的第一件有趣的情节。两个朋友都不遗余力地追求海伦。弗兰克赢得姑娘的芳心后,约翰同他握握手,表示祝贺——表现得光明磊落。

婚礼结束后,海伦上楼去拿帽子。她已是出门旅行的打扮。她和弗兰克计划去老康福角待一个星期。喊喊喳喳的大楼居民等在楼下,手里拿着装大米的纸袋和旧鞋子,准备向新婚夫妇洒米,把鞋子绑在他们车子后面,以示祝福。

防火梯上咔嗒一响,失魂落魄的约翰·德莱尼跳进了她的房间,一绺湿漉漉的头发耷拉在前额,他怨气十足,激烈地向他失去的情人求爱,恳求她跟他一起逃到里维埃拉,或者布朗克斯,或者任何有意大利般的晴朗天空和闲适的老地方去。

出乎他意外的是海伦竟然拒绝了他。她带着冷若冰霜的眼光责问他,他对正派人说这种话居心何在。

她叫他马上离开。他刚才那种男子汉气概消失了。他低着头,嗫嗫嚅嚅的说什么"不可抗拒的冲动"和"永远忘不了——"之类的话,她吩咐他立刻从防火梯下去。

"我走,"约翰·德莱尼说,"我要到世界最遥远的地方去。我一想到你成了别人的妻子,在这里一刻也待不下去了。我要到非洲去,终老蛮荒——"

"看在老天份上,出去吧,"海伦说,"有人进来就糟了。"

他单腿下跪,她向他伸出一只白皙的手,让他吻别。

姑娘们,这一选择是不是伟大的小爱神丘比特赐给你的恩惠:让你要的人忠贞不渝,让你不要的人前额耷拉着一绺湿漉漉的头发跑来跪在你面前,喋喋不休地谈非洲和他心里的天长地久的爱情?感觉到自己的力量,了解自己幸福处境后的甜美的安全感,把不幸的失意人打发到外国去,而当他把最后的一个吻印在你手指上时,庆幸自己的指甲修剪得很整洁——姑娘们,这种感觉太美妙了——千万别让它溜掉。

当然啦,紧接而来的是——你是怎么想的?——房门打开了,新郎大踏步进来,看到他们亲密的样子妒火中烧。

告别的吻印在海伦手上,约翰·德莱尼跳到窗外,跑下了防火梯,直奔非洲。

劳驾,请来一点音乐——微弱的小提琴声,轻吹一下单簧管,稍稍拉一下大提琴。你们可以想象当时的情景。弗兰克暴跳如雷,像受了致命伤似的大叫大嚷。海伦跑到他身前,试图解释。他抓住她搭在他肩膀上的手,硬把她拉开——使劲把她扭来扭去——导演会告诉你该如何动作——终于把她摔开了,让她蜷缩在地上呻吟。他嚷嚷说,再也不想见到她了,在目瞪口呆的宾客们中间冲了出去。

由于这是人生而不是戏,观众必须在二十年的幕间休息中走进世界的真正的休息室,经历结婚、死亡、衰老、富有、贫穷、幸福或者愁苦,直到大幕重新拉开。

巴里太太继承了小店和房屋。她三十八岁,在选美比赛上的得分和总印象方面胜过许多十八岁的大姑娘。只有少数几个人记得她婚礼的喜剧,但她从不隐瞒。她没有用薰衣草或者樟脑球把这件事封藏起来,也没有把它卖给杂志。

一天,一个经常在她店里买公文纸和墨水的、收入丰厚的中年律师隔着柜台向她求婚。

"我真的非常感谢你,"海伦快活地说,"但是二十年前我和另一个人结了婚。与其说他是人,不如说他是傻瓜,不过我认为我仍旧爱他。婚礼结束半小时后,我再也没有见过他的面。你要买的是誊写墨水,还是书写墨水?"

律师在柜台外面按古老的礼节向她鞠了一躬,尊敬地吻了她的手背。海伦叹了一口气。告别的礼节,不论怎么浪漫,总可能过火。三十八岁的她风韵不减,受到爱慕,而她从求婚人那里得到的似乎只有责备和分手。更糟糕的是,最后一次她还失去了一个顾客。

小店生意清淡,她挂出了房间招租的牌子。三楼的两个大房间收拾干净,准备接待合适的房客。看房间的人来了又走了,因为巴里太太过于整洁、舒适、品位太高。

一天,小提琴手拉蒙蒂来租了楼上的前房。商业区的嘈杂使他敏感的耳朵不舒服;他的一个朋友介绍他来到噪音沙漠中的这片绿洲。

拉蒙蒂的相貌依然年轻,他眉毛很浓,留着两撇短短的、异国情调的、棕色的尖胡子,他的与众不同的灰白头发和艺术家的气质(表现在他轻松活泼和讨人欢喜的举止上)使他成了阿宾顿广场这幢老房子的颇受欢迎的房客。

海伦住在店铺楼上。房屋的建筑古雅奇特。门厅宽敞,几乎成正方形。一道不封闭的楼梯从门厅一头跨到另一头,然后通到楼上。她把门厅的空间布置成起居室和办公的地方。她摆了一张书桌,在上面写商业信函;晚上坐在温暖的炉火边,在明亮的红灯下做针线活或者阅读。拉蒙蒂觉得这种气氛非常惬意,也在那里消磨时间,向巴里太太叙说巴黎的奇妙风光,他曾在巴黎一位特别出名的小提琴家那里学习。

接着来了第二个房客,一个四十岁出头的、英俊忧郁的人,他留着神秘的棕色胡子,眼睛有一种奇特的、挥之不去的恳求的神情。他也发现同海伦相处十分愉快。他有罗密欧的眼神和奥赛罗的口才,讲一些使她心醉神迷的遥远国度的故事,用尊重她的旁敲侧击向她求爱。

在这个人面前,海伦一开始就有一种奇妙的、无法抗拒的激动。他的声音很快就把她带回到浪漫的年轻时代。这种感觉越来越强烈,她终于屈服了,直觉地认识到他曾是那浪漫时代的一个因素。接着,她以女人的推理(是啊,女人有时候是这样的),跳过了三段论法、理论和逻辑,确信她的丈夫回到了她身边。因为她从他的眼神里看到了爱,这是女人绝对不会搞错的;她还看到了无穷的悔恨和自责,引起了她的近乎补偿的怜悯,这正是杰克建立家庭的必不可少的条件。

但是她不露声色。在外面逡巡了二十年再进来的丈夫,不应该指望他的拖鞋已放在凑手的地方,已有一根划好的火柴准备点燃他的雪茄。必须有赎罪、解释、甚至可能有些咒骂。必须有点小小的惩罚,如果他俯首帖耳,也许可以给他一把竖琴和王冠。因此,她不露出心知肚明或者猜到的样子。

我的那位记者朋友居然看不出这里有什么可笑的地方!而他被派去采写一篇热闹有趣、精彩的游戏文章——我不想挤兑同行——我们还是接下去讲我们的故事吧。

一天傍晚,拉蒙蒂在海伦的门厅、办公室兼接待室里歇一会儿,以兴奋的音乐家的温柔和激情诉说了他的爱慕。他的话语是梦想家兼行动家心中圣火的耀眼的火苗。

"在你做出答复之前,"他不等她指责他的唐突,紧接着说,"我必须告诉你,我能给你的只有'拉蒙蒂'这个姓。这是我的经纪人替我起的。我不知道我是谁,也不知道我从什么地方来。我记得的第一件事是我睁开眼睛时,发现自己躺在医院里。我当时是个年轻人,在医院里已经躺了几个星期。那以前的情况对我是一片空白。医院里的人告诉我,我倒卧在街上,头上有一处伤,人们发现后便叫救护车把我送进医院。他们推测,我一定是摔倒后头磕在石块上。没有任何可以表明我身份的东西。我的记忆一直没有恢复。我出院后,学了小提琴,获得了成功。巴里太太——我只知道你的姓,不知道你的名字——我爱你;我一见到你就觉得你是世界上惟一适合我的女人——"总之,他说了许多诸如此类的话。

海伦觉得恢复了青春。首先,一阵自豪和美妙的激动流遍她全身,接着,她瞅着拉蒙蒂的眼睛,心里怦怦跳动。她没料到反应这么强烈,完全出乎她意外。这个音乐家是她生活中的重要因素,而她以前竟没有觉察。

"拉蒙蒂先生,"她悲哀地说(请记住,这不是在舞台上,而是在阿宾顿广场附近的一座老房屋里),"十分抱歉,我是个已婚女人。"

她把她悲惨的生活遭遇讲给他听,因为女主人公迟早是要讲的,不是告诉剧院经理,便是告诉记者。

拉蒙蒂握住她的手吻了一下,深深一鞠躬,上楼回他的房间去了。

海伦坐下来,伤心地瞅着自己的手。她有理由这么做。三个求婚者吻过她的手,然后骑上他们的红鬃花斑马,扬长而去。

一小时后，那个目光哀怨的神秘的陌生人来了。海伦坐在柳条摇椅上，编织一件没用的棉纱衣物。陌生人没有上楼，停下来聊几句。他隔着桌子坐在她面前，也诉说了他的爱慕之情。他说："海伦，你不记得我了吗？我觉得我从你眼睛里看到了。你能原谅我过去干的事，考虑持续了二十年之久的爱情吗？我做了非常对不起你的事——我不敢回到你身边——但是我的爱情压倒了我的理性。你能原谅我，肯原谅我吗？"

海伦站了起来。神秘的陌生人紧紧握住她的一只手，不住地打颤。

她站在那里，舞台上没有类似的表现她百感交集的场景，真是一大憾事。

她心里交织着两种感情。一种是对她新郎的终古常新、难以磨灭的、纯洁少女的爱；对她所做首次选择的珍惜、神圣、尊重的记忆占据了她的一半心灵。她倾向于那种纯洁的感情。荣誉、信仰和美妙持久的浪漫史把她和那种感情联结在一起。但她心灵的另一半则充满了另一种东西——一种后来的、更充实、更亲切的影响。

她正犹豫不决的时候，楼上房间传来一阵柔和、哀怨、折磨人的小提琴声。即使心灵最崇高的人有时也会受到音乐那个巫婆的蛊惑。人们可能不理会啄他们袖管的寒鸟，但是耳膜的振动同敏感的心相距更近。

音乐和音乐家在召唤她，荣誉和旧情使她踌躇不前。

"原谅我吧。"他恳求说。

"同你说你所爱的人离开二十年之久，可不是一个短时间。"她带有一点涤罪的暗示说。

"我怎么说得出口呢？"他恳求道，"现在我要向你和盘托出。那天晚上，他走后，我跟在他后面。我妒忌得要发疯。我在一条幽暗的街上把他打翻。他没有爬起来。我察看一下。他的脑袋磕在一块石头上。我没有存心杀他。我只是被爱情和妒忌搞昏了头。我躲在附近,看见救护车把他抬走。你虽然和他结了婚,海伦——"

"你究竟是谁?"海伦睁大眼睛,把手抽了回来。

"你不记得我了吗,海伦? 我是一直最爱你的人。我是约翰·德莱尼。如果你能原谅我——"

他话没说完,海伦已经走了,她跌跌撞撞、三步并作两步跨上楼梯,直奔乐声和那个忘了她、但在他的两生中把她视作亲人的人。她一面爬楼梯,一面啜泣着喊道:"弗兰克! 弗兰克!"

三个平常人像台球弹子似的同岁月纠缠碰撞,而我的那位记者朋友竟看不出里面有可笑之处!

失 而 复 得

那天早上,我的妻子和我按照惯常的方式告了别。她放下手里的第二杯茶,陪我走到大门口。她摘掉我衣领上一根看不见的棉绒(这是全球通行的女人显示所有权的动作),叮嘱我注意感冒。其实我并没有感冒。然后和我吻别——一个带有熙春茶味的家常亲吻。她的习惯里绝对不会出现临场发挥和花样更新。她以长期滥用的熟练手法碰歪了我插得很好的领带别针,我关门时,听到她趿着拖鞋回去喝她凉了的茶。

我出门时根本没有想到或预感到会发生什么事。毛病发作得十分突然。

几星期来,我几乎是日夜不停地在准备一件著名的铁路诉讼案,前几天总算胜诉结案。事实上,我刻苦钻研法律,多年不曾间断。我的好朋友和家庭医师,沃尔尼大夫,已经警告过我一两次了。

"贝尔福德,你如果不松弛一下,"他说,"会突然垮下来的。你的神经或者大脑会吃不消的。你说说看,报上哪个星期不登有关失语症的消息?总有一个姓名不明的人走失,流落街头,以前的情况和身份无从查考,这一切都是劳累过度,或者忧虑引起的大脑里的小小栓塞造成的。"

"我一直认为,"我说,"那些案例里的栓塞实际是在报馆记者的脑子里。"

沃尔尼大夫摇摇头。

"这种疾病确实存在,"他说,"你需要休息或者改变一下生活方式。你整天三点一线——法院、事务所和家里。你的消遣仍旧是阅读法律书籍。你最好及时听从我的劝告。"

"星期四晚上,"我声辩说,"我的妻子和我玩纸牌。星期天她把她母亲写给她的每周一封的信念给我听。至于法律书籍能不能成为消遣,还有待于证实。"

那天早晨,我走在路上时想起了沃尔尼大夫的话。我的感觉像平时一样好——可能比平时更精神焕发。

我在普通客车上睡着了,不舒适的姿势保持得太久,醒来时肌肉僵直痉挛。我把头靠在座位后背上,试图思考。过了好久,我自言自语说:"我应该有个姓名。"我摸遍所有的口袋。找不到任何名片、信函、纸条或者缩写字母。但是我发现上衣口袋里有将近三千元的大面额钞票。"我肯定是某个人。"我暗忖道,继续思考。

车厢里有许多人,我想他们肯定有些共同的兴趣,因为他们无拘无束地掺和在一起,兴致似乎很好。他们中间有个壮实的戴眼镜的先生,身上有股桂皮和沉香的气味,他友好地点点头,在我身边的空座位上坐下来,打开一份报纸。在他看报的间歇,我们像一般旅客那样聊聊时事。我发现自己至少还记得一些事情,能够维持谈话。过了一会儿,我的旅伴说:

"你肯定是我们的同行。西部派出了不少人。这次大会在纽约召开,我很高兴;我以前没有来过东部。我是 R. P. 博尔德尔——密苏里州山核桃镇博尔德尔父子公司的。"

我虽然没有思想准备,但像一般人那样也能情急智生。

我现在必须举行洗礼,既当婴儿,又当牧师和父母。我的理性赶来挽救我比较迟钝的大脑。旅伴身上的药材气味提供了启发,我瞥见他的报纸上的一则显著的广告进一步帮了我的忙。

"我叫爱德华·平克汉默，"我流利地说，"我是药剂师，家在堪萨斯州科诺波利斯。"

"我一看就知道你是药剂师，"我的旅伴和蔼地说，"我注意到你右手食指上被碾杵磨出来的茧子。当然，你是参加我们全国代表大会的代表啦。"

"这些人都是药剂师吗？"我惊异地问道。

"都是的。这列火车是从西部开来的。他们还是老法的药剂师呢——不是那种不用配方桌，而用自动售货机的、只卖片剂丸剂成药的药房伙计。我们自己配制樟脑阿片酊，自己捻药丸，不搞超范围经营，例如春天卖些花籽，还兼营糖果、皮鞋。我告诉你，平克汉默，我有个创意要在这次大会上提出来——他们缺少的正是新主意。你知道瓶装现货的吐酒石和罗舍尔盐，一种标签是 Ant. et. Pot. Tart.，另一种是 Sod. et. Pot. Tart.；你知道，一种有毒性，另一种是无害的①。两种标签很容易混淆。大多数药剂师怎么摆放它们？一般尽可能把它们分得远远的，放在不同的货架上。那种做法是错误的。我的主张是把它们并排放在一起，当你要用一种时，可以同另一种加以比较，防止错误。你看出其中奥妙没有？"

"我觉得这个主意很好。"我说。

"太好了！我在大会上提出来时，你要支持我。东部的一些橙黄磷酸盐和按摩乳液的教授自以为了不起，我会让他们无地自容。"

"如果我帮得上忙，"我兴奋起来说，"那两瓶——呃——"

"酒石酸锑钾和酒石酸钠钾。"

---

① Ant. et. Pot. Tart. 和 Sod. et. Pot. Tart. 分别是酒石酸锑钾和酒石酸钠钾原文的缩写；酒石酸锑钾俗名吐酒石，是抗血吸虫药，大剂量会引起呕吐、腹痛、腹泻；酒石酸钠钾俗名罗舍尔盐，是泡腾剂，有轻泻作用。

"今后应该并排放在一起。"我得出坚定的结论说。

"还有一件事,"博尔德尔先生说,"处理药丸时,你喜欢用什么做赋形剂——碳酸镁呢,还是粉状甘草根?"

"呃——还是镁吧。"我说。因为那个什么镁的名词比另一个短一些。

博尔德尔先生眼镜后面露出猜疑的神色。

"我喜欢用甘草根,"他说,"碳酸镁容易受潮结块。"

"这里又有一个虚假的失语症案例,"他把他看的报纸递给我,指着一条消息说,"我才不信呢。我认为十有八九是骗局。人们厌倦了工作和家人,想快活一下。他溜到什么地方去躲了起来,被发现时,假装失去记忆——不知道自己叫什么名字,甚至不记得他妻子肩膀上的那块红色胎记。失语症!无聊!他干吗不待在家里失去记忆?"

我接过报纸,带刺激性的标题下面是这样写的:

> 丹佛,6月12日讯。——著名律师埃尔温·C.贝尔福德三日前神秘地从家中走失,寻找他的一切努力均无结果。贝尔福德先生是位杰出的公民,有极高的社会地位,执行律师业务收入颇丰。他已婚,拥有一座精致的住宅,家中藏书之多在本州首屈一指。失踪的当天,他曾在银行提取一大笔现款。离开银行后,即不知去向,再也没有人见过。贝尔福德先生性情平和,爱好家庭生活,似乎对家庭和职业十分满意。如果说他奇特的失踪有什么线索可循,也许同他数月来专心处理的一件Q-Y-Z铁路公司的重要诉讼案有关。过度劳累可能影响了他的神经。目前在努力寻找失踪者的下落。

"博尔德尔先生,我觉得你有点愤世嫉俗,"我看了消息说,"依我看来,这条消息似乎真实可信。这个人事业有成,婚姻幸福,在社会上受到尊敬,他为什么突然抛弃了一切?据我所知,确实有失去记忆的情况,确实有人到处漂泊,不知道自己姓甚名谁,不知道自己的经历,也不知道自己家在何处。"

"全是胡说八道!"博尔德尔先生说,"全是开玩笑。如今大家的文化水平提高了。男人知道有失语症这种毛病,把它当做借口。女人也很机灵。事情过去之后,她们直瞅着你,显得很懂科学的样子说:'当时我被他催眠了,搞得迷迷糊糊。'"

博尔德尔先生岔开话题,不再用他的评论和哲学来启发我。

我们晚上十点钟左右抵达纽约。我叫了一辆出租马车去旅馆,在登记簿上写了"爱德华·平克汉默"。我写这个姓名时,心里感到一种奇妙、狂野、陶醉的欢快——一种无限自由、满怀希望的感觉。我好像是刚刚出生到这个世界。束缚我手脚的旧的枷锁——不管它们是什么——统统给砸掉了。未来在我面前展开一条康庄大道,我可以像婴儿似的从头做起,但我却具备成人的学识和经验。

我觉得旅馆职员多看了我五秒钟。我没有行李。

"我是参加药剂师代表大会的,"我说,"我的衣箱还没有到。"我拿出一卷钞票。

"啊!"旅馆职员露出一颗金牙说,"不少西部代表在我们这里下榻。"他打铃招呼服务员过来。

我试图把我的角色扮演得更真实一些。

"我们西部代表有些重大动作,"我说,"准备向大会提议:盛放酒石酸锑钾和酒石酸钠钾的瓶子应该并排摆在货架上。"

"领这位先生去三一四号。"旅馆职员赶忙说。我给匆匆带到我的房间。

第二天,我买了衣箱和衣服,开始过爱德华·平克汉默的生活。我不再费脑筋去解决过去的问题了。

这个大城市把一杯泛着气泡的美酒端到我嘴边。我高兴地喝了下去。曼哈顿的钥匙属于能够承受的人。你若不是这个岛城的贵宾,便是它的受害者,二者必居其一。

以后的几天过得痛快淋漓。爱德华·平克汉默诞生以来只过了几个小时,但他以曾经沧海、无拘无束之身来到这个花花绿绿的世界,领略到了罕有的乐趣。我坐在剧院和屋顶花园提供的魔毯上,神魂颠倒地给带到愉快奇异的地方,那里充满欢快的音乐、艳丽的姑娘和人间百态的滑稽、可笑、夸张的模仿。我可以自由自在地到处乱跑,不受空间、时间和行为的限制。我在有歌舞表演的离奇的餐馆进餐,或者在有匈牙利音乐和狂放的画家和雕塑家的叫喊声的、更为离奇的小饭馆吃客饭。我出入于明亮灯光下像万花筒图案那样光怪陆离的夜生活,世界上的女帽、珠宝首饰和佩带它们的女人,以及使三者成为可能的男人聚在那里寻欢作乐,招摇张扬。在我提到的这些场合里,我学到了一件以前从不了解的事情。那就是开启自由的钥匙不在许可证手里,而是归习俗所掌握。礼让有一个收税关卡,你必须付款,否则进不了自由之地。在貌似混乱的光彩、炫示和放肆中间,我看到了这个虽不突出、但无处不在的、铁一般的法则。你在曼哈顿必须遵守这些不成文法,才能获得最大限度的自由。如果你不愿受它们制约,你就动弹不得,寸步难行。

有时候,我兴之所至,会到那些有棕榈盆景装饰的、华丽的场所去用餐,那里的人们低声细语,优雅克制,散发着高贵的气息。再有时候,我会去码头,和那些经过一番修饰、大声喧哗、毫无顾忌地谈情说爱的小职员和女售货员挤在一起乘渡轮到康奈岛去找粗俗的娱乐。当然,还有百老汇路——五光十色、富丽堂皇、变化多端的百老汇路——会像鸦片一样使人上瘾。

一天下午,我回旅馆时,一个大鼻子、黑胡子、壮实的人在过道上挡住我的路。我正想从他身边绕过去,他狎昵地招呼我。

"哈啰,贝尔福德!"他大声喊道,"你在纽约搞什么鬼名堂?没想到居然有什么东西能把你从书窝里拖出来。贝尔福德太太也来了吗?还是你单独来办些小事,呃?"

"先生,你认错人了吧,"我抽回手冷冷地说,"我姓平克汉默。对不起,我少陪了。"

那个人吃惊地退到一旁。我走向服务台时,听到他招呼服务员,要电报纸。

"请替我结账,"我对服务台的职员说,"半小时后派人把我的行李送下来。我不想在有骗子打扰我的地方住下去了。"

那天下午,我搬到五马路上另一家安静的老式旅馆。

离百老汇路不远有一家餐馆,里面摆了许多热带植物,就餐者几乎可以得到阴凉的感觉。安静、豪华和无可挑剔的服务使这里成为吃午饭和点心的理想场所。一天下午,我去了那里,正穿过蕨类植物找一张桌子时,觉得有人揪住我的袖子。

"贝尔福德先生!"一个十分甜美的声音说。

我霍地转过身,看见一个独自坐着的女士——三十岁左右的女士,一双极其妩媚的眼睛瞅着我的神情仿佛我是她的非常亲密的朋友。

"你几乎就要从我身边走过去了,"她责备似的说,"别说你不认识我。咱们为什么不打个招呼呢——十五年不见了,至少应该握握手吧?"

我赶紧同她握手。我在她对面的空位置上坐下。我朝附近一个侍者扬扬眉毛,让他过来。我要了一杯薄荷酒。她的头发是带红的古铜色。事实上你不可能看见她的头发,因为你的目光怎么也无法离开她的眼睛。但你能意识到,正如在薄暮中望着树林深处时能意识到日落一样。

"你肯定认识我吗?"我问道。

"不,"她嫣然一笑说,"我从来也不敢肯定。"

"如果我告诉你,"我有点担心地说,"我叫爱德华·平克汉默,来自堪萨斯州的科诺波利斯,你有什么想法?"

"我有什么想法?"她俏皮地学着我说,"哎,当然啦,你没有带贝尔福德太太一起来纽约。我倒希望你带她来。我很想见见玛丽安。"她稍稍放低了声音——"你没有什么变化,埃尔温。"

我发现她那双美妙的眼睛仔细地看着我的眼睛和脸。

"不,你变了,"她补充说,现在的口气有一种温柔欣喜的调子,"我看出来了。你没有忘记。你一年、一天、一小时都没有忘记。我早就说过,你永远忘不了。"

我焦虑地用吸管搅着薄荷酒。

"我确实要请你原谅,"我在她的逼视下有点不安,"问题正出在这里。我忘了。我什么都忘了。"

她不理会我的否认,仿佛在我脸上看到了什么,笑得很高兴。

"我时不时听到有关你的消息,"她接着说,"你成了西部的大律师——在丹佛还是洛杉矶?玛丽安一定为你感到骄傲。我想你大概知道,你结婚六个月后我也结婚了。也许你看到了报纸上的消息。婚礼上的鲜花就用了两千元。"

她刚才提到十五年。十五年是个长时间。

"现在再向你道喜,"我有点胆怯地问道,"是不是太晚了?"

"只要你敢,不算晚。"她回答的口气那么豁达,以致我无话可说,只好用大拇指甲在桌布上划来划去。

"有件事请你告诉我,"她相当急切地凑近我说,"多年来我一直想知道——当然,纯粹是出于女人的好奇——自从那晚以后,你敢不敢触摸、嗅闻,或者看看被雨露沾湿的白玫瑰?"

我吸了一口薄荷酒。

"这些事我统统记不起来了,"我叹了一口气说,"恐怕再说也是白搭。我确实非常抱歉。"

那位女士把胳臂支在桌子上,又露出对我的话不屑一顾的神色,眼光直捣我的灵魂。她轻轻一笑,笑声奇特——里面含有幸福——是啊,还有满足——以及痛苦。我竭力不去看她。

"你撒谎,埃尔温·贝尔福德,"她幸福地吐露说,"噢,我知道你在撒谎!"

我迟钝地望着蕨类植物。

"我的姓名是爱德华·平克汉默,"我说,"我来参加全国药剂师代表大会。目前有个运动,主张重新确定酒石酸锑钾和酒石酸钠钾瓶子的摆放位置,你很可能不感兴趣。"

一辆闪亮的马车停在餐馆门口。那位女士站起来。我握着她的手,鞠了一躬。

"我记不起来了,非常抱歉,"我对她说,"我可以解释,但恐怕你不会明白。你不会承认平克汉默,而我根本想不起——玫瑰和别的事情。"

"再见啦,贝尔福德先生。"她上马车时带着她那快活而又悲伤的微笑说。

那天晚上,我去了剧院。我回旅馆时,有个穿黑衣服的人原先似乎安静地在用丝手帕擦指甲,一晃突然到了我身边。

"平克汉默先生,"他仍瞅着自己的食指说,"可不可以请你过来一下谈几句话?这里有个空房间。"

"当然可以。"我说。

他带我走进一个小客厅。一位女士和一位先生已经在里面了。那位女士,假如不是由于忧虑和疲惫而显得憔悴的话,一定非常漂亮。她的身材、外观和容貌都是我喜欢的那种类型。她穿着旅行服装,极不放心地仔细打量着我,颤抖的手按在胸前。我觉得她想朝我跑来,但是那位先生做了一个命令式的手势阻止了她。他自己迎了上来。他年纪有四十来岁,两鬓头发灰白,面相坚决慎重。

"贝尔福德老兄,"他热诚地说,"我再见到你真高兴。我们知道一切都会好的。我警告过你,你知道,你太劳累了。现在你跟我们一起回去,很快就会恢复原样的。"

我讥刺地笑笑。

"我老是被认作是贝尔福德,"我说,"已经疲沓了。到头来会让人腻烦的。我是爱德华·平克汉默,以前从没有见过你们,你们能不能接受这个假设?"

男的还来不及说话,女的已经哭喊起来。她绕过挡住她的手。"埃尔温!"她喊着扑了过来,紧紧搂住我。"埃尔温,"她又喊道,"不要伤我的心。我是你的妻子——叫我的名字——叫一次就行。我看到你这副模样比死还难受。"

我彬彬有礼但是坚决地把她的手拉开。

"夫人,"我严肃地说,"请原谅,你过于仓促地认错了人。遗憾的是,"我想起两种药的事,不禁笑着说,"为了便于区分,贝尔福德和我不能像酒石酸锑钾和酒石酸钠钾那样并排放在同一个货架上。你们想知道这比喻的意思,也许有必要注意全国药剂师大会的文件汇编。"

那位女士转向她的同伴,抓住他的手臂。

"这是怎么搞的,沃尔尼大夫?哎呀,怎么搞的?"她呻唤说。

他扶她走到门口。

"去你的房间待一会儿,"我听见他说,"我在这里同他谈谈。他的神经?不,我认为没有失常——只是大脑一部分的问题。我认为他能恢复。你去自己的房间,让我和他待一会儿。"

女士走了。穿黑衣服的男人也去了外面,仍旧专注于他的指甲。我想他大概等在门厅里。

"如果可以,我希望同你谈谈,平克汉默先生。"那位留下来的先生说。

"悉听尊便,"我回答说,"你不在意的话,我想坐得舒服些,我相当累。"我靠在窗前的一张长沙发椅上,点燃一支雪茄。他拉了一把椅子过来。

"我们开门见山地谈谈吧,"他安慰似的说,"你不姓平克汉默。"

"我同你一样清楚,"我冷冷地说,"但是人总得有个姓。不瞒你说,我对平克汉默这个姓并不特别满意。可是突然给自己找个姓时,一时半会想不起好的姓氏。换了谢林豪森或者斯克洛金斯不是更糟吗?我能想到平克汉默已经够可以的了。"

"你的姓名,"那人一本正经地说,"是埃尔温·C.贝尔福德。你是丹佛一流的律师之一。你害了失语症,忘了自己的身份。起因是过于专注于工作,并且生活缺少调剂和乐趣。刚才出去的那位女士是你的妻子。"

"她是我认为好看的那种女人,"我斟酌了一会儿说,"我特别喜欢她头发的那种棕色。"

"她是值得丈夫骄傲的妻子。你失踪快有两星期了,她基本上没有阖过眼。我们从家住丹佛的伊西多尔·纽曼发来的电报得知你在纽约。他说他在这里的一家旅馆里见到你,你却不认识他了。"

"好像有这么一件事,"我说,"如果我没有记错的话,那个家伙用'贝尔福德'称呼我。现在你是不是认为应该做个自我介绍呢?"

"我是罗伯托·沃尔尼——沃尔尼大夫。我是你二十年的好朋友和十五年的私人医生。我和贝尔福德太太接到电报后立刻赶来找你。埃尔温老兄,你回忆一下试试!"

"试有什么用?"我皱起眉头问,"你说你是医师。失语症能治吗?记忆失去后,是慢慢回来,还是突然恢复的?"

"有时候是逐渐恢复的,但不完全;有时候失去得突然,恢复也突然。"

"你愿意接受我这个病人吗,沃尔尼大夫?"我问道。

"老朋友,"他说,"我一定尽力,并且尽科学的可能来为你治疗。"

"那好,"我说,"那么说你把我当做你的病人了。从现在起,一切都要保密——职业隐私。"

"当然。"沃尔尼大夫说。

我从沙发椅上起来。房间中央的桌子上有人放了一瓶白玫瑰花——一束刚洒过水、芳香扑鼻的白玫瑰。我把它远远扔出窗外,然后又躺在长沙发椅上。

"鲍比,这个病最好是突然痊愈,"我说,"不管怎么说,我已经厌倦了。你现在可以去把玛丽安叫来。不过,哦,大夫,"我踢了他一脚,叹气说,"我的好大夫——失语症的感觉棒极了!"

市 政 报 告

城市得意洋洋,
这一个依山而站,
那一个背临海洋,
正在相互挑战。

——拉·吉卜林

试想一部写芝加哥或者布法罗的小说,或者是写田纳西州的纳什维尔!合众国里只有三个大城市称得上"故事城"——纽约当然在内,还有新奥尔良,最重要的是旧金山。

——弗·诺里斯①

按照加利福尼亚人的说法,东方是东方,西方却是旧金山。加利福尼亚人不仅仅是一个州的居民,还自成一个种族。他们是西部的南方人。芝加哥人为自己的城市感到的自豪并不逊色,但是当你请他们说说理由的时候,他们却期期艾艾地提到湖鱼和共济会大楼。而加利福尼亚人谈起来就有条有理了。

在气候方面,他们可以滔滔不绝地谈上半个小时,与此同时,你却在考虑煤炭支出和厚内衣。当他们把你的缄默误会为信服的

---

① 吉卜林(1865—1936),英国小说家、诗人。诺里斯(1870—1902),美国作家、新闻记者。

表示时,竟然忘乎所以,把金门城①说成是新世界的巴格达。这只是意见分歧的问题,没有必要辩论。但是亲爱的兄弟姐妹们(我们都是亚当和夏娃的后代),如果有谁能用指头点着地图说,"这个城市里不可能有传奇——这里能有过什么事?"那他就未免太轻率了。是啊,用一句话来否定历史、传奇以及兰德·麦克纳利②,未免太放肆、太轻率了。

纳什维尔——城市名,田纳西州首府,输出港,在坎伯兰河滨,有芝-圣铁路和路-纳铁路经过,被认为是南方最重要的教育中心。

晚上八点钟,我下了火车。由于辞典上找不到适当的形容词,我不得不用配方来做比喻。

伦敦雾三成,疟疾一成,煤气管道跑漏的气味二成,黎明时在砖地上收集的露珠二成半,忍冬草香一成半,加以混合。

这种混合物可以提供一个近乎纳什维尔的毛毛雨的概念。它没有樟脑丸那么香,也没有豌豆汤那么稠,但是已经够了——你不妨试一下。

我乘了一辆老式的马车去旅馆。我费了好大的劲才抑制住自己,没有像西德尼·卡顿③那样爬到马车顶上。拉车的畜生是过了时的,赶车的是个解放了的黑家伙。

我觉得很困倦,一到旅馆,赶紧把赶车人要的半元钱给了他

---

① 即旧金山。
② 兰德·麦克纳利,19世纪美国旅行指南和画片出版商。
③ 西德尼·卡顿,英国作家狄更斯小说《双城记》中的人物,他顶替容貌同他酷似的达ँ上了断头台。上文的马车(tumbril)指1789年法国大革命时押送死刑犯上断头台时用的马车。

（你放心，当然给了相当数目的小费）。我了解他们的脾气，我不愿意听他们唠唠叨叨地谈他们的旧主人或者战前的事情。

旅馆是那种经过"翻新"的建筑之一。也就是说花了两万元，添置了新的大理石柱、瓷砖和电灯，休息室里摆了铜痰盂，楼上的大房间里都贴上一张路-纳铁路的新时刻表和一张观山图的石印画。旅馆的管理员是无可指摘的，招待也带有细致的南方的殷勤，只不过像蜗牛爬行那么慢，像瑞普·凡·温克尔①那么乐天。饭菜值得跑一千英里路来尝尝。世上任何别的旅馆都找不到这样好的烤鸡肝串。

晚饭时，我问一个黑人侍者，城里有什么消遣。他一本正经地沉思了片刻，然后回答说："哎，老板，我实在想不出太阳落山后还有什么消遣。"

太阳已经落山了；它早就沉没在牛毛细雨中了。我已经无缘见到那个景象。但我仍旧冒着细雨上街，看看可能有些什么。

该城坐落在起伏的土地上，街道有电灯照明，每年花费三万二千四百七十元。

我走出旅馆，碰到了一场种族暴乱。一群自由的黑人，或者阿拉伯人，或者祖鲁人，向我扑来。他们都配备着——还好，使我安心的是我看到的不是来复枪，而是马鞭。我还隐隐约约看到了一队黑黝黝的、笨重的车辆；听到了使我更为安心的叫喊："老板，送你到城里随便什么地方，只要半元钱。"这时我领会到，我不是受害者，而只是一个"乘客"。

---

① 瑞普·凡·温克尔，美国作家华盛顿·欧文《见闻札记》中性格温和一睡二十年的人物。

毫不通融

我在长街上走着,街道都是上坡的。我不明白它们怎么再通下来,也许根本不下来了,除非把它们筑平。在少数几条"大街"上,我偶尔看到店铺里有灯火,看到电车载着可敬的市民开来开去,看到交谈的人走过,还听到一家卖苏打水和冰淇淋的铺子里传出近乎活泼的哄笑。不能算"大"的街道仿佛把和平安详的房子引诱到它们两旁来。许多房子的谨慎地拉好的窗帘里透出了亮光,少数几座房子里传出整齐而无可非难的钢琴声。确实没有什么"消遣"。我希望我在太阳落山之前来到就好了。于是我回到了旅馆。

一八六四年十一月,南部联邦的胡德将军向纳什维尔进军,围住了托马斯将军率领的一支北部联邦同盟的军队。托马斯将军发起进攻,在一场激烈的战斗中击败了南部联邦的军队。

南方嚼烟草的人在和平时期的射击技术,我闻名已久,衷心钦佩,并且亲眼目睹过。我下榻的旅馆里却有一件出乎意外的事在等着我。宽敞的休息室里有十二只崭新锃亮、堂皇庞大的铜痰盂,高得可以称做瓮,口子又那么大,连女子垒球队的最佳投手在五步以外都能把球扔进去。但是,尽管经历了可怕的战役,并且还在进行战斗,敌方并没有损失,它们仍旧锃亮堂皇,大模大样地摆着。但是,倒霉的杰斐逊·布里克①啊!那瓷砖地——美丽的瓷砖地!我不由自主地想起了纳什维尔战役,按我愚蠢的习惯,希望得出有关遗传的射击技术的推论。

我在这里初次见到了温特沃斯·卡斯韦尔少校(这个头衔对

---

① 杰斐逊·布里克,英国作家狄更斯小说《马丁·朱述尔维特》中脸色苍白、体弱多病的年轻战地记者。"布里克"一词在英语中有"砖头"的意思。

他实在太客气了)。我一见到他就觉得不自在,知道他是何等样人。耗子到处都有。我的老朋友艾·丁尼生讲的话一向精辟,他说过:

先知啊,诅咒那搬弄是非的耗子,
诅咒不列颠的害物——耗子。

"不列颠"这个地名,我们不妨随意调换。耗子总归是耗子。

这个人在旅馆里的休息室里探头探脑,活像一条忘了自己把骨头埋在什么地方的饿狗。他那张大脸又红又臃肿,带着菩萨般的迷糊而定心的神情。他只有一点长处——胡子刮得非常光洁。人身上的兽性特征是可以消除的,除非他胡子拉碴,没刮干净便跑到外面来。我想,如果那天他没有用过剃刀,跑来同我搭讪,我一定不予理睬,那么世界犯罪记录上也许会少掉一件谋杀案。

卡斯韦尔向一个痰盂开火时,我站的地方凑巧离痰盂不到五步。我相当机警,看到进攻者使用的不是打松鼠的来复枪,而是格林机关枪,我便飞快地往旁边一闪。少校却抓住这个机会向一个非战斗人员道歉。他是个碎嘴子。不出四分钟,他同我交上了朋友,把我拖到酒吧那儿。

我想在这里插一句,说明我是南方人。我之所以是南方人,并不是由于职业关系。我不喜欢用窄领带、戴垂边帽、穿大礼服,不喜欢嚼烟草,也避而不谈谢尔曼将军毁了我多少件棉花包。乐队演奏《狄克西》①的时候,我并不喝彩。我在皮面椅子上坐低一些,再要了一杯啤酒,希望朗斯特里特②曾经——可是有什么用呢?

卡斯韦尔用拳头擂一下酒吧,响起了萨姆普特堡第一炮的回

---

① 《狄克西》,美国南北战争时期,歌颂南方的流行歌曲。
② 朗斯特里特(1821—1904),美国南北战争时,南部邦联的将军。

音。当他开了阿波马托克斯的最后一炮时①,我开始满怀希望。他却开始扯起他的家谱来,说明亚当只不过是卡斯韦尔家族一支旁系的远房兄弟。搬完家谱后,叫我讨厌的是他又谈起个人的家庭琐事。他谈着他的妻子,把她的上代一直追溯到夏娃,还出口不逊地否认她可能同该隐沾些亲戚的谣传。

这时,我开始怀疑,他是不是想利用唠叨的话语来蒙混他已经要了酒的事实,希望我糊里糊涂地付账。然而酒端来时,他把一枚银币啪地放在酒吧上。那一来,再要一巡酒是免不了的。我付了第二巡的酒账,很不礼貌地离开了他,因为我实在不愿意同他在一起了。我脱身之前,他还喋喋不休地高声谈着他妻子的收入,拿出一把银币给人看。

我在旅馆服务台取房间钥匙时,职员很客气地对我说:"假如卡斯韦尔那家伙招惹了你,假如你打算申诉,我们可以把他撵出去。他是个讨厌的人,是个混混,不务正业,虽然他身边经常有一些钱。我们似乎找不到合法的理由把他轰出去。"

"哎,是啊,"我思索了一下说,"我也没有申诉的理由。不过我愿意正式声明,我不希望同他结交。你们的城市,"我接着说,"看来很安静。你们有什么消遣以及新奇和兴奋的事情可以款待陌生的客人?"

"嗯,先生,"职员说,"下星期四有一个戏班子来。那是——我等会儿查一下,把海报同冰水一起送到你的房间里去。晚安。"

我上楼进了自己的房间,向窗外望去,那时只有一点钟光景,然而我看到的城市已经一片静寂。毛毛雨还在下,暗淡的街灯闪烁着。街灯稀稀落落,像是妇女义卖市场出售的蛋糕里的葡萄干。

---

① 美国南北战争以南部邦联军队攻陷萨姆普特堡开始,以南部邦联军队司令李将军在阿波马托克斯投降告终。

"安静的地方,"我脱下的第一只鞋落到楼下房间的天花板上时,我暗忖道,"这里的生活不像东部和西部城市那样丰富多彩。只是一个不坏的、平凡的、沉闷的商业城市。"

纳什维尔是全国重要的制造业中心之一。它的皮鞋皮靴产量占美国第五位,是南方最大的生产糖果饼干的城市,呢绒、食品和药品的贸易数额也相当大。

我得告诉你,我怎么来到纳什维尔;这些离题的话肯定会使你厌烦,正如我自己觉得厌烦一样。我为了一些私事要去别处,但是北方的一家杂志社委托我在这里逗留一下,替社里和一个撰稿人,阿扎里亚·阿戴尔,建立联系。

阿戴尔(除了笔迹之外,其余的情况一无所知)寄来过几篇随笔(失传的艺术!)和几首诗,编辑们一点钟吃午饭时,谈起来赞不绝口。因此,他们委托我来找这位阿戴尔,在别的出版社提出每字十分或二十分的稿酬之前,同他或她以每字两分的稿酬订一个合同,收买他或她的作品。

第二天上午九点钟,我吃了烤鸡肝串之后(假如你找得到那家旅馆,不妨一试),走进外面一片无休无止的茫茫细雨。在第一个拐角上,我就碰到了恺撒大叔。他是个健壮的黑人,年龄比金字塔还要老,头发灰白拳曲,面相先叫我想起布鲁特斯,转念之间又觉得像是已故的塞蒂瓦约皇帝。他穿的大衣非常奇特,是我从未看到或想到的。它长得拖到脚踝,以前是南部邦联军队的灰大衣。但是由于雨打日晒,年深月久,颜色已经斑驳不堪。约瑟的彩衣同它相比,也会像单色画那样黯然失色。我必须在这件大衣上啰嗦两句,因为它同故事情节有关。故事发展得很慢,你本来就不能指望纳什维尔这个地方有什么新鲜事。

以前,那一定是军官的大衣。大衣的护肩已经不见了,原先缀在前襟的漂亮的盘花横条和流苏也不见了。代替它们的是用普通麻线巧妙地捻成新的盘花横条,然后细心缝上去的(我猜想大概是哪一位年老的"黑妈妈"缝的)。这些麻线也磨损得乱蓬蓬的。它们顺着早就消失的盘花横条的痕迹,不厌其烦、煞费苦心地给缀在大衣上,旨在代替往昔的气派。此外,使大衣的滑稽与悲哀达到顶点的是,所有的纽扣全掉了,只剩下顺数下来第二颗。大衣是另外用一些麻线穿过原来的纽扣孔和在对襟上粗糙地戳通的洞孔系起来的。像这样装饰得古里古怪,颜色又是这么斑驳的奇特衣服确实少见。惟一的那颗纽扣有半元银币那么大,是牛角制的,也用粗麻线缝着。

那个黑人站在一辆非常旧的马车旁边,马车很可能是含①离开方舟以后,套了两匹牲口,用来做出租车生意的。他见我走近,便打开门,取出一把鸡毛掸子虚晃几下,用深沉的、隆隆的声音说:

"请上车,先生,一颗灰尘也没有——刚刚出丧回来,先生。"

我推测遇到出丧这样的隆重场合,马车大概要特别做一番清洁工作。我朝街上打量一下,发现排在人行道旁边的出租马车也没有选择的余地。我掏出记事本,看看阿扎里亚·阿戴尔的地址。

"我要去杰萨明街八百六十一号。"说罢,我便想跨进马车。但那个黑人伸出又粗又长、像猩猩一般的胳臂拦住了我。他那张阴沉的大脸上突然闪出一种猜疑和敌视的神情。接着,他很快安下心,讨好地问道:"你去那里干吗,老板?"

"你管得着吗?"我有点冒火地问道。

"没甚么,先生,没什么。只不过那地方很偏僻,很少有人去。请上车吧。座位干净得很——刚刚出丧回来,先生。"

---

① 含,《旧约》中诺亚之子,据说含的后代在非洲繁衍,常作为黑人的代称。

到达旅程终点至少有一英里半路。除了那辆古老的马车在高低不平的砖地上颠簸得发出可怕的咔嗒声外,我听不到别的声音;除了毛毛雨的气息外,我闻不到别的气味。现在毛毛雨里又夹杂着煤烟以及像是柏油和夹竹桃混合起来的气味。从滴着雨水的车窗里,我只见到两排黑黝黝的房屋。

该城面积为十平方英里;街道总长一百八十一英里,其中一百三十七英里是经过铺设的;水道系统造价两百万元,总水管长七十七英里。

杰萨明街八百六十一号是一幢朽败的邸宅。它离街道三十码,被围绕在一丛苍翠的树木和未经修剪的灌木中间。一排枝叶披蔓的黄杨几乎遮没了围篱。大门是用系在门柱上的绳圈同第一根篱笆桩子扣起来的。你一进去,便发现八百六十一号只是一个空壳、一个影子,是往昔豪华和显赫的幽灵。不过照故事情节的发展来说,我还没有走进那幢房屋。

在马车的咔嗒声停止、疲惫的牲口也得到休息时,我把半元钱给了车夫,并且自以为相当大方地加了二十五分的小费。他却不接受。

"两块钱,先生。"他说。

"怎么啦?"我问道,"我清清楚楚听到你在旅馆门口喊的是'送你到城里随便什么地方,只要半元钱。'"

"两块钱,先生,"他固执地重复说,"离旅馆有好长一段路呢。"

"这地方还在城里,你怎么也不能说它出了城呀,"我争论说,"你可别以为你碰到了一个傻瓜北方佬。你看到那面的小山吗?"我指着东面说(由于细雨迷蒙,我自己也看不见那些小山),"嗯,我是在那边出生长大的。你这个又老又笨的黑家伙,你长了眼睛连人都分不清了吗?"

塞蒂瓦约皇帝的阴沉的脸色和霁了。"你是南方人吗,先生?我想大概是你那双鞋子使我误会了。南方先生穿的鞋子,头没有这么尖。"

"现在车费该是半元钱了吗?"我毫不妥协地说。

他又恢复了原先那种贪婪而怀有敌意的神情,可是只持续了十秒钟就消失了。

"老板,"他说,"本来是半元,但是我需要两块钱,先生,我非得有两元钱不可。我知道你是本地人之后,先生,我不再强要了。不过我只是告诉你,今晚我非得有两元钱不可,生意又很清淡。"

他那张浓眉大眼的面孔显得安详而自信。他的运气比他想象的要好。他遇到的不是一个不了解车费标准的傻瓜,而是一个施主。

"你这个该死的流氓,"我一面把手伸进口袋,一面说,"应该把你扭交警察。"

我第一次见到他露出笑容。他料到了;他料到了;他早就料到了。

我给他两张一元面额的钞票。我递给他时,注意到其中一张饱经沧桑:钞票缺了右上角,中间是破了以后又粘起来的。一条蓝色的纱纸粘住破的地方,维持了它的流通性。

关于这个非洲强徒的描写,暂时到此为止;我满足了他的要求,同他分了手。我拉起绳圈,打开了那扇吱嘎发响的门。

我刚才已经说过,这幢房屋只是一个空壳。它准有二十年没有碰到过油漆刷子了。我不明白,大风怎么没有把它像一座纸牌搭的房子那样掀翻。等我向簇拥在它周围的树木看了一会儿之后,才明白其中道理——那些目击过纳什维尔战役的树木依然伸展着枝柯,呵护着它,挡住了风暴、敌人和寒冷。

阿扎里亚·阿戴尔接待了我。她出身名门,年纪五十左右,一头银发,身体像她居住的房屋一般脆弱单薄。她穿着我生平少见的最便宜、最干净的衣服,气度像皇后一样质朴。

客厅空荡荡的,仿佛有一英里见方,只有摆在白松木板架上的几排书,一张有裂纹的大理石面的桌子,一条破地毯,一只光秃秃的马鬃沙发和两三把椅子。墙上倒有一幅画,一束三色堇的彩色蜡笔画。我四下扫了一眼,看看有没有安德鲁·杰克逊①的画像和松果篮子,可是没有看到。

阿扎里亚·阿戴尔和我谈了话,其中一部分将转述给你们听。她是古老的南方的产物,在荫庇下细心培植起来的。她的学识并不广博,涉猎范围相当狭窄,但却有它的深邃和独到之处。她是在家里受的教育,她对于世界的知识是从推论和灵感中获得的。这就是造成那一小批可贵的随笔作家的条件。她同我谈话时,我不住地拂拭手指,仿佛不自觉地想抹去从兰姆、乔叟、赫兹利特、马格斯·奥雷利乌斯、蒙田和胡德著作的小牛皮书脊上揩来的、其实不存在的灰尘。她真了不起,是个可贵的发现。如今几乎每个人对于现实生活都了解得太多了——哦,实在太多了。

我可以清楚地看出阿扎里亚·阿戴尔非常穷。我想她只有一幢房子、一套衣服,此外就没有什么了。我一方面要对杂志社负责,一方面又要忠于那些在坎伯兰河谷与托马斯②一起战斗的诗人与随笔作家,我带着这种矛盾的心情倾听她那琴声似的话语,不好意思提起合同的事。在九位缪斯女神和三位格雷斯女神③面

---

① 安德鲁·杰克逊(1767—1845),美国第七任总统。
② 托马斯(1816—1870),美国南北战争时,忠于南部邦联的将领。
③ 缪斯是希腊神话中司文艺、美术、音乐的九女神;格雷斯是赐人以美丽、温雅与欢乐的三女神。

前,你很难把话题转到每字两分钱的稿费上。恐怕要经过第二次谈话,我才能恢复我的商业习惯。然而我还是把我的使命讲了出来。同她约定第二天下午三点钟再见面,讨论稿酬方面的问题。

"你们的城市,"我准备告辞时说(这时候可以说一些轻松的一般性的话了),"似乎是个安宁静谧的地方。我该说是个适于住家的城市,没有特殊的事情发生。"

它和西部南部进行大批的火炉与器皿的贸易,它的面粉厂有日产两千桶的能力。

阿扎里亚·阿戴尔似乎在沉思。

"我从没有那样想过,"她带着一种仿佛是她特有的诚挚专注的神情说,"安宁静谧的地方难道就没有特殊的事情了吗?我揣想,当上帝在第一个星期一的早晨动手创造世界时,你可以探出窗外,听到他堆砌永恒的山丘时泥刀溅起泥块的声音。世界上最喧闹的工程——我指的是建造通天塔——结果产生了什么呢?《北美评论》上一页篇幅的世界语罢了。"

"当然,"我平淡地说,"各到各处人的天性都是一样的;但是某些城市比别的城市更富于色彩——呃——更富于戏剧和行动,以及——呃——浪漫史。"

"表面上是这样的,"阿扎里亚·阿戴尔说,"我乘着展开双翼(书籍和幻想)的金色飞船,多次周游了世界。在一次幻想的旅行中,我看到土耳其苏丹亲手绞死了他的一个妻子,因为她在大庭广众之中没有蒙住脸。我也看到纳什维尔的一个男人撕毁了戏票,因为他的妻子打扮好出去时扑了粉,蒙住了脸。在旧金山的唐人街,我看到婢女辛宜被慢慢地、一点一点地浸在滚烫的杏仁油里,逼她发誓再也不同她的美国情人见面。当滚烫的油淹到膝上三英寸的地方时,她屈服了。另一晚,在东纳什维尔的一个纸牌会上,我看到基蒂·摩根的七个同学和好友假装不认识她,因为她同一个油漆匠结了婚。她端在胸前的滚烫的油吱吱发响,但是我希望你能见到她从一张桌子走到另一张桌子边时脸上显出的美妙的微笑。哦,是啊,这是一个单调的城市。只有几英里长的红砖房屋、泥泞、商店和木料场。"

后面有人敲门,发出了空洞的回响。阿扎里亚·阿戴尔轻声道了歉,出去看看有什么事。三分钟后,她回来了,眼睛闪闪发亮,脸上泛起淡淡的红晕,仿佛年轻了十年。

"你得在这里喝一杯茶,吃些点心再走。"她说。

她拿起一个小铁铃,摇了几下。一个十二岁左右、打着赤脚、不很整洁的黑人小姑娘踢踢踏踏地进来了。她含着大拇指,鼓起眼睛,直盯着我。

阿扎里亚·阿戴尔打开一个破旧的小钱袋,取出一张一元的钞票,那张钞票缺了右上角,中间是破了以后又用一条蓝纱纸粘住的。正是我给那个海盗般的黑人的钞票——准没错。

"到拐角上贝克先生的铺子去一次,英比,"她把钞票交给那个姑娘说,"买三两茶叶——他平时替我送来的那种——和一毛钱的糖糕。赶快去吧。家里的茶叶正好用光了,"她向我解释。

英比从后面出去了。她赤脚的踢踏声还没有在后廊里消失,空洞的房子里突然响起一声狂叫——我肯定是英比的声音。接着是一个男人发怒的深沉模糊的嗓音以及那个姑娘连续不断的尖叫和分辨不清的话语。

阿扎里亚·阿戴尔既不惊讶也不激动地站起来,出去了。我听到那男人粗野的吵闹声持续了两分钟,接着仿佛是咒骂和轻微的扭打,然后她若无其事地回来坐下。

"这幢房子很宽敞,"她说,"我出租一部分给房客。很抱歉,我得收回请吃茶点的邀请了。店里买不到我平时用的那种茶叶。明天贝克先生或许可能供应我。"

我确定英比根本没有离开过这幢房子。我打听了电车路线后便告辞了。走出好远时,才想起我还没有问阿扎里亚·阿戴尔的姓氏。明天再问吧。

那天,我就开始了这个城市强加在我头上的邪恶行为。我在这里只待了两天,可是这两天里我已经在电报上可耻地撒了谎,并且在一件谋杀案中当了事后的同谋——如果"事后"是正确的法律术语。

当我拐到旅馆附近的街角时,那个穿着五颜六色、无与伦比的大衣的非洲马车夫拖住了我,打开他那活动棺材的牢门,晃着鸡毛掸子,搬出了老一套话:"请上车,老板。马车很干净——刚刚出丧回来。你出半元钱就把你——"

接着,他认出了我,咧开嘴笑了。"对不起,老板;你就是今天早晨同我分手的那位先生。多谢你啦,先生。"

"明天下午三点钟,我还要去八百六十一号,"我说,"假如你在这里,我可以乘你的车子。你本来就认识阿戴尔小姐吗?"我想起了那张一元的钞票,结尾又问了一句。

"我以前是她爸爸阿戴尔法官家里的,先生。"他回答道。

"据我判断,她相当穷困,"我说,"她没有什么钱,是吗?"

片刻之间,我又看到了塞蒂瓦约皇帝的凶相,随后他变成了那个敲竹杠的老黑种马车夫。

"她不会饿死的,先生,"他慢慢地说,"她有接济,先生;她有接济。"

"下一趟我付你半元钱。"我说。

"完全对,先生,"他谦恭地说,"今早晨我非有那两元钱不可,老板。"

我回到旅馆,在电报里撒了谎。我打电报给杂志社说:"阿·阿戴尔坚持每字八分。"

回电是:"立即同意,笨蛋。"

晚饭前,温特沃斯·卡斯韦尔"少校"像是多日不见的老朋友似的冲过来向我招呼。我难得遇到这种一看就叫我讨厌、却又不易摆脱的人。他找上来的时候,我正站在酒吧前面,因此不能对他说我不喝酒。我很愿意付酒账,只要免掉再喝一巡;但他是那种可鄙的、吵闹的、大吹大擂的酒鬼,每次荒唐地花掉一文钱都要铜管乐队和鞭炮来伴奏。

他像炫示千百万元钱似的掏出了两张一元的钞票。把其中一张扔在酒吧上。我又看到了那张缺掉右角、中间破后用蓝色纱纸粘起来的钞票。又是我的那一元钱。不可能是别的。

我上楼到我的房间里。这个枯燥宁静的南方城市的细雨和单调,使我倦乏而无精打采。我记得上床前迷迷糊糊地对自己说:"这里有不少人似乎都是出租马车托拉斯的股东。股息也付得快,我不明白——"这下才把那张神秘的一元钞票从脑海里排除出去(那张钞票很可以成为一篇绝好的旧金山侦探故事中的线索)。我睡着了。

第二天,塞蒂瓦约皇帝在老地方等我,把我的骨头在石子路上颠到八百六十一号。他在那里等我办完事后再送我回来。

阿扎里亚·阿戴尔看来比前一天更苍白,更脆弱。

签了每字八分钱的合同后,她脸色更苍白了,开始从椅子上往下滑。我不费什么劲就把她抬上那张马鬃沙发,然后跑到外面人行道上,吩咐那个咖啡色的海盗去请一位医师来。我对他的智力本来就不怀疑,他知道争取时间的重要性,聪明地丢下马车不乘,徒步走去。十分钟后,他领了一位头发灰白,严肃干练的医师回来了。我简简单单用几句话(远不值八分钱一个字)向他说明我来到这幢神秘空洞的房屋的缘由。他严肃地点点头,然后转向那个老黑人。

"恺撒大叔,"他镇静地说,"到我家去,问露西小姐要满满一罐新鲜牛奶和半杯葡萄酒。赶快回来。别赶车去啦——跑路去。这星期你有空的时候再来一次。"

我想梅里曼医师也不太信任那个陆上海盗的马匹的速度。恺撒大叔笨拙而迅速地向街上跑去后,医师非常客气而又极其仔细地打量了我一番,觉得我这个人还可以信任。

"只不过是营养不良,"他说,"换句话说,是贫穷、自尊和饥饿的结果。卡斯韦尔太太有许多热心的朋友,都乐于帮助她,但是她除了那个从前属于他们家的老黑人之外,不接受任何人的帮助。"

"卡斯韦尔太太!"我吃惊地说。接着,我看看合同,发现她的签名是"阿扎里亚·阿戴尔·卡斯韦尔"。

"我以为她姓阿戴尔呢。"我说。

"她嫁了一个没出息的、游手好闲的酒鬼,先生,"医师说,"据说连那老佣人送来接济她的小钱,都被他夺去。"

牛奶和葡萄酒取回来了,医师很快就使阿扎里亚·阿戴尔苏醒过来。她坐起身,谈着那正当时令、色彩浓艳的秋叶的美。她轻描淡写把她昏倒的原因说成心悸的老毛病。她躺在沙发上,英比替她打扇子。医师还要去别的地方,我送他到门口。我对他说,我有权并且准备代杂志社酌量预支一笔稿酬给阿扎里亚·阿戴尔,他好像很高兴。

"我顺便告诉你,"他说,"你也许愿意知道,那个马车夫有皇族血统呢。老恺撒的祖父是刚果的一个皇帝。恺撒本人也有皇家的气派,你或许早就注意到了。"

医师走后,我听到屋子里面恺撒大叔的声音:"他把你那两块钱都拿走了吧,阿扎里亚小姐?"

"是啊,恺撒。"我听到阿扎里亚软弱地回答道。于是我回到屋子里,同我的撰稿人结束了业务上的商洽。我自作主张,预支了五十元给她,作为巩固合同的必要的形式。然后由恺撒大叔赶车送我回旅馆。

我作为目击者见到的事情到此全部结束。其余的只是单纯的事实叙述。

六点钟光景,我出去散步。恺撒大叔在街角的老地方。他打开车门,晃着鸡毛掸子,开始搬出那套沉闷的老话:"请上车,先生。只要半元钱,送你到城里随便什么地方——马车非常干净,先生——刚刚出丧回来——"

接着,他认出了我。我想他的眼神大概不济了。他的大衣又添上了几块退色的地方,麻线更蓬松零乱,剩下的惟一一颗纽扣——黄牛角纽扣——也不见了。恺撒大叔还是皇族的后裔呢!

约莫两小时后,我看到一群人闹闹嚷嚷地挤在药房门前。在一个平静无事的沙漠里,这等于是天赐的灵食;我挤了进去。温特沃斯·卡斯韦尔少校的皮囊躺在一张用空箱子和椅子凑合搭起来的卧榻上。医师在检查他有没有生命迹象。他的诊断是少校显然完了。

有人发现这位往昔的少校死在一条黑暗的街上,好奇而无聊的市民们把他抬到药房。这个已故的人生前狠狠打过一架——从种种细节上可以看出来。他虽然身为无赖恶棍,打架倒也顽强。但是他打败了。他的手攥得紧紧的,掰都掰不开。站在周围同他相识的善良的市民们尽可能搜索枯肠,想说他一两句好话。一个面貌和善的人想了好久后说:"卡斯韦尔十四岁的时候,在学校里拼法学得最好。"

我站在那里时,死人垂在白松板箱旁边的右手松开了,一件东西掉在我脚边。我悄悄用脚踩住,过了一会儿才把它捡起来,放进口袋。照我的揣测,他在临终的挣扎中无心抓住了那件东西,死死捏住不放。

当天晚上,旅馆里的人除了谈谈政治和禁酒之外,主要是谈论卡斯韦尔少校的去世。我听到一个人对大家说:

"照我的看法,诸位,卡斯韦尔是被那些混蛋黑鬼谋财害死的。今天下午他身边有五十块钱,给旅馆里好几个人看过。发现他的尸体时,这笔钱不在了。"

第二天上午九点钟,我离开了这个城市。当火车驶过坎伯兰河上的桥梁时,我从口袋里掏出一个黄牛角的大衣纽扣,约莫有半元银币那样大小,上面还连着蓬散的粗麻线。我把它扔到窗外,让它落进迟缓泥泞的河水里。

我不知道布法罗有些什么事情!

灵魂与摩天大楼

假如你是哲学家,你可以到一座高楼顶上,望着三百英尺下面的人们,把他们当做昆虫。他们像夏日池塘里浑浑噩噩的黑色的水生蜻,傻乎乎地挤在一起,毫无目的地爬动打转。它们甚至没有蚂蚁的值得惊叹的智力,因为蚂蚁认得回家的路。蚂蚁的地位固然低下,但它们能回家,换上拖鞋,而你仍留在崇高的位置上。

在大楼顶上的哲学家眼里,人们仿佛是不值一提的、爬行的甲虫。经纪人、诗人、百万富翁、擦皮鞋小厮、美女、泥瓦匠和政治家,都成了熙来攘往的小黑点,在不比你的大拇指宽多少的街道上躲避比他们大一些的黑点。

这么居高临下望去,城市本身也成了一堆莫名其妙的扭曲的建筑和奇形怪状的景象;浩瀚的海洋成了鸭塘;地球成了一个打飞了的高尔夫球。生活的全部细节都消失了。哲学家望着头顶无限的天空,他的灵魂在新景象的影响下得到了扩展。他觉得自己是永恒的继承人、时间的儿子。根据他的不朽遗产的权利,空间也应该属于他,他想起有朝一日他的同类将穿越神秘的星空,不免激动万分。同他脚下的小小寰球相比,这座高耸的钢铁建筑好像是喜马拉雅山上的一颗灰尘——而这个世界只不过是无数旋转的原子中间的一粒罢了。同他们微不足道的城市上空和周围的浩瀚寂静的宇宙相比,下面那些纷纷扰扰的黑色昆虫的野心、成就、渺小的征服和爱好又算得上什么?

哲学家肯定有这些思想。它们从世界哲学体系中明明白白地汇集起来,记录在案,后面都打了问号,代表居高临下的深刻思想家的沉思冥想。哲学家乘电梯下来时,他的思想就开阔一些,心情趋于平静,他的有关宇宙发生的概念就像夏季猎户座带纹三明星当中的一颗那么大了。

如果你的名字碰巧是戴西,年龄十八,在八马路一家糖果店工作,住在一间五英尺宽、八英尺长的、从过道隔出来的寒冷的小卧室里,每周工资六元,每天吃一毛钱的午饭,早晨六点半起床,干到晚上九点,从未学过哲学,你从摩天大楼上看到的东西就不会是这样的了。

有两个小伙子在追求不带哲学气质的戴西。一个是乔,他开了一家铺子,算得上是纽约最小的。铺子的体积同市政工程局的工具箱差不多,像燕子窝似的附在商业区一座摩天大楼的角落里。经营的商品包括水果、糖果、报纸、歌本、香烟和夏天的柠檬汽水。当严峻的冬天摇晃着冻结的发卷时,乔不得不把自己和水果挪到屋子里面去,店铺的空间只够容纳店主、他的商品、一个小火炉和一个顾客。

乔不属于那种永远热衷于音乐和水果的民族。他是能干的美国青年,一直在攒钱,并且要戴西帮他花掉。他向她提过三次。

"我攒了钱,戴西,"他说,"你知道我多么需要你。我那个铺子不很大,不过——"

"哦,是吗?"那个不带哲学气质的人这么回答,"哎,我听说沃纳梅克同你协商,要你明年分租一部分店面给他。"

戴西每天早晚都经过乔的角落。

"哈啰,小不点儿!"她总是这么招呼,"我觉得你的店铺空了一点。你准是卖掉了一包口香糖。"

"当然,除了你以外,这里容不下什么了,戴西,"乔总是咧嘴笑着回答,"我和商店随时都等待你接受我们。你觉得为时不会太久了吧?"

"商店!"——戴西翘起鼻子嘲弄说——"沙丁鱼罐头!你说等我来吗?嘻!你得扔出一百来磅糖果,我才进得去,乔。"

"这样的公平交易我很乐意。"乔奉承说。

戴西的生活处处受到限制。她得侧着身体才能从柜台和货架之间走进糖果店。她自己的从过道隔出来的卧室舒适得几乎融为一体。四墙相距如此之近,以致墙纸似乎在说悄悄话。她可以一手点燃煤气灯,另一手关上房门,同时看到镜子里自己的棕色头发。她的梳妆台上放着镶有乔照片的镀金镜框,有时候——但她马上想到大楼角落里乔的那个肥皂箱似的、滑稽的小店,不免哈哈一笑,随之把遐想抛到脑后。

另一个追求戴西的小伙子比乔晚来几个月。他在戴西住的公寓里租了房间。他姓达布斯特,是个哲学家。他很年轻,肚子里的学问都摆在脸上,像是贴在帕塞伊克(新泽西)衣箱上的、到过欧洲国家的行李标签。他的学问都是从百科全书和实用知识手册里挖来的;在智慧方面,他有点滞后,她经过旁边离去时,他还站在街上吸鼻子,连她汽车的牌号都没有看清楚。他可以并且很乐意告诉你豌豆和小牛肉的水分和营养成分的比例,《圣经》里哪句诗最短,固定二百五十六块防雨木瓦板需要多少磅钉子,伊利诺伊州卡纳基的人口有多少,斯宾诺莎的理论是什么,麦凯·通布利先生的第二个男仆叫什么名字,霍沙克隧道长度是多少,母鸡孵蛋的最佳时期,宾夕法尼亚州浮木站和红岸火炉站之间铁路邮局邮递员的工资数额,猫的前腿有几根骨头。

渊博的知识并没有使达布斯特受累。他的统计数字是装饰闲谈大餐的欧芹菜,如果他认为配你胃口,就会端出来招待你。此外,他在公寓就餐时把这些数字当做胸墙。他向你发出一连串数字的炮弹,问你一英尺长、五英寸宽、二又四分之三英寸高的铁块有多重,明尼苏达州斯奈林堡的平均年降雨量是多少,当你定下神,怯生生地问他母鸡为什么要穿过马路时,他就用叉子叉住盘子里最好的一块鸡肉。

他有了这些小聪明,加上下午三点钟在商业区购物的仪表,小人国商场的乔似乎有了一个需要拔剑相见、认真对付的情敌。不过乔没有剑。即使有的话,店铺也没有拔出来施展的空间。

星期六下午四点左右,戴西和达布斯特先生在乔的铺子前面站停。达布斯特戴了一顶大礼帽,而——戴西毕竟是女人,那顶帽子在乔没有看到之前是不会放回盒子里去的。他们来这里,表面上的目的是买菠萝口香糖。乔把他们要的东西递出店门口。他看到大礼帽能够面不改色,也不畏缩。

"达布斯特先生要带我到大楼顶上去看看风景,"戴西介绍他们相互认识后说,"我从没有登过摩天大楼,我想上面一定非常有趣。"

"唔!"乔说。

"在高楼顶上观看全景,"达布斯特先生说,"非但超凡脱俗,而且大有启发。戴西小姐一定会非常愉快。"

"楼顶和底下一样,风很大,"乔说,"你衣服穿得暖和吗,戴西?"

"当然!我穿得严严实实,"戴西望着他皱紧的眉头,不好意思地笑着说,"你仿佛是箱子里的一具木乃伊,乔。你是不是刚进了一品脱花生豆或者一只苹果?你的存货好像胀库了。"

戴西为她自己得意的调侃格格笑了,乔不得不陪着她笑笑。

"同这座大楼相比,你的地方确实窄了一点,呃——呃——先生,"达布斯特说,"我估计大楼的长宽分别是三百四十和一百英尺。你占据的比例正像是美国落基山脉以东地区、加上加拿大的安大略省和比利时的面积里放上半个俾路支斯坦。"

"是吗?"乔快活地说,"你确实是数字方面的聪明人。你认为假如一头公驴不叫唤,歇上一又八分之五分钟,能吃掉多少平方磅的干草?"

几分钟后,戴西和达布斯特先生走出电梯,踏上一座摩天大楼的顶层。然后他们爬上几级陡峭的楼梯,上了屋顶。达布斯特带她到栏杆前,让她看下面街道上移动的黑点。

"那是什么呀?"她颤抖地问道。以前她从没有爬到过这么高的地方。

这时候,达布斯特必须扮演塔顶哲学家的角色,引导她的灵魂迎接横无际涯的空间。

"二足动物,"他严肃地说,"你瞧,即使从三百四十英尺的高度看去,他们成了什么样——只不过是一些来回乱爬的昆虫罢了。"

"哦,绝不会是昆虫,"戴西突然嚷道,"他们是人!我看到了一辆汽车。嘻!我们居然这么高!"

"到这儿来。"达布斯特说。

从他所站的地方远远望去,底下的大城市仿佛是排列得整整齐齐的玩具,虽然时候还早,但在冬日的下午,已经看到点亮的灯塔像星星那样闪烁。再远处,东南方向的海湾和海洋迷迷蒙蒙地淡入空中。

"我不喜欢,"戴西的蓝眼睛里露出困惑的神色,"我们下去吧。"

哲学家却不愿意错过这次机会。他要让她看看他心胸的广阔,他对无限空间的掌握,他对统计数字的记忆力。以后,她就再也不想去纽约最小的店铺买口香糖了。于是他开始大谈特谈人事的渺小,即使只离地面稍稍远一点,人类和他们的成绩就变得微不足道。人们经常考虑的应该是宇宙体系和斯多葛派哲学家埃皮克提图的清心寡欲的学说,从而感到满足。

"我不同意你的观点,"戴西说,"我觉得爬得这么高,下面的人小得都像是跳蚤,未免太可怕了。我们看到的其中一个人可能是乔。嗨,杰米!我们还不如去新泽西玩!我待在这里有点害怕!"

哲学家傻笑着。

"在宇宙空间,"他说,"地球本身只有一颗麦子那么大。瞧上面。"

戴西担心地仰望天空。冬天日短,天上已经出现了星星。

"那颗是金星,"达布斯特说,"也就是晚星。离太阳有六千六百万英里。"

"胡说!"戴西突然生气说,"你以为我是什么地方的人——布鲁克林吗?我们商店里的苏西·普赖斯——她哥哥寄一张车票来要她去旧金山玩——只有三千英里的路程。"

哲学家宽容地笑笑。

"我们的地球,"他说,"离太阳九千一百万英里。一等星共有十八个,离我们的距离比太阳远二十一万一千倍。如果其中一个陨灭,我们要三年以后才看到它的光线消失。六等星有六千个。其中一个的光线要经过三十六年之后才到达地球。我们用十八英尺直径的望远镜可以看到四千三百万个星球,包括十三等星,它们的光线要走两千七百年才到地球。这些星——"

"你在胡说,"戴西生气地说,"你想吓唬我。你的目的达到了;我要下去!"

她跺起脚来。

"牧夫座的大角星——"哲学家抚慰说,他试图用记忆而不是用心来诠释寥廓的自然界,但是大自然的演示打断了他的话。对于用心来诠释自然界的人来说,天上的星星只是给那些在它们下面幸福地徜徉的情侣洒下柔和的光线;九月份的晚上,当你搂着情人踮起脚尖时,你伸手几乎就可以触摸到它们。可是它们的光线要走三年才能到达我们这儿!

西方落下一颗陨星,光线之亮把摩天大楼的屋顶照得像是正午。它在空中划了一条火似的抛物线,嘶嘶发响,向东方飞去,戴西尖叫起来。

"带我下去,"她发急了,"你——你这个数学狂!"

达布斯特陪她乘电梯。她怒容满面,电梯降下时,她还气得发抖。

一出摩天大楼的旋转门,哲学家就不见她的踪影。她消失了。他不知所措地站着,数字和统计帮不了他的忙。

乔生意清闲,他在货物当中腾挪了一番后,点燃了一支香烟,把一只脚搁在冷却的火炉旁。

店门给猛地推开了,戴西又哭又笑,把水果和糖果碰落了一地,跌跌撞撞扑进了他的怀里。

"啊,乔,我到了摩天大楼顶上。这里多么舒适温暖,像家里一样!乔,你随时要我,我都可以过来。"

巴格达的鸡

毫无疑问,哈伦·阿尔·拉希德哈里发的精神和天分有许多遗传到了马格雷夫·奥古斯特·迈克尔·冯·保尔森·奎格身上。

奎格开的餐馆坐落在四马路上——城市发展时似乎把这条马路忘得一干二净。在鲍里街出生成长的四马路,怀着天天向上的决心,蹒跚地朝北走去。

在同第十四街交叉的地方,它在博物馆和廉价剧院的注视下昂首阔步走了一小段路。它原本还有机会成为西面出身高贵的林阴道姐妹,或者东面喧闹的、讲数国语言的、大腹便便的表兄弟的般配伙伴。它经过联邦广场旁边,这里大车挽马的蹄声仿佛同时响了起来,让人忆起军队行进的脚步声——万岁!可是现在却是寂静可怕的大山——城堡似的四四方方的房屋,高耸入云,遮挡了天空,成千上万的奴隶整天在那里面伏案工作。底层只有小水果店、洗衣作、书店,书店橱窗里陈列着《利特尔现代生活手册》和G.W.M.雷诺德的小说。再过去一些——可怜的四马路!——街道陷入了中世纪的死寂。马路两边都是古董店。

假设现在是晚上。披着锈迹斑斑的甲胄的人举起铁护手站在橱窗里,虎视眈眈望着来去匆匆的车辆。死去的豪侠之士的锁子甲、头盔、大口径的霰弹枪、克伦威尔时代的胸甲、火绳枪、波刃短剑、长剑和匕首,在朦胧的光线下微微闪光。时不时可以看到磷火闪烁的街角酒馆里有人蹒跚出来,走到战死者的沾有血污的武器林立两旁的怪异的马路上,他们全凭肚子里的啤酒壮胆,颤颤巍巍地踏上可怕的归途。这些幽灵般的市民意志消沉,心中不再有奋发的呐喊,在他们的脚下,在这些死亡遗迹的包围中,哪一条街道还能生存?

四马路不能。经历了小里亚尔托戏院区的辉煌和联邦广场的响亮的鼓声后,四马路生存不下去了。女士们,先生们,没有必要为之流泪;这只不过是一条街道的自杀。四马路尖叫一声,一头栽进第三十四街的隧道,从此无踪无影。

奎格的小餐馆就在这条马路临终惨相的附近。你稍加留意,就可以看到餐馆破败的红砖面墙,堆着桔子、西红柿、多层奶油蛋糕、馅饼、罐头龙须菜的橱窗,以及橱窗里的龙虾模型和睡在一捆莴苣上面的两只马耳他猫;假如你坐在一张小桌子旁,就可以看到桌布上的咖啡污迹,仿佛是日俄战争中日本的行军路线;你一只眼睛留意着你的雨伞,另一只眼睛看着那个可恶的骗子、自称是我们亲爱的老朋友和"印度贵族"的老板给我们的假冒名牌的调味汁瓶子。

奎格的姓名来自母亲。她的一个前辈属于撒克逊的马格雷夫家族。他的父亲是坦慕尼战士。由于遗传的稀释,他发现自己既成不了权势人物,又不能在纽约市政厅里谋个差使①。于是他开了一家餐馆。他看了不少书,有许多想法。

他虽然不精心经营餐馆,餐馆却使他得以维持生计。他家族的一方传给了他诗意和浪漫的性格,另一方给了他不肯安静的冒险精神。白天他是餐馆老板奎格。晚上他就成了哈里发和波希米

---

① 坦慕尼本是17世纪特拉华一个印第安酋长的名字,美国革命前反英爱国团体自称为"圣坦慕尼协会",取笑保皇派的"圣乔治协会""圣安德鲁协会"等等。革命后,这些协会成为反贵族的俱乐部,纷纷解散,只剩纽约的"坦慕尼第一协会"。

亚王子马格雷夫,他到处寻找奇特、神秘、无法解释的隐秘。

一晚九点钟,餐馆关了门,奎格出来,向西朝城里比较热闹的街道走去,他的棕灰色胡子修剪得短短的,上衣扣到领口,既有点军人气概,又有外国人和艺术家的风度。他外出时口袋里总是揣着写有不同字句的卡片。每张卡片都可以在他的餐馆里按面值使用。有的能换一碗汤或者一杯咖啡和三明治;有的凭卡可以吃上一天、两天、三天或者更多天数的丰盛的饭菜;少数是一顿普通饭菜;极少数是一星期的饭票。

马格雷夫·奎格既没有钱也没有权势,但他有哈里发的心肠——他不能同哈伦·阿尔·拉希德相比,大家自然能够包涵。不过在巴格达集市上施舍给穷苦人的金币所带来的温暖和希望,也许比不上奎格招待曼哈顿的渔民和独眼的游方教士的炖牛肉那么多。

奎格寻求可供他消遣的奇遇或者帮助穷苦人的机会时,发现百老汇路和贯穿全市的街道的交叉处迅速聚集了一群叫喊争夺的人。他快步上前,看到一个极其悲伤和忧心忡忡的年轻人从口袋里掏出银币,往街心扔去。那个慷慨的人每扬一次手,人群便欢呼着涌向赏赐。交通堵塞了。人群中央有个警察不时弯下腰,督促他们散开。

马格雷夫一眼看到,这正是他了解人们不正常心理的机会。他挤到年轻人身边,拽住他的胳臂。"马上跟我来。"他低声说,声音虽低,但带有一种使他手下的侍者们害怕的威严。

"难为我了,"年轻人毫无表情地抬头望着他说,"像无痛手术的牙医那样把我难住了。带我走吧,警察,给我上点麻醉吧。有的孵蛋,有的不孵。母鸡什么时候孵蛋?"

他内心虽然十分痛苦,但还算温顺,听任奎格带他到了一个小公园里。

他们坐在长椅上,在伟大的哈里发的影响下,奎格和气而谨慎地同他攀谈,想弄明白他出了什么问题,竟然这么心烦意乱,把钱白白扔掉。

"我在扮演基督山伯爵的角色,是吗?"年轻人问道。

"你往街上扔小钱,让人们哄抢。"马格雷夫说。

"不错。我喝足了啤酒,然后往街上扔鸡食——哎,一提起'鸡'我就有气,包括母鸡、公鸡、鸡毛、鸡蛋,凡是和鸡有关的东西统统该死!"

"年轻的先生,"马格雷夫和蔼而庄重地说,"我们虽然初次见面,我希望你有啥说啥。我了解世界和人类。人是我研究的对象,虽然我不像科学家看甲壳虫、慈善家看他施舍的对象——通过理论和愚昧的面纱——那样看人。我关心大城市生活带给我的同胞们的奇特而复杂的不幸,并且乐此不疲。你也许知道那个光荣和不朽的统治者,哈伦·阿尔·拉希德哈里发的事迹,他在巴格达市民中间进行智慧和仁慈的巡视,给了他扶贫济困的特权。我以我粗陋的方式在步他的后尘。我在城市街道上——而不是在破败的城堡或者宫殿里寻找传奇和冒险。在我看来,拥挤的人群的形形式式的狂暴力量作用于人们心灵时,他们心中才会产生魔法最大的奇迹。我觉得你今晚奇特的行为一定有缘由。我认为你的举动含有比败家子的挥霍浪费更深刻的意义。我从你的容貌上观察到了某些极大的痛苦或失望的痕迹。我再说一遍——我希望你开诚布公。我多少还有一点排忧解难和出谋划策的力量。你能信任我吗?"

"嘻,看你说的!"年轻人喊道,他忧郁悲哀的眼睛里闪出一丝赞美的光芒,"你把整个阿斯特图书馆说得像是一篇内容梗概了。我知道你说的那个土耳其老家伙。我小时候看过《天方夜谭》,知道那个无所不能的哈里发。不过任你怎么对抹布施魔法,从铜瓶里冒出一个黑种巨人,折腾一夜也打动不了我。我的情况你爱莫能助。"

"我想先听听你的故事。"马格雷夫傲慢地微笑说。

"我用不了几句话就能说完,"年轻人长叹一声说,"不过我认为你帮不上什么忙。除非你是个猜谜好手,否则你还是坐上你的魔毯回博斯普鲁斯海峡去吧。"

年轻人和马具匠的谜语的故事

"我在格兰特街希尔德布兰特的马鞍马具店干活。我干了五年。每周工资十八元。这些收入够我结婚了,不是吗?可是我不打算结婚。老希尔德布兰特是个滑稽的荷兰人——你了解那种人——总是开些低级玩笑。他肚子里有成千上万的谜语和冒充是从罗杰兄弟的曾祖父那里听来的奇闻轶事。比尔·沃森也在他店里干活。我和比尔不得不日复一日地忍受他那些陈谷烂芝麻。我们为什么要那样?呃,工作不是随处可找的——何况还有劳拉。

"谁是劳拉?老头的女儿。她每天都到店里来。她大约十九岁。模样像是坐在莱茵河畔断崖上引诱挖蛤人落水的金发女郎①。她的头发像是草席的颜色,眼睛又黑又亮,像是最好的马具黑色涂料——想想看!

"我吗?有我就没有比尔·沃森。劳拉对我们倒是一视同仁的。比尔为她神魂颠倒,我呢?——今晚你不是看到我替红褐色大道②镀银吗?完全是由于劳拉。我喝得大醉,阁下,根本不知道

---

① 德国传说,莱茵河畔有个叫罗利勒的女妖,以美色和歌声迷惑船夫,使船遭难。
② 纽约市百老汇和时报广场一带剧院林立,入夜灯火辉煌,亮同白昼,有"白色大道"(the Great White Way)之称。此处原文是 the Great Maroon Way,指两旁房屋是红砖建筑。

自己在干什么。

"怎么会的?问题是老希尔德布兰特今天下午对我和比尔说:'伙计们,我有个谜语让你们猜猜。猜不出谜语的年轻人成不了大事,支撑不了家庭——对吗?'他暗笑着出了一个谜语,让我们两人第二天早晨告诉他答案。他还说我们两人谁猜对了,星期三晚上就可以去他家参加他女儿的生日宴会。也就是说,劳拉可以归我们两人中间的一个,劳拉当然很想结婚,她的丈夫不是我便是比尔·沃森,老希尔德布兰特对我们两个都有好感,他希望缝制了最后一副马具后,有人能继承他的买卖。

"谜语吗?是这样的:'什么鸡孵蛋的时间最长?'想想看!什么鸡孵蛋的时间最长?只有荷兰人才会用那种愚蠢的问题来决定一个人的幸福。但有什么办法呢?我对鸡的知识实在太少了。你说你以那个在巴格达捐赠图书馆的阿拉伯老家伙为榜样。那你能不能吹一下口哨,召唤一个精灵来解决母鸡的问题?"

年轻人说完后,马格雷夫站起来,在公园长椅前面来回走了几分钟。最后他又坐下,用庄重的声调说:

"我必须承认,先生,在我过去寻求冒险和排忧解难的八年中,我从没有遇到过比这更有趣、更伤脑筋的个案了。恐怕我在研究和观察工作中忽略了母鸡一项。至于它们的习性、孵蛋的时间和方式、它们的众多纯种和杂交品种、它们的寿命、它们的——"

"别把它搞得像易卜生的戏剧那么牵涉上社会问题啦!"年轻人轻率地打断了他的话。"谜语——特别是老希尔德布兰特的谜语——用不着认真对待。对于西姆·福特和哈里·瑟斯顿①来说,也许是小事一桩。可是我找不到答案。比尔·沃森可能想出来,也可能想不出。明天就见分晓。阁下,不管怎么说,你插进来,

---

① 哈里·佩克(1856—1914),美国哥伦比亚大学拉丁语教授,《学者》杂志主编。

打发了一点时间,我很高兴。我想如果阿尔·拉希德先生的一个选民问他这个谜语,他本人也会退避三舍的。我少陪了。愿阿拉或者真主保佑你。"

马格雷夫忧郁地伸出手。

"我无法表示我的歉意,"他悲哀地说,"我从来没有帮不上忙的情况。'什么鸡孵蛋的时间最长?'确实是个难解的问题。我想,有一种叫做普利茅斯品种鸡——"

"别说啦,"年轻人说,"哈里发是十分严肃的行业。我认为你从没有见过比牧师为约翰·D.洛克菲勒评功摆好更可笑的事情了。好吧,晚安,自以为是的先生。"

马格雷夫出于习惯,开始摸口袋。他掏出一张卡片递给年轻人。

"不管怎么说,请你收下这个,"他说,"也许有用。"

"多谢!"年轻人不在意地放进口袋说,"我姓西蒙斯。"

....

如果有谁暗示说读者的兴趣完全随马格雷夫·奥古斯特·迈克尔·冯·保尔森·奎格而转移,那他就错了。我手中的笔如果不能追随读者心思的轨迹,那就真的迷失方向了。因此,我们第二天赶快去马具匠希尔德布兰特的家里看看。

体重两百磅的希尔德布兰特坐在长凳上,往一条生牛皮的马颔缰上钉银扣。

比尔·沃森先进去。

"怎么样?"爱开玩笑的希尔德布兰特笑得浑身肥肉发颤问道,"你猜到了吗?什么鸡孵蛋的时间最长?"

"呃——我认为,"比尔卑屈地摸着下巴说,"我认为,希尔德布兰特先生——是寿命最长的鸡——对吗?"

"不对!"希尔德布兰特使劲摇头说,"你没有猜对。"

比尔走过去,系上干活的围裙,继续做他的光棍。

天方夜谭的失败的年轻人进来了,他脸色苍白,垂头丧气,一副绝望的样子。

"好吧,"希尔德布兰特说,"你猜出来没有?'什么鸡孵蛋的时间最长?'"

西蒙斯恨恨地瞅着老板。他要不要诅咒这堆恶意幽默的肥肉——骂他一通,一了百了?他何必——不过还得考虑劳拉。

他张口结舌,走投无路,把手插进上衣口袋,站在那里。他的手碰到了马格雷夫的卡片,掏出来,像是就要上绞刑架的人看爬动的苍蝇那样看看卡片。上面有奎格的圆乎乎的字迹:

"持卡人可领取一只烤鸡。"

西蒙斯眼睛一亮,抬起头来。

"死鸡!"他说。

"好!"希尔德布兰特大声说,笑声震得桌子都摇动了,"你猜对了!今晚八点钟来参加我家里的宴会。"

恭贺佳节

再没有什么圣诞故事可写了。虚构的题材已经用完;作为次佳选择的报刊新闻都是聪明的年轻记者炮制出来的,而他们早早地结了婚,对生活的态度悲观得可爱。于是,我们寻找节日消遣时,只有两个靠不住的来源——事实和哲学。我们就以其中一个开头吧——随你怎么叫它。

孩子是一些烦人的小动物,他们的情况各各不同,需要我们认真对待。尤其是当他们苦恼万分,发小孩脾气时,会把我们弄得狼狈不堪。我们想尽办法,仍安慰不了他们;我们就揍他们一顿,让他们大哭一场,啜泣着入睡。我们匍匐在地,在绝望中呼喊,问上帝这究竟是为什么。除了老处女、驼背和牧羊犬以外,谁都不了解孩子。

现在发生了布娃娃、流浪汉和十二月二十五日的事。

十二月十日,百万富翁女儿的布娃娃不见了。许多仆人把百万富翁位于哈得孙河畔的邸宅里里外外翻遍了,但找不到失去的宝贝。孩子五岁,是那种喜欢粗俗便宜的玩具、而不爱镶有钻石的汽车或马车的、使有钱的父母觉得丢脸的、倔强乖张的小坏蛋之一。

孩子确实非常伤心,百万富翁觉得难以理解,他对布娃娃的市场就像对马萨诸塞州煤气公司的股票那样并不看好;至于孩子的母亲,雍容华贵的夫人呢,我们往下看就知道了。

孩子整天哭泣，眼睛陷了下去，人瘦得像豆芽，病恹恹的连路都走不稳。百万富翁自信地笑笑，拍拍保险柜。法国和德国玩具制造商的精选产品用特快邮包火速寄到邸宅，但是雷切尔高兴不起来，她似乎主张对一切无聊的外国玩意儿征收保护性的高税率。临床态度最和蔼的、带着记秒表的医生给请来了。他们一个个徒劳地谈着养胃补血、安神益脑的药物，或者去国外旅行，换换环境，直到记秒表表明账单已开，没有必要再装腔作势。于是他们从人性出发，建议尽快找到布娃娃，让它回到小妈妈的怀抱。孩子拒绝所有的治疗，含着大拇指，哭喊着要她的贝齐。在此期间，圣诞老人一路发来电报，说他很快就要到这里了，要我们表现出真正的基督徒精神，暂时搁置一下远程赌场、养老基金会和老鼠会集资，好好欢迎他。到处是一派圣诞节气象。银行停止贷款，当铺人手增加了一倍，街上行人抱着红色的雪橇磕碰你的脚杆骨。酒吧柜台上的啤酒在起泡，你踮起一只脚迫不及待地等你要的酒，商店橱窗里挂着欢度佳节的冬青树枝扎的花环，有裘皮大衣的人穿上了皮大衣。你不知道该选什么球——三个金球、球形高脚酒杯、樟脑球，或者雪球①。现在丢掉了心爱的布娃娃可不是时候。

　　假如华生医生的侦探朋友被请来调查这件神秘的失物案，他会注意到百万富翁家的墙上有一张"吸血鬼"的图画。那马上使人联想到"破布、骨头和毛发"。除了布娃娃以外，在孩子心中占第二位的苏格兰猎狗弗利普蹦跳着跑过门厅。那束毛发！阿哈！未知数 X 代表布娃娃。可是骨头呢？狗找到骨头会怎么样？——问题解决啦！查看弗利普的前爪是轻易有效的事。看哪，华生！泥土——爪子缝里有干燥的泥土。当然啦，那条狗——

---

① 美国当铺的标志是三个串在一起的金球或铜球；球形高脚酒杯指掺苏打水的威士忌。

可是福尔摩斯不在。于是问题卡住了。不过我们还是应该观察周围的地形和房屋建筑。

百万富翁的邸宅占地宽敞。前面是一片草坪,刈剪过的草像是南爱尔兰男人脸上刮过两天后长出来的胡子茬。邸宅一边,面向另一条街道的是精心养护的花园、汽车房和马厩。苏格兰猎狗从育婴室里叼出布娃娃,衔到草坪一角,刨了一个洞,像不负责任的殡葬工人那样草草把它掩埋。疑案就这么破了,不必给那个有吗啡瘾的奇才开酬金支票,也不必给警官一张五英镑的钞票。厌烦的读者们,现在我们来看故事的核心吧——圣诞故事的核心。

富齐喝醉了——不像你我那样酒后吵吵闹闹、东倒西歪,或者胡言乱语,而像背时的绅士那样醉得不失体统、恰到好处、不惹是生非。

富齐是个流浪汉。公路、干草堆、公园长椅、厨房后门、慈善机构的洗过澡才能分配床铺的屈辱人的规矩、打零工挣的一些小钱和大城市的得来不光彩的赏赐——这些构成了他的历史章节。

富齐沿着百万富翁邸宅和花园围篱外侧的街道朝河边走去。他看见篱笆一角的墓穴里露出了那个夭折的布娃娃贝齐的一条腿,像是小人国神秘谋杀案的线索。他把那个备受虐待的小孩拖了出来,夹在胳肢窝里,哼着一支歌,继续向前走去,在安定家庭中成长的玩具娃娃是不宜听到这种流浪汉的歌的。幸好贝齐没有耳朵。幸好贝齐除了两个黑圆圈外也没有能够看见东西的眼睛;因为富齐和苏格兰猎狗的脸都是毛茸茸的,布娃娃的心经受不住如此可怕的怪物的两次惊吓。

你可能不知道,克罗根的酒馆就在河畔,富齐现在所走的街道尽头附近。圣诞节的庆祝活动已经在那里搞得热火朝天。

富齐带着布娃娃进了酒馆。他想,作为狂饮欢宴上的滑稽演员,也许能蹭一点酒喝喝。

他把贝齐搁在酒吧上,高声同她攀谈,像取悦女朋友似的在他幽默的言语里夹杂了夸张的奉承和亲密。周围的二流子和酒鬼觉得滑稽,哄堂大笑。酒吧侍者赏了富齐一杯酒。哎,带布娃娃的人并不罕见。

"给这位女士也来一杯吧?"富齐厚着脸皮提议说,于是另一杯对艺术的赞助下了肚。

他发现贝齐可以给他创造许多机会。第一晚的收获就不小。在全市进行滑稽笑剧巡回演出的念头开始形成。

火炉旁边坐着一伙人,其中有"鸽子"麦卡锡、黑赖利和"独耳"迈克,都是那个把哈得孙河左岸搞得乌烟瘴气、专做没本钱买卖的地区里臭名昭著的人物。他们在来回传阅一份报纸。每个粗壮的食指指点的地方是一则题为"悬赏一百元"的广告。百万富翁的邸宅里遗失、走失或者窃失布娃娃一个,送回者即可领到上述赏金。看来那个一往情深的孩子的悲痛还未消失。猎狗弗利普在她面前跳跳蹦蹦,晃动着可笑的络腮胡子,但不能转移她的注意。她在梅布尔和维奥莱特等等会行走、会说话、会闭眼睛的法国娃娃的簇拥下,仍哭喊着要她的贝齐。在报上登广告是最后的一招了。

黑赖利从火炉后面绕到富齐身边。

圣诞节的滑稽演员兴奋得脸上发红,他用胳膊夹着贝齐,打算离开,去别的地方进行即兴演出。

"嗨,老兄,"黑赖利招呼他说,"你那个娃娃是从哪里搞来的?"

"娃娃吗?"富齐用食指指点着贝齐,确定对方问的是她,"是俾路支斯坦的皇帝送给我的。我在新港的老家还有七百个。这个娃娃——"

"别演滑稽戏啦,"黑赖利说,"你是从山岗上那座房子里偷来或者捡来的——先不管它的来路。如果你愿意把那个破玩意儿换半元钱,马上把钱拿去。我的小侄子也许可以玩玩。怎么样?"

他拿出一枚钱币。

富齐酒气喷人地朝他格格大笑。假如你去萨拉·伯恩哈特①的经纪人的办公室,提出请她抽一个晚上去小镇文化宫和文学俱乐部演出,你听到的将会是同富齐一模一样的笑声。

黑赖利像摔跤运动员那样,用乌饭树浆果似的眼睛迅速地打量了一下富齐,那个即兴表演的滑稽演员手里有个天使而不知道。黑赖利手里痒痒,要扮演罗马人的角色,掳掠那个布制的塞宾姑娘②。但是他不敢贸然动手。富齐长得又高又大,肥胖结实。他的脏兮兮的麻布衬衫和裤子之间露出三英寸厚的脂肪,抵挡了冬天的寒风。衬衫袖管和裤子的膝盖部位有许多圆圈形的皱纹,表明了骨骼和肌肉的质量。他的蓝色的小眼睛带着利他主义和醉意的湿润,和善地瞅着你,但是没有忐忑不安的表示。他的络腮胡子、肚子里的威士忌和一身横肉不是好对付的。因此,黑赖利顺应了时势。

"半元钱换不换,老兄?"他问道。

"她不是钱能买的。"富齐坚定地说。

艺术家第一次美好的成就感使他陶醉。把一个沾了泥土的、褪色的蓝布娃娃往酒吧上一搁,假装同它谈话,赢得的赞美使他心花怒放,犒赏他的免费的酒使他喉咙发热——这些成就能用钱买吗?要知道,富齐是有个性的。

富齐像受过训练的海狮似的大摇大摆地走了出来,到别的酒馆去寻找新的收获。

---

① 萨拉·伯恩哈特(1845—1923),法国著名女演员。法国作家普鲁斯特在《追忆逝水年华》中提到的他青年时代爱慕的女人的原型。
② 塞宾人是意大利古代民族,公元前3世纪被罗马人征服。传说罗马人的领袖罗慕勒斯调虎离山,诱出塞宾男子,怂恿手下士兵大肆掳掠塞宾处女为妻。

天色虽然还不很暗,灯光已经像深口平底锅里的爆米花似的在闪烁。企盼已久的圣诞前夕露出了端倪。几百万人做好了庆祝的准备。城郊各处都会映得一片通红。你们已经听到了汽车的喇叭声,看到了欢腾跳跃的狂欢者。

"鸽子"麦卡锡、黑赖利和"独耳"迈克在格罗根酒馆外面迅速开了一个碰头会。他们三个都是瘦削苍白的小伙子,不是公开的打手,然而他们的战斗方式比最可怕的土耳其人更危险。在互有准备的对阵战中,富齐能把他们三个吃掉。但是在措手不及的遭遇战中,他必败无疑。

他带着贝齐要进科斯蒂根的赌场时,他们赶了上来,拦住了他,把报纸塞在他面前。富齐识字——应该明白。

"哥儿们,"他说,"你们真够朋友。给我一星期时间,让我考虑考虑。"

真正的艺术家的灵魂陷入了困难。

他们小心地向他指出,广告是没有灵魂的,而且夜长梦多,远水救不了近火。

"整整一百元哪。"富齐伤感地陷入了沉思。

"哥儿们,"他说,"你们是真朋友。我去领赏金。娱乐性行业不如以前那样好做了。"

天色全黑了。他们三个簇拥着他,来到百万富翁家所在的小山岗脚下。富齐突然恶狠狠转向他们。

"你们像一群呆头呆脑的猎兔狗那样盯着我干吗?走开。"

他们走开了——稍稍走远一些。

"鸽子"麦卡锡的口袋里揣着一根八英寸长、一英寸粗的煤气管,一头和中央灌了铅,焊得死死的。黑赖利作为传统的歹徒,配备了一根头上包有石块的短皮鞭。"独耳"迈克使用的是一副祖传的黄铜护指套。

"有人去领,我们何必亲自出马呢?"黑赖利说,"让他去拿出来给我们。嗨——你们说怎么样?"

"我们在他脚上绑一块石头,""鸽子"麦卡锡说,"把他扔进河里。"

"你们这些家伙真让我烦,""独耳"迈克阴郁地说,"社会在进步,你们怎么没有一点长进?往他身上浇些汽油,拖到马路上,点一把火,不就得了?"

富齐进了百万富翁家的院门,曲曲折折地朝邸宅的有亮光的大门走去。三个恶棍挨上来,两个守在院门两旁,一个在马路对面。他们信心十足地摸着冰凉的金属和皮革凶器。

富齐脸上露出恍惚的傻笑,拉了门铃。出于遗传的本能,他伸手想解开右手手套的扣子。但是他没有手套,只好尴尬地放下左手。

开门的仆役平时迎接的都是衣冠楚楚的客人,这次见到的却是富齐,不禁一怔。但是第二眼看到了他的护照、入场券和受欢迎的保证——他腋下夹着邸宅小女主人失去的布娃娃。

富齐被请进了宽敞的门厅,厅里光线柔和,却看不到灯。仆役走开了,过一会儿陪同一个使女和孩子回来。布娃娃归还给原主。悲痛的孩子把失而复得的宝贝搂在怀里,带着孩子不合时宜的自私和天真,跺着脚哭喊起来,表示她对那个把她从痛苦和失望中解救出来的人的憎恨和恐惧。富齐局促地装出奉承的样子,脸上堆着傻笑,说了一些莫名其妙的话,试图讨好那个不懂事的孩子。孩子搂紧她的贝齐吼起来,被领开了。

秘书进来了,他穿着浅口便鞋,走路没有声息,面色苍白,态度优雅,一副崇尚礼仪的样子。他数了十张十元面额的钞票交到富齐手里,眼光转向大门,暗示看门人詹姆斯把那个拿到赏金的可憎的家伙领出去,然后悄悄回到秘书的领域。

詹姆斯威风凛凛的眼光罩住了富齐,把他一直扫到前门口。

富齐的脏手接触到钱时,第一个本能的反应是拔脚就跑;但是再次考虑后,克制住了这种失礼的举动。钱是他的;是人家给他的。这笔钱在他的心目中展开了一个多么美妙的极乐世界!他跌到了社会的底层;他挨饿受冻,没有家室,没有朋友,衣衫褴褛,流落街头;现在他手里有了打开他向往的天堂的钥匙。那个仙女娃娃用她塞了碎布的手挥动了魔杖,他想去哪个有闪亮的搁脚横档和盛着红色魔水的玻璃杯的魔宫,都会受到欢迎。

他跟着詹姆斯到了门口。

詹姆斯打开桃花心木的大门,让他进门道时,他站停了。

铸铁院门外面的黑暗的公路上,黑赖利和他的两个同伙装出若无其事的样子走来走去,手却伸在上衣里面,握着致命的武器,准备把布娃娃的赏金据为己有。

富齐在百万富翁家的前门口站停,思考了一下。一些鲜活绿色的念头和回忆像一株枯树上的槲寄生小枝似的,开始点缀他混乱的心情。要知道,他醉得很厉害,现实开始消退。夹杂着深红色浆果的冬青枝编的花环和彩饰把宽敞的门厅装点得充满节日气氛——他以前在哪里见过这种东西?他在某个地方见过光亮的地板,冬天也闻到鲜花的芳香,而且——房子里有人在唱一支他似乎听过的歌。有人边弹竖琴边唱歌。当然,圣诞节——富齐觉得自己一定太醉了,竟然忽略了这一点。

他又脱离了现实,一个来自难以置信的、已经消失的、不能挽回的过去的纯白、虚幻、遗忘的小幽灵,到了他身边——那是身为贵族、行为应该高尚得与之相称的精神。作为绅士,有些事非做不可。

詹姆斯打开前门。光线泻到通向铁门的卵石地上。黑赖利、麦卡锡和"独耳"迈克不经意地把他们险恶的封锁线向铁门推近一些。

富齐做了一个专横的手势让詹姆斯把门关上,那种手势是他真正的主人从未做过也不会做的。对于一个绅士来说,有些事非做不可。尤其是遇到圣诞佳节的时候。

"绅士们在圣诞前夕探亲访友时,"他对莫名其妙的詹姆斯说,"照规矩要向家里的女主人致意。明白吗?在向女主人致以节日的问候之前我不能走。明白吗?"

两人争论起来,詹姆斯输了。富齐提高了嗓门,不愉快地惊动了整幢房子。我没有说他是绅士。他只是心血来潮的流浪汉。

响起了小银铃的声音。詹姆斯回去问问有什么吩咐,富齐独自待在门厅里。詹姆斯向什么人解释。

他回来了,把富齐领进书房。

过了一会儿,女主人进来。她比富齐见过的任何画面更美丽、更圣洁。她微笑着说了一些有关布娃娃的话。富齐不明白;他记不起什么布娃娃了。

一个男仆端着一个有家族纹章的纯银托盘进来,托盘上有两小杯起泡的酒。女主人拿了一杯。另一杯端给了富齐。

他拿起细长的玻璃杯时,头脑清醒了片刻。他打起精神,对我们大多数人毫不容情的时间,对富齐却有点迁就。

被遗忘的圣诞节幽灵,颜色比大多数肥胖的圣诞老人的假胡子更白,在格罗根的威士忌酒的雾气中升腾。他眼前出现了一个弗吉尼亚的有护壁板的大厅,骑马装束的人聚在盛潘趣酒的大银碗周围,为古老的家族祝酒,百万富翁的邸宅同这有什么关系?他听到了打猎的骑手在西侧游廊下面的马蹄声,这同外面霜冻的街道上出租马车的马蹄声又有什么关系?富齐同这有什么关系?

女主人拿着杯子看他,她的屈尊俯就的微笑像拂晓似的消失了。眼神变得严肃起来。她在褴褛的衣服和苏格兰猎狗毛似的络腮胡子下面看到了一些她不理解的东西。但那无关紧要。

富齐举起酒杯,茫然笑了。

"对不起,夫人,"他说,"不能不同女主人互致节日的祝贺。否则有违绅士的规矩。"

他开始说家族的传统的祝词,那时候,男人们都用有褶皱的领饰,戴扑粉的假发。

"愿新的一年的福气——"

富齐记不起来了。女主人提示道:

"——降临这份人家。"

"——客人——"富齐结结巴巴地说。

"——降临家中的女主人——"女主人微笑着往下说。

"哦,得啦,"富齐粗鲁地说,"我记不起来了。痛痛快快喝吧。"

富齐开了头。他们一起喝了酒。女主人又不失身份地笑了。詹姆斯挽着富齐,再领他向前门走去。柔和的竖琴声仍在房子里回荡。

房子外面,黑赖利朝冻僵的手哈气,靠紧铁门。

"不知道,"女主人沉思说,"这个人是谁——不过来的客人太多了。不知道对于那些落魄的人来说,记忆究竟是祝福还是诅咒。"

富齐和他的陪同快到门口了。女主人突然喊道:"詹姆斯!"

詹姆斯顺从地退了回去,富齐心中神圣的火焰闪了一下就熄灭了,摇摇晃晃地独自等着。

黑赖利在外面冷得直跺脚,把短皮鞭握得更紧。

"你陪这位先生下楼,"女主人说,"吩咐路易斯把梅塞德斯开出来,这位先生想去什么地方就送他去。"

新天方夜谭

地下铁道上的巴格达是个充斥着哈里发的大城市。它的宫殿、集市、商栈和旁街小路都挤满了乔装成三教九流的拉希德,他们漫无节制地行善,从中寻找消遣和作弄的对象。穷苦的乞丐不经过屈辱性的救济,就休想分享他们的不义之财;潦倒落魄的人从他们手里得到一点好处,就会遭到劈头盖面的新的不幸。饿饭的人都有机会在他们捐助的图书馆里束紧裤带,清贫的饱学鸿儒逢年过节时也可以红着脸接受慈善机构大吹大擂送上门的火鸡。

因此,独眼托钵僧、小驼背和理发匠的六弟走在哈伦①们出没的街上时,总是提心吊胆,一心只想避开那群徘徊着的哈里发苏丹的救济。

从那些逃避了忠诚臣民之王的赏赐的人那里,可以听到许多饶有兴趣的故事。你可以在魔毯上一直坐到天明,倾听这样的故事:神通广大的妖怪洛克菲勒派了四十大盗榨干了阿里巴巴的炼油厂;善心的哈里发卡内基捐赠了宫殿;罪人塞巴德七次乘了木制汽轮去海岛游览;渔夫和瓶子;巴米塞德斯的寄宿所;以及阿拉丁靠了神奇的煤气表发大财的故事。

如今苏丹的数目大大超过山鲁佐德,她身价百倍,再也不怕被

---

① 独眼僧、小驼背和理发匠都是《天方夜谭》中的人物;哈伦·拉希德是阿拉伯的第五个哈里发,《天方夜谭》里常提到他。

绞死的危险了。因此,讲故事的艺术也每况愈下。那些芝麻绿豆的哈里发到处寻找知足的穷苦人和认命的不幸者,以便把意外的恩惠和神秘的好处加在他们头上,以致天方总部日益频繁地汇报说,俘虏们拒绝"招供"。

在这个慈善成灾的世界上演出悲喜剧的演员们,他们的沉默多少可以说明这个惨淡经营的故事的缺点,我们这个故事可以叫做——

哈里发赎愆的故事

老雅各布·斯普拉金斯在他的价值一千两百元的橡木餐具柜旁兑了一杯威士忌和锂矿盐水。喝下去后一定产生了灵感,因为他立刻把拳头砰的一声擂在橡木柜上,朝着没有人的餐室嚷道:

"凭地狱里的炼焦炉起誓,准是因为那一万块钱!假如我了结了那件事,也就了结了一桩心事。"

我们用最普通的小说技巧已经引起了你的兴趣,现在不妨卖一下关子,让你先不痛快地看看一段十五年前的小传。

当老雅各布还是小雅各布的时候,他是宾夕法尼亚州一个煤矿的管碎石机的小厮。我不知道管碎石机的小厮是干什么的,不过他的工作似乎是带着饭盒,愁眉苦脸地站在堆煤场旁边,让人家拍了照片在杂志上刊出。总之,雅各布就是一个这样的小厮。但是他并没有因为过度劳累在九岁时夭折,留下他孤苦无告的父母兄弟靠罢工工人联合会的储备基金救济,他拉拉背带,不时攒一两块钱,到四十五岁时已有了两千万元的财产。

哎!故事完了。连打哈欠的时间都没有,对不对?我看到某些传记——算啦,我们还是假装不知道吧。

我希望你们见见已经经历了一生中七个阶段的雅各布·斯普

拉金斯老爷。那七个阶段是：一、出身微贱，二、能干提升，三、股东投资，四、资本家，五、托拉斯大王，六、为富不仁，七、哈里发，八、？第八阶段要用高等数学来计算。

五十五岁时，雅各布退休了。相当于沙皇的收益源源不断地从煤矿、铁矿、地产、油田、铁路、工厂、公司流进他的口袋，但是没有一文钱是以本来面目到他手中的。全是消过毒的增值量，经过细心清洁、拂拭熏蒸，来到时终于成了他私人秘书的白皙手指里的一尘不染的支票。雅各布在新巴格达城沿富翁街的一块地皮上盖了一座价值三百万元的宫殿，开始感到已故的哈伦·拉希德的斗篷落到他肩上。雅各布终于把它在领口一围，打了一个整整齐齐的蝴蝶结，成了领有许可证的抢劫我们美索不达米亚无产阶级的人。

当一个人的进款变得那么多，以致肉店送来的确实是他指定的那种肉排时，他便开始考虑灵魂的解救了。我们可别忘记富人的各个阶段或阶层。资本家能够一元不差地说出他财产的数字。托拉斯大王只讲一个"估计"数。为富不仁的人递给你一支雪茄，否认他买下了一条铁路。哈里发只是笑笑，把话题转到海默斯坦和歌舞女郎上。在一家著名的旅馆里，一个托拉斯大王和他的妻子早餐时大闹了一场，起因是妻子对他们财产的估计比她未来的离婚丈夫高出三百万元。哦，我本人也听到过一次夫妻吵架，原因是丈夫发现口袋里的钱比他想的少了半元。说到头，我们都是凡夫俗子——托尔斯泰伯爵、罗·菲茨西蒙斯和彼得·潘①以及我们所有的人都是如此。

在聪明的读者看来，这篇故事仿佛变质为某种说教的论文了，

---

① 菲茨西蒙斯(1862—1917)，新西兰拳击家。彼得·潘是苏格兰剧作家、小说家巴里(1860—1937)的儿童剧里的人物。

但是别灰心。

当雅各布开始把针眼同动物园里的骆驼做对比时,他决定资助有组织的慈善事业。他盼咐秘书寄一张一百万元的支票给寰球慈善协会。你可能张望一座破仓库前面的阴沟盖,寻找你滑落进去的一枚辅币。不过那与正文无关。协会收到了他上月二十四日的尊函及所附支票。雅各布·斯普拉金斯先生在晚报上看到这样一段文字:"有名为雅斯布·斯帕金尤斯者",捐赠"寰球慈善协会十万元",这条消息虽然用双线隔开,但和标着"今日怪事"的那一栏还是十分靠近的。据说骆驼有七个胃,储藏一星期的食物,可是为了免遭华盛顿方面的不快,我不敢说它有胡子,如果有胡子的话,想进天堂的富人一定没有用它的一根胡子来穿针眼。这项权利是任何人不得染指的,天堂的秘书兼守门人彼得签署说。

之后,雅各布挑了一所他所能找到的基金最雄厚的大学,捐赠了二十万元作为修建实验室之用。这所大学没有设置自然科学系,但还是接受了捐款,盖了一个豪华的厕所①,雅各布也没有发觉这不是专款专用。

教职员开了会,决定请雅各布来,授予他初学士学位。在发请柬之前,他们笑了,把初学士改成了文学士,于是皆大欢喜。

举行学位授予仪式前,雅各布在校园里随便逛逛,看到两个教授在附近走过。由于讲课习惯,他们的声音清越,无意之中传到了雅各布耳里。

"那就是新近发迹的骗子,"其中一个说,"他向我们买一剂安眠药。他明天可以得到学位了。"

---

① 原文中"实验室"(laboratory)同"厕所"(lavatory)字形相似。

"从良心上讲①,"另一个说,"去他妈的。"

雅各布不懂那句拉丁文,但后面那句骂人的话他很清楚。他买的那剂名誉学问药里面并没有茄参②。当时《纯洁食物和药品法》还没有通过。

雅各布厌倦了大规模的慈善事业。

"假如我能看到人们幸福,"他暗忖道,"假如我能亲自看到并且听到受过我好处的人表示感谢,那么我心里就会更踏实。像现在这样捐款给一些机构和协会,简直等于把钱扔进坏掉的吃角子老虎。"

于是雅各布凭着本能,走过肮脏的街道,一路找到最穷苦的人家。

"有啦,"雅各布说,"我要租两条汽轮,装足这些不幸的儿童,再装——比如说一万个布娃娃,外加一千桶冰激凌,让他们痛痛快快地去海峡玩一次。这次旅游的海风总该吹掉那些争先恐后涌进来、害得我不得安宁的金钱的臭味。"

雅各布一定泄露了他的慈善企图,因为一个身材魁梧,一脸横肉,嘴上仿佛应该挂一个"信件请投此处"的牌子的人,揪住了他,把他推到理发店招牌杆和垃圾箱中间的地方。这个信箱口发了话——柔和沙哑的声调绵里藏针,随时都可以翻脸不认人。

"喂,哥儿们,你知道你在什么地方吗?嘿,你闯进了迈克·奥格雷迪的地盘——懂吗?在这一带,只有迈克才有权让孩子们闹肚子痛——懂吗?在这里举办野餐或者红气球这类玩意儿,要由迈克出钱——懂吗?你别插手,不然对你不起。你们这些该死的赞助人、改革家、社会学家和百万富翁已经把这里搞得乌烟瘴

---

① 原文为拉丁文。
② 茄参,又称曼德拉草根,有麻醉作用。

气,你们的大学生和教授们在冷饮店打闹吵嚷,游览车挤满了街道,吓得这里的人都不敢出门。你把他们交给迈克吧。他们归迈克管。现在明白了吗,大叔,还想不想同迈克·奥格雷迪在这个地盘争当圣诞老人?"

道德葡萄园里的这个地盘显然已经有人捷足先登。斯普拉金斯哈里发不再麻烦东区市场里的人了。为了减少他的日益增加的剩余价值,他把捐赠慈善事业的款项加了一倍,还给他家乡的基督教青年会送去价值一万元的蝴蝶标本。但是这些善举并不能使哈里发安心。他给侍者小费,一出手就是十元、二十元,想替他的乐善好施增添一点个人色彩。侍者拿到同他们的服务相称的小费时是表示尊敬感谢的,对他却背后嘲笑挖苦。他发掘了一个有雄心、有天才,但是很穷的年轻姑娘,出了钱,设法让她在一出新的喜剧里担任主角。假如他不是忘了给她写信的话,为了这一善举,他也许还可以多破费五万块累赘钱。由于证据不足,她的官司打输了,而他的资本仍旧日积月累,他的骆驼穿针眼——或者富人的毛病——仍旧没有治好。

在斯普拉金斯哈里发的价值三百万元的邸宅里,住着他的姐姐亨利埃塔。她以前在宾夕法尼亚州焦炭镇一家卖两毛五分钱客饭的馆子里替煤矿工人做饭,如今同约翰·米切尔①握手时只伸出两个指头。邸宅里还住着他的女儿西莉亚,她今年十九岁,刚从一个由私人教师教导社交言语和礼仪之类玩意儿的寄宿学校回来。

西莉亚是这篇故事的主角。在这一页上,画家的描绘可能歪曲她的妩媚,还是由我来叙述吧。她相当好看而笨拙,爱说爱笑而有点害羞,褐色的头发,白皙的皮肤,眼睛明亮,脸上老是挂着笑

---

① 约翰·米切尔(1870—1919),美国劳工领袖,曾任矿工联合会主席。

容。她秉承了斯普拉金斯的脾性,爱好简单的食物、朴素的衣着,喜欢同下层人物打交道。她充满了青春的活力和健康,以至不感到财富的负担。她嘴巴很阔,随时随地都啪嗒啪嗒地嚼着薄荷消化素口香糖,就像吃角子老虎机的声音。她还会吹口哨,声音像号笛那么响亮。请把这番叙述记在心里,让拙劣的画家去描绘吧。

有一天,西莉亚从窗口望出去,立刻把她的心给了食品杂货店的那个小伙子。得到她青睐的人却没有注意到,因为他那时忙于怀疑那匹马为什么老而不死,正用恶有恶报的话在咒骂它。当你从马车里抬出一筐十分新鲜的鸡蛋时,马是应该安安静静站着不动的。

年轻的女读者啊,你自己也可能喜欢那个食品店的小伙子。但是你不会把你的心给他,因为你想把它留给一个马术教练,或者一个忧郁的鞋厂老板,或者一个在棕榈滩遇到的穿花呢衣服的、安详而富有的人。哦,我全知道。因此,食品店的小伙子幸好是为西莉亚,而不是为你安排的。

食品店的小伙子身材颀长笔挺,举止从容活泼,好像杂志封底广告上那个用新式滑动背带的人。一顶灰色的便帽推在后脑勺上,露出了拳曲的草黄色头发。他那张晒得黑黑的脸,在他不向货车马匹宣讲万劫不复的教义时,总是显得笑眯眯的。他随便摆弄着进口的上好食品,仿佛它们是送到寄宿所去的货色,当他举起鞭子的时候,你立刻会想起塔克特先生和他击剑的姿态。

商店送货时从房子后面一扇边门进出。食品店的马车夫每天早晨十点左右来到。西莉亚一连等了他三天,看他把最好的果品、谷类和罐头扔来扔去的那种满不在乎、甚至轻蔑的神气。她每次总发现一些新的值得爱慕的地方。于是她去找安妮特商量了。

说得清楚些,安妮特就是使女安妮特·麦科克尔,她本人就值得用一段文字来介绍。安妮特细读了从免费公共图书馆借来的大批浪漫小说(图书馆是一个干慈善事业的大哈里发捐赠的)。她是西莉亚的朋友和帮手,不过你尽管放心,亨利埃塔姑妈并不知道。

"哟,我的小姐!"安妮特嚷道,"那可真妙!你是富家小姐,居然对他一见钟情!他确实可爱,并且不像干他那一行的人。他和普通食品店里的伙计不一般。他从来不注意我。"

"他会注意我的。"西莉亚说。

"财富——"安妮特不无道理地漏出了女人的刻薄话。

"哦,你长得不太漂亮,"西莉亚咧开一张大嘴,动人地笑着说,"我也不漂亮,但是我不会让他知道我的相貌同金钱有什么牵连。那才叫公平。喂,我要借用你的帽子和围裙,安妮特。"

"哟,真有你的!"安妮特嚷道,"我明白啦。那太有意思啦!岂不是像小说里的情节?我敢打赌,结果准会发现他是个伯爵。"

房子背后有一条装着格子栏栅的过道(南方人叫做"走廊")。食品店的小伙子送货时就从这里进去。一天早晨,他在过道上碰到一个穿戴着使女围裙和帽子的姑娘,她眼睛明亮,皮肤白皙,一张阔嘴上挂着笑容。他正捧着一篮时鲜的莴笋和特级西红柿,三捆芦笋和六瓶最昂贵的橄榄,因此没有在意,只当她是普通使女。

他出来时,她又在前面,嘴里吹着《渔夫号笛舞曲》,吹得又响亮又清晰,全世界所有的高音笛都应该自愧不如,赶快拆卸开来,躲进盒子里。

食品店的小伙子站停了,把便帽往后一推,挂在领子后面的纽扣上。

"好极啦,小姐儿。"他说。

"对不起,我的名字是西莉亚。"吹口哨的人说,露出一个三英寸长的微笑,叫他看得眼花缭乱。

"没事。我叫托马斯·麦克利奥德。你在公馆哪一部分干活?"

"我——我是客厅里的使女。"

"你知道'瀑布'吗?"

"不,"西莉亚说,"我们什么人都不知道。我们发财发得太快了——我是说斯普拉金斯先生。"

"我来给你介绍,"托马斯·麦克利奥德说,"那是一支斯特拉斯贝舞曲——号笛舞曲的表兄弟。"

如果说西莉亚的口哨能使高音短笛羞愧得无地自容,那么托马斯·麦克利奥德的口哨准能使最大的长笛找个地洞钻进去。他事实上能吹低音。

他吹完后,西莉亚简直愿意跳上他的送货马车,跟他去码头搭上冥河线的渡船。

"我明天上午十点一刻再来,"托马斯说,"送些菠菜和一箱汽水。"

"我一定练习你说的那支曲子,"西莉亚说,"我配音吹得很好。"

追求的过程是个人隐私,不属于一般文学的范围。只有在含铁补药的广告和《妇女捕鼠辅导秘笈》里才加以详细记载。高雅的文字只可以包含过程的某几个阶段,不宜侵入 X 射线或公园巡警的领域。

有一天,托马斯·麦克利奥德和西莉亚逗留在格子栏栅过道的末端。

"周薪十六元并不多。"托马斯说,让他的便帽搭在肩胛上。

西莉亚瞅着格子栏栅外面,吹着一支哭丧调。前天她同亨利埃塔姑妈上街,买一打手帕就花了这么多钱。

"下个月我也许可以加薪,"托马斯说,"明天我还是老时候来,送一袋面粉和洗衣肥皂。"

"好,"西莉亚说,"安妮特的表姐结了婚,在布朗克斯租了一套房间,每月只花二十块钱。"

她从来也没有指望斯普拉金斯的财产。她很了解亨利埃塔姑妈的不可克服的阶级自豪感和爸爸的巨富的权力。她知道,如果她选中了托马斯,她同那食品店的小伙子只好靠吹口哨过日子了。

另一天,托马斯全然不顾富翁街的尊严,尖厉地吹着《魔鬼的梦》。

"昨天加了工资,每星期十八块钱,"他说,"我去晨光街打听过房子。你可以准备解掉那条围裙,脱掉那顶帽子了,小妞儿。"

"哦,汤米!"西莉亚咧开嘴笑着说,"那不是够了吗?我请贝蒂教我做乡下布丁。我们管它叫做公寓布丁也不妨。"

"太棒啦。"托马斯说。

"我会扫地、擦家具、掸灰尘——客厅的使女当然会干这些活。晚上我们还可以吹二重奏。"

"老头说,到了圣诞节,他再把我的工资加到二十元,如果布莱恩想不出比'拖拉'更坏的词来形容共和党人的话。"食品店的小伙子说。

"我会做针线活,"西莉亚说,"我知道煤气公司的人来抄表时,先得让他出示证章;我还知道怎么做楤梓果酱,挂窗帘。"

"哎,你真了不起,西莉亚。我想我们一星期十八元钱也混得过去了。"

他跳上马车时,客厅使女冒着被人发现的危险,飞快地跑到门口。

"哦,汤米,我忘了一件事,"她轻声喊道,"我相信我会替你打领带。"

"算了吧。"托马斯果断地说。

"还有一件事,"她接着说,"晚上放了黄瓜片可以驱赶蟑螂。"

"还可以驱赶睡意呢,"麦克利奥德先生说,"今天下午如果送货去西区,我打算到我认识的一个家具店去看看。"

正当马车驶去时,老雅各布·斯普拉金斯用拳头擂了一下餐具柜,说了你或许还记得的那句没头没脑的、关于一万元的话。这件事可以证明某些故事、生活以及掉进井里的小狗都是沿着圆圈打转的。我们必须费力而简单地说明雅各布这句话的来龙去脉。

他发财的基础是二十岁时打下的。一个穷苦的矿工(谁听说矿工有钱来着?)一元两元的攒下了一点钱,在山边买了一块地,打算种玉米。可是种不出。雅各布的鼻子等于是探矿杖,知道那底下有煤。他花了一百二十五元从穷矿工手里买下那块地,一个月后转手卖了一万元。穷矿工听到这个消息时,卖地剩下的钱幸好还够他大喝一通,请一个领子朝后开的黑衣服的人替他送终。

因此,四十年后,我们看到雅各布突然心血来潮:如果他能把这笔钱偿还给那个不幸的矿工的继承人或受让人,他才可以安心太平。

故事情节现在必须加快展开,因为到这里为止已经写了七八千字,还没有流过一滴眼泪,开过一响手枪,说过一个笑话,砸破一个保险箱或酒瓶。

老雅各布雇了十来个私家侦探寻找老矿工休·麦克利奥德的后代,如果他有后代的话。

明白了吗?我当然像你一样清楚,托马斯就是老矿工的后代。我认为还是在一篇故事中间说明为好。假如人们不愿意看下去,可以就此打住。

侦探们根据错误的线索追踪了三千元——我是说三千英里——之后,终于在食品店找到了托马斯,并且从他嘴里探听到休·麦克利奥德是他的祖父,除他以外没有别的后代。他们安排好一个上午,让他在他们的事务所里同老雅各布见面。

雅各布非常喜欢这个年轻人。他喜欢这个年轻人说话时正视着他的样子，以及把便帽往桌上一个玫瑰色花瓶上一扔的神气。

雅各布偿还的方式还有一个小小的缺点。他认为这一行动没有必要把坦白也包括在内，才算十全十美。因此，他自称是那个买地皮的人的代表，受人之托归还卖地的钱，以便得到良心上的安慰。

"哎，先生，"托马斯说，"这好像是南波士顿寄来的一张图画，上面写着：'我们在这里非常快活。'我不懂这种把戏。这一万元是现款呢，还是要我攒足同等数目的赠券才可以拿到？"

老雅各布数了二十张五百元的钞票给他。

他认为那比签一张支票好。托马斯沉思地把钱放进口袋。

"我代爷爷谢谢送钱来的人。"他说。

雅各布同他随便聊聊，问他做什么工作，空闲时有什么消遣，有什么志向。他越是瞅着托马斯，听他说话，就越是喜欢他。雅各布在巴格达很少碰到这般坦率淳朴的年轻人。

"我欢迎你来我家坐坐，"他说，"我可以帮助你投资或者安排你的钱。我很富。我有一个快成年的女儿，我希望你们认识认识。年轻人要拜访我女儿，我同意的不多。"

"多谢，"托马斯说，"我也难得拜访人家。我走的多半是边门。此外我已经同一个把特拉华的桃花都比下去的姑娘订了婚。她是我送货的一户人家的使女。不过她不会在那里干多久了。喂，别忘了替我爷爷向你那位朋友致意。现在我要告辞了，我的马车还在外面，有许多蔬菜要送。再见啦，先生。"

十一点钟，托马斯送了一些芹菜和莴笋到斯普拉金斯邸宅。托马斯只有二十二岁，沉不住气，因此，他出来时，掏出那把五百元面额的钞票，满不在乎地晃着。安妮特的眼睛睁得像奶油洋葱一般，跑去找厨师。

"我早就说过他是伯爵,"她把见到的事情一五一十地告诉了厨师后说,"他从来不理睬我。"

"你说他拿出钱来吗?"厨师说。

"好几十万,"安妮特说,"随随便便的搁在口袋里。他从来没有正眼看过我。"

"这是今天人家给我的,"托马斯在外面向西莉亚解释,"是我爷爷的产业的钱。喂,西莉亚,何必再等呢?我今晚就不干食品店的活了。我们干吗不在下星期结婚?"

"汤米,"西莉亚说,"我不是使女。我一直瞒着你。我是斯普拉金斯小姐——西莉亚·斯普拉金斯。报纸上说我将来可以继承四千万家产。"

托马斯把帽子拉了下来,我们自从认识他以来,还是第一次看到他把帽子戴得端端正正的。

"我想,"他说,"我想这一来,你下星期不会同我结婚啦。可是你口哨吹得真棒。"

"不,"西莉亚说,"下星期不同你结婚。我爸爸怎么也不会让我同一个食品店的伙计结婚的。不过我今晚可以同你结婚,汤米,只要你开口。"

老雅各布·斯普拉金斯晚上九点半坐着汽车回家。汽车的牌子只好由你们自己去猜测,我写小说是不拿津贴的,换了市内电车,我倒可以告诉你它的电压是多少伏,有几个歪歪扭扭的轮子。雅各布一到家就叫他女儿,他替她买了一串红宝石项链,希望听到她说他是多么亲切、体贴、可爱的爸爸。

大伙在家里找了一阵,接着安妮特来了,怀着满腔忠诚老实,还夹杂着不少妒忌和做作。

"哦,老爷,"她说着,不知道应不应该跪下来,"西莉亚小姐刚跟一个小伙子从边门逃跑啦,他们准备去结婚。我阻拦不住,老爷。他们是乘马车走的。"

"什么小伙子?"老雅各布吼道。

"一个百万富翁,对不起,老爷——一个乔装打扮的有钱的贵族。他身边有许多钱,那些红辣椒和洋葱只是迷惑我们的东西罢了,老爷,他从来都看不上我。"

雅各布立刻冲出去叫住他的汽车。司机想在风头里点燃一支香烟,因此耽搁了一会儿。

"喂,加斯顿,或者迈克,或者不管你叫什么名字,你拼命拐过街角,看看有没有一辆马车,有的话把它撞翻。"

一个街口之外果真有辆马车。那个加斯顿或者迈克,眯起眼睛,心想着他那支香烟,赶了上去,利索地把马车挤到人行道旁,逼它停了下来。

"你干什么?"马车夫嚷道。

"爸!"西莉亚尖叫起来。

"爷爷的内疚朋友的代理人!"托马斯说,"不知道他的良心又有什么花样。"

"千雷轰顶!"加斯顿或者迈克说,"我的火柴用光啦!"

"年轻人,"老雅各布严厉地说,"同你订婚的那个使女怎么啦?"

两年后,老雅各布走进他私人秘书的办公室。

"联合传道协会请求捐助三万元,作为朝鲜人改宗之用。"秘书说。

"别理它。"雅各布说。

"普拉姆维尔大学来信说,你每年定期捐赠的五万元已经过期了。"

"通知他们已经停付。"

"长岛蛤湾的科学学会请求捐款一万元,购置保存标本用的酒精。"

"废纸篓。"

"职业妇女文娱活动协会要求你捐两万元修建高尔夫球场。"

"见她们的鬼。"

"一概停止,"雅各布接着说,"我已经不做老好人啦。能搜刮克扣的每一元钱,我都需要。我要你去信给我手下每一个公司的董事,说我建议减薪百分之十。还有——我进来时看到客厅角落里有半块肥皂。我要你吩咐勤杂女工杜绝浪费。我可不能把钱白白扔掉。还有——醋价现在能由我们控制,是不是?"

"寰球调味品公司,"秘书说,"目前控制着市场。"

"醋价每加仑提高两分钱。通知我们所有的公司。"

雅各布·斯普拉金斯红润的胖脸突然软绵绵地笑了。他走到秘书桌边,把粗大的食指上一小块红印子给秘书看。

"他咬的,"他说,"千真万确是他咬的,他牙齿才出了三个星期——杰基·麦克利奥德,我的西莉亚的儿子。只要我能替他攒些钱,他二十一岁时可以有一亿财产。"

老雅各布出去时,在门口转过身又说:

"醋价不要提两分,还是提三分吧。一小时后,我再来在信上签字。"

哈伦·拉希德哈里发真实的记载是:他在位的晚期对慈善事业产生了厌倦,把他的"天方之夜"漫游时的宠臣和伙伴都砍了头。我们处在这种文明时代还是幸福的,因为哈里发们能加在我们头上的死刑判决,只是商人的账单而已。

姑娘和习惯

习惯——通过惯例和经常重复而获得的倾向性或适应性。

批评家们把所有灵感的源泉都攻击遍了,只剩下一个没有攻击。我们不得不在那个源泉寻找说教的题材。当我们从古代作家汲取灵感时,他们沾沾自喜地找出我们作品中同别人相似的地方。当我们试图反映现实生活时,他们又指责我们模仿亨利·乔治、乔治·华盛顿、华盛顿·欧文、欧文·巴切勒[①]。我们写西部和东部,他们又指责我们模仿杰西·詹姆斯和亨利·詹姆斯[②]。我们写出了心里话——他们却说我们大概得了肝病。我们想引用《马太福音》,或者——呃,对,或者《申命记》里的话,但我们的灵感还没有形成,就被牧师们大敲打擂吓跑了。因此,我们被逼得无路可走,要找题材,只能乞灵于那部古老可靠、道貌岸然、无懈可击的参考书——详解字典了。

梅里亚姆小姐是欣克尔的出纳员。欣克尔是市中心的一家大饭馆。它坐落的地方就是报上所说的"金融区"。每天从十点到两

[①] 亨利·乔治(1839—1897),美国政治经济学教授及作家;乔治·华盛顿(1732—1799),美国第一任总统;华盛顿·欧文(1783—1859),美国作家;欧文·巴切勒(1859—1950),美国通俗小说家。

[②] 杰西·詹姆斯(1847—1882),美国南北战争后出没于西部的著名强盗;亨利·詹姆斯(1843—1916),美国小说家,出生于美国东海岸的纽约,不少作品以东部为背景。

点,欣克尔那里挤满了饥饿的主顾——信差、速记员、经纪人、矿山股票持有人、发起人、专利权尚未确定的发明人——以及有钱的人。

欣克尔那里的出纳并不是清闲差使。欣克尔提供鸡蛋、吐司、烤饼和咖啡给许多主顾,并且供应中饭(这个名称同"大菜"差不多)给更多的主顾。我们可以说,在欣克尔那里用早点的人好比是小分队,吃中饭的则是大队人马了。

梅里亚姆小姐坐在一张凳子上,她桌子的三面有一道高高的、结实的铜丝网围着。铜丝网底部有一个拱形洞,你把钱和侍者给你的账单从这个洞里递进去,同时你的心会扑通扑通直跳。

因为梅里亚姆小姐既可爱又能干。她在你失去机会之前——下一位!请不要挤——就能从一张两元的钞票中收你四十五分钱,把找头给你,同时拒绝了你的求婚。她能够冷静沉着地收你的钱,给你找头,赢得你的心,指点放牙签的地方,对你的身价做出正确的估计(如果说布雷兹特里特[①]的估计上下相差一千元的话,她的估计不会相差二厘五毫);她做这一切所用的时间,比你用欣克尔的五味瓶往煎蛋上撒胡椒的时间还要短。

有一句古老的成语提到"觊觎宝座的炯炯眼光"。投射到这位年轻女出纳员座位上的也是炯炯眼光。想出这个比喻的是别人,不是我。

欣克尔的每一个男主顾,从电报局的小厮到场外经纪人,都爱慕梅里亚姆小姐。他们付账的时候,使尽了丘比特的一切计谋来追求她。向铜丝网里投去的有微笑、眼色、奉承、深情的誓言、下馆子的邀请、叹息、憔悴的容貌,这一切立刻遭到聪颖的梅里亚姆小姐针锋相对的愉快的调侃。

---

① 布雷兹特里特,美国律师、商人,曾创办一个专门提供金融界统计资料的公司。

那位年轻女出纳员的地位是再有利不过的了。她在那里一坐,轻而易举地成了商业之宫的女王;她是银元和问候的女公爵,奉承和辅币的女伯爵,爱情和午餐的头牌演员。你从她那里领到一个微笑,即使找头里有一枚加拿大银币①也会毫无怨言地走开。你像守财奴似的盘算着她向你说的一两句高兴的话;你用五元钱付账,找头数也不数就往口袋里一揣。也许那道鸿沟似的铜丝网增添了她的魅力——总之,她是一个穿衬衫的天使,完美、整洁、吸引人、眼睛明亮、应对敏捷、谨慎警惕——她是普赛克、喀耳刻和阿特②三者的混合体,既使你心神不定,又叫你同钞票分家。

在一顿中午饭的繁忙时刻,梅里亚姆小姐一面收钱,一面说话,说的话大致是这样的:

"你好,哈斯金斯先生——什么?——生来就是这样的,多谢——别这样冒失……喂,约翰尼——十分、十五分、二十分——赶紧走吧,不然他们要炒你鱿鱼啦……对不起,请你再数一遍——哦,没关系……歌舞剧吗?多谢;我不看那玩意儿——星期三晚上我同西蒙斯先生去看《梅达·加布勒》里的卡特③……请原谅,我以为那是一枚二十五分的银币呢……二十五分加七十五分不是一元吗?——你仍旧爱吃火腿熬白菜。我明白啦,比来……你在跟谁说话?——喂——你要的菜马上就来……哦,胡扯!巴希特先生——你老是骗人——可不是吗?——嗯,也许有一天我会跟你结婚的——三元、四元、六十五分,你给的是五元……请你把这种话留给自己听吧……十分吗?——对不起,账单上写的是七十

---

① 加拿大元与美元的比值约为 100 比 75。
② 普赛克,希腊神话中人类灵魂的化身,以少女形象出现,与爱神厄洛斯相恋;喀耳刻,希腊神话中的女怪,住在地中海的小岛上,旅人受她蛊惑就变成牲畜;阿特,希腊神话中报复与恶作剧的女神。
③ 《海达·加布勒》是挪威剧作家易卜生于 1890 年发表的剧本,着重分析人物心理的发展;卡特(1862—1937),美国女演员。

分——嗯,也许这不是'七'字,而是'一'字……哦,你喜欢这种发式吗,桑德斯先生?——有的人喜欢往上拢,不过他们说秀气的人梳这种发式挺好看……十枚是五十分……走吧,朋友;别把这里当做康奈游乐场的售票处……呃?——在梅西百货公司买的——合身吗?哦,不,并不太凉爽——这一季流行这种薄料子……下次请再光临——你已经是第三次啦——什么?——没关系——那枚假角子我已经看熟了……六十五分——你一定是加了工资,威尔逊先生……星期二下午我在六马路上见到你,德弗雷斯特先生——好吗?哎呀!她是谁呀?……怎么啦?——嗯,这钱根本不能用——什么?哥伦比亚半开?——这儿又不是南美洲……嗯,我最喜欢什锦巧克力——星期五吗?真对不起,星期五我要去上柔道课——那么就是星期四吧……多谢——今天早晨这句话我听了有十六遍——我想我准是漂亮吧……请别说那种话——你把我当做谁?哎,韦斯特布鲁克先生——你真是那么想的吗?——简直是乱想!——一元——八十分加二十分正好是一元——太谢谢你啦;不过我从不跟男人坐汽车兜风——你的姑妈?——嗯,那就是两码子事啦——也许可以……请你别胡来——我想你的账单是十五分——请靠边,让别人……哈啰,班——星期四晚上再来?有位先生要送一盒巧克力来……四十分加六十分不是一元吗,再加一元就是两元……"

一天下午,一位年老、有钱而又古怪的银行家走过欣克尔饭馆门口,正要去搭电车,突然被眩晕女神——她的另一个名字是幸运女神——打倒在地。搭电车的有钱而又古怪的银行家总是——请让开,还有别人呢。

当场有一个撒玛利亚人、一个法利赛人①、一个男人和一个警

---

① 《圣经》上说撒玛利亚人乐善好施,法利赛人伪善。

343

察抬起了银行家麦克拉姆齐,把他弄到欣克尔饭馆里面。这位上了年纪,但是打不垮的银行家睁开眼睛时,看到一个美人俯在他面前,带着怜惜而温柔的微笑,正用牛肉茶敷他的额头。用盛在暖锅里的冰冷的东西替他擦手。麦克拉姆齐先生叹了一口气,绷掉了坎肩上的一颗纽扣,感激不尽地瞅着他的救命女恩人,恢复了知觉。

指望看到浪漫故事的人都到海滨图书馆去吧!银行家麦克拉姆齐有一位上了年纪、受人尊敬的妻子,他对梅里亚姆小姐的感情只像是父亲对女儿那样。他很感兴趣地同她谈了半小时——和他在办公室里的谈话完全不同。第二天,他带了麦克拉姆齐太太一起来看她。这对老夫妻没有儿子——一个出嫁的女儿住在布鲁克林。

我们不妨把这个短篇小说写得更短一些,那个美丽的出纳员赢得了善良的老夫妻的欢心。他们一再到欣克尔饭馆来,还请她到他们东区第七十几街的老式然而华丽的住宅去做客。梅里亚姆小姐的确讨人欢喜,她率直可爱,热情洋溢,使他们神魂颠倒。他们反反复复地说,梅里亚姆小姐多么像他们的不在身边的女儿。已经出嫁的、住在布鲁克林的女儿,身段像菩萨似的,面貌则是艺术摄影师的理想。梅里亚姆小姐是曲线、微笑、玫瑰叶、珍珠和生发油广告的混合体。父母的糊涂也不必多谈了。

这对高贵的老夫妻认识梅里亚姆一个月后的一天下午,梅里亚姆站到欣克尔面前,辞去出纳员的工作。

"他们要收养我做女儿啦,"她对那个被剥夺的饭馆老板说,"这对老夫妻很可笑,但也着实可爱。他们的家里才讲究呢!喂,欣克尔,多说也没用,我现在的菜单是穿着褐色的衣服,戴着风镜坐在飞快的汽车里,同我结婚的至少是公爵。虽然如此,我离开我的老位置真有点不愿意。我当了这么久的出纳,再做别的事情总觉得不自在。我一定会怀念主顾们排队付账、我同他们打趣的情景。但是我不能错过这个机会。他们又是这么好,欣克尔,我知道我有好日子过的。你还欠我九元二十六分和半天的工资。如果你不乐意,就把半天的工资扣掉吧,欣克尔。"

就这样,梅里亚姆小姐成了罗莎·麦克拉姆齐小姐。她出色地应付了这个变化。美貌只是皮相,不过神经离皮肤非常近。神经——说到这里还是请你再仔细看看这篇故事开头的一句引文吧。

麦克拉姆齐老夫妇像斟国产香槟酒那样毫不吝惜地花钱培养他们的养女。得到那些钱的是服装商、舞蹈教师和家庭教师。梅——呃——麦克拉姆齐小姐很领情,很孝顺,尽量忘却欣克尔饭馆。美国姑娘的适应性是可以信任的,在极大部分时间里,欣克尔饭馆也确实从她的记忆和言语中消退了。

少数人或许还记得海特斯伯里伯爵到美国东区第七十几街的新闻。他只是个不大不小的伯爵,也不欠债,因此他的来到并没有引起轰动。不过你一定记得慈善妇女会在沃尔多夫·阿斯托利亚饭店举办义卖市场的那个晚上。因为你当时在场,还用饭店的信笺写了一个便条给范妮,为的是让她看看——你没有去吗?很好,那晚上一定是因为孩子病了。

在义卖市场上,麦克拉姆齐一家很引人注目。梅——呃——麦克拉姆齐小姐打扮得非常漂亮。海特斯伯里伯爵自从来美国观光的时候起,就一直很注意她。在义卖市场上,他们的事情可以明朗化了。伯爵同公爵差不多,甚至还要好些。他的地位或许低一点,不过他欠的债务数字也低一点。

我们以前的那位年轻女出纳员分配到一个摊位。她的任务是把一些不值钱的小玩意儿以惊人的高价卖给那些上流人物和势利人物。义卖的收益将用来给贫民窟的小孩们吃一顿丰盛的圣诞晚餐——喂！你有没有想过其余的三百六十四天他们该怎么办？

麦克拉姆齐小姐——美丽动人、兴奋紧张、容光焕发——在她的摊位上忙着。一张开了拱形小窗口的假的铜丝网把她围在里面。

伯爵来了，安详、优雅、大方，带着爱慕——非常爱慕的神情来到窗洞前。

"你真可爱，你明白——你确实可爱——亲爱的。"他甜言蜜语地说。

麦克拉姆齐小姐霍地转过身。

"别来那一套，"她冷淡而干脆地说，"你以为你是在跟谁说话？请把账单递过来。哦，天哪！——"

义卖市场上的主顾们一阵混乱，纷纷向一个摊位挤去。海特斯伯里伯爵站在附近，大惑不解地捋着他那浅黄色的小胡子。

"麦克拉姆齐小姐晕倒啦。"有人解释说。

空谈不如实验

春天向《密涅瓦杂志》的编辑威斯特勃罗克投了一个明媚的颜色,使他离开了他本来想走的路。他在百老汇路一家饭店的老座位上吃了中饭,正要回办公室的时候,他的脚步却给春天风流娘儿们的诱惑绊住了。这就是说,他在第二十六街向东拐了弯,安然蹚过五马路车辆组成的春洪,在含苞欲放的麦迪逊广场的人行道上徘徊。

柔和的氛围和小公园的环境几乎形成了一支田园曲,主色是绿的——混沌初开、人和万物刚被创造出来时的主要色彩。

人行道间的嫩草显出一种有毒的铜绿色,叫人想起夏秋两季露宿街头的无家可归的人。枝头的苞芽在吃四毛钱客饭的人看来,同鱼旁边的配菜非常相似。头上的天空是一派淡淡的碧绿色,沙龙诗人们常拿这种颜色的名称和"海枯石烂""如芝如兰""情意绵绵"押韵。惟一自然而明显的颜色是新漆的公园长椅面上的绿色——那种色泽介于腌黄瓜和去年买的、广告上说是保证不褪色的黑防雨布雨衣的色泽之间。但是在编辑威斯特勃罗克的城里人的眼里,这种景色已经是登峰造极的了。

编辑威斯特勃罗克的心情很宁静,很满足。四月号的《密涅瓦杂志》出版后十天就全部卖光了——凯古克[①]的一个报刊经销

[①] 凯古克,美国爱荷华州东南端的小城。

商来信说,如果多派到五十份,他也早就卖掉了。杂志公司的老板加了他的(编辑的)薪水,他家里刚雇了一个新近从乡下来的、怕跟警察们搭讪的好厨娘;晨报刊登了他在一次出版人宴会上演说的全文。这天,他离开住宅区的公寓之前,他那可爱而年轻的妻子唱了一支绝妙的歌,那些欢快的调子仍在他的耳朵里回响。最近她对音乐很感兴趣,每天一清早就认真练习。当他夸奖说她的声音大有进步时,她快活地搂抱了他。他还感到了那个训练有素的护士——春天——轻轻走进逐渐康复的城市的病房,带来了亲切而有益健康的医药。

编辑威斯特勃罗克在一排排公园长椅之间闲逛时(长椅上坐满了流浪汉和看管无法无天的儿童们的保姆),他觉得袖管被人拉住了。他以为是乞丐向他要钱,立刻摆出冷淡而扫兴的面孔转过头来,发现拉住他的人是——道威——夏格福特·道威,一副潦倒,甚至寒酸的样子,衣衫褴褛,以前的绅士气派荡然无存。

编辑安下心来的时候,我们不妨极其简单地介绍一下道威的生平。

他是小说作家,也是威斯特勃罗克的老相识。有一个时期,他们甚至可以说是老朋友。那时候,道威有几个钱,住在离威斯特勃罗克家不远的一幢高级公寓里。他们两家人时常一起上戏院、下馆子。道威太太和威斯特勃罗克太太成了"最要好的"朋友。后来,章鱼①的一条小触手为了开开玩笑,吞没了道威的资本,他便搬到格拉牟赛公园附近去了,在那里,你每星期只要花少数几块钱就可以坐在权充椅子的衣箱上,头上有八枝的灯架,对面有卡拉拉大理石的火炉架,看老鼠在地上戏耍。道威想靠写小说来维持生活。偶尔也可以卖掉一两篇。他向威斯特勃罗克投了许多稿件。

---

① 章鱼是垄断资本的象征。

《密涅瓦杂志》发表了一两篇,其余的都退了。每次退稿时,威斯特勃罗克总是用私人名义写一封详细而诚恳的回信,仔细提出不用的理由。编辑威斯特勃罗克对于好作品有他自己的明确见解。道威也是这样。道威太太关心的主要是怎么凑合着安排那些少得可怜的食物。一天,道威滔滔不绝地向她谈论某几个法国作家的长处。中午吃饭时,盘子里的食物很少,一个饿慌的小学生可以一口把它吞掉。道威说了几句闲话。

"这是莫泊桑肉丁,"道威太太说,"可能不是艺术,但是我希望你能出一套五道菜的马里昂·克劳福特的丛书,再加一首艾拉·维勒·威尔考克斯①的十四行诗当做点心。我也饿哪。"

夏格福特·道威在麦迪逊广场拖住编辑威斯特勃罗克的袖管时,他的境况就潦倒到这个地步。几个月来,编辑还是第一次看见道威。

"哎,夏格,原来是你?"威斯特勃罗克有点尴尬地说,他的口气使对方的脸色变了。

"坐一会儿,"道威扯扯他的袖子说,"这里是我的办公室。我这副模样,不能去你的办公室。哦,坐下来吧——你不会丢脸的。别的长椅上的那些落魄的家伙只会把你当做得法的小偷。他们不知道你只是编辑。"

"抽烟吗,夏格?"编辑威斯特勃罗克小心翼翼地坐在铜绿色的椅子上说。他顺从的时候总是顺从得很漂亮。

道威抓住那支雪茄,神情像是鱼狗扑向翻车鱼或者姑娘咬奶油巧克力。

"我只有——"编辑开口说。

---

① 马里昂·克劳福特(1854—1909),美国多产小说家,作品多为历史和传奇小说;艾拉·威尔考克斯(1850—1919),美国诗人。

"哦,我知道,不必说下去啦,"道威说,"给我一个火。你只有十分钟的空闲。你怎么混过我的听差身边、闯进了我的私室?他现在走开了,还把他的警棍扔向那条不识'禁止践踏草地'告示的狗呢。"

"小说写得怎么样啦?"编辑问道。

"只消看看我的模样就得到答复了,"道威说,"别装出那种尴尬的、无能为力的样子,别问我为什么不去找一个贩酒的行商或者马车夫的工作。我是要奋斗到底的。我知道我能写出好小说,我要逼你们这批人承认事实。在我跟你们一刀两断之前,我要你们把'碍难采用'这几个字换成'稿酬随函附上'。"

编辑威斯特勃罗克带着爱莫能助、渊博、同情、怀疑的神情从夹鼻眼镜里瞅着他——那是编辑遭到退稿的作者包围时的版权所有、不准翻印的神情。

"你有没有看过我最近寄给你的小说《灵魂的警报》?"道威问道。

"仔细看过。那篇小说叫我考虑了好久,夏格,确实如此。它有可取的地方。我正在写一封信,准备连同原稿一起寄给你。我很抱歉——"

"不用抱歉啦。"道威阴沉地说。

"你的小说里不再有冲突的化解,也没有刺激。我要知道为什么。来吧,我们先谈谈优点。"

"这篇小说,"威斯特勃罗克忍不住叹了一口气,斟字酌句地说,"构思几乎可以说是有独创性。人物性格的刻画——在你写的东西中算是最好的。结构——同样出色,有几个薄弱的环节稍加改动和修饰就解决了。这是一篇好的小说,只不过——"

"我能写英文,是吗?"道威插嘴说。

"我一直对你说,"编辑回道,"你有风格。"

"那么问题在于——"

"还不是老问题,"编辑威斯特勃罗克说,"在达到小说中的高潮之前,你是个艺术家。一到高潮,你却变成了摄影师。我不知道是哪一种顽强的疯狂迷住了你的心窍,夏格,你写的每一篇小说都是这样的。不,我要收回摄影师的比喻。尽管摄影不可能表现神韵,有时仍能反映浮光掠影的真实。可是你的那些平淡沉闷、起反作用的笔触糟蹋了每一个高潮,我也曾一再向你指出,如果你能在富有戏剧性的场景达到高度的文学成就,用艺术标准所要求的鲜明色彩加以渲染,那么信差送到你家的厚厚的退稿信件就可以少一些了。"

"哦,舞台上的玩意儿!"道威嘲弄地嚷道,"你脑子里还丢不开那种过时的、土里土气的文明戏。当那个黑胡子的人拐走了金黄色头发的蓓西,你就非要她的妈妈在聚光灯前跪下来,举起手说:'老天有眼,那个没有心肝的、拐走我女儿的恶棍不遭到做母亲的诅咒的报应,我是日夜不得安宁的!'"

编辑威斯特勃罗克不由得会心地笑起来。

"我认为,"他说,"在现实生活中,那个女人是会用那些话,或者非常近似的话来表达她的感情的。"

"除了舞台以外,任何地方、任何时候都不会有的,"道威激动地说,"我告诉你,她在现实生活中会怎么说,她说:'什么!蓓西被一个野男人带走啦?老天爷!真是祸不单行!替我把另一顶帽子拿来,我得赶到警察局去。我倒要知道,怎么没有人去找她。看在老天爷分上,别碍手碍脚,不然我永远也收拾不好。不是这顶——是那顶有丝绒结的棕色帽子。蓓西准是疯了,她一向怕跟陌生人打交道。粉扑得太厚了吗?老天爷!我真搞得一团糟!'"

"她说的话就是这样的,"道威继续说,"在现实生活中,人们情绪激动时,不会大念其英雄诗或者无韵诗。他们根本不可能这样。在那种情况下,他们如果说话,用的还是日常生活中的词汇,而且他们的言语和思想会比往常混乱一些,就是这样。"

"夏格,"编辑威斯特勃罗克着重说,"你生平有没有从电车的排障器底下抱起一个被碾死的孩子,抱到他的悲痛的母亲面前?你有没有经历过那样的事,听过她脱口而出的伤心绝望的话?"

"我从来没有,"道威说,"你呢?"

"哎,没有,"编辑威斯特勃罗克微微皱着眉头说,"不过我可以想象她会说些什么话。"

"我也可以。"道威说。

编辑威斯特勃罗克可以趁这个机会大发议论,使那个顽固的投稿人哑口无言。《密涅瓦杂志》里的男女主人公该说什么话,可不能由一个尚未成名的小说家自作主张,违背编辑的理论。

"我亲爱的夏格,"他说,"如果我对生活有所了解,我知道人类心里每一个突然、深刻、悲痛的情绪都会唤起一种和谐一致的、与当时情况相适应的表现。至于情绪和表现之间这种不可避免的一致,有多少应该归诸先天的性格,有多少应该归诸艺术的影响,那就很难说了。母狮失去幼狮时的威武可怕的吼叫,同它平时的呜呜声和呼噜呼噜声大不相同,正像李尔王①的庄严卓越的议论远远超出了他平时昏聩唠叨的水平。不论男女,都有一种可以叫做下意识的戏剧性的东西,往往会被深刻强烈的情绪所激发——这种感觉是不知不觉地从文学和戏剧中获得的,使他们用一种与他们情绪的重要性和戏剧性相称的语言来表达。"

"那么凭人马星座的七条神圣的鞍毡起誓,戏剧和文学又是从哪里获得这些了不起的本领呢?"道威问道。

"生活。"编辑得意洋洋地回答道。

---

① 李尔王,传说中不列颠岛的国王,莎士比亚同名剧本里的主人公。

小说家从椅子上站起来,急得指手划脚,只是说不出话,他找不到适当的字句来表达他的反对。

附近长椅上一个邋遢的闲汉睁开一双红眼睛,觉得应该给患难朋友以道义上的支持。

"揍他一顿,杰克,"他粗声粗气招呼道威说,"他到这里来闹什么?打扰坐在广场上的大爷们的思路。"

编辑威斯特勃罗克装出悠闲的样子,看了看表。

"告诉我,"道威急切地问道,"《灵魂的警报》这篇小说究竟有什么具体的缺点,使你否定了它?"

"加百列·牟莱,"威斯特勃罗克说,"走到电话机前,听说他的未婚妻被强盗枪杀的时候,他说——我记不得确切的字眼,不过——"

"我记得,"道威说,"他说的是:'该死的电话局,接线员总是把我的电话挂断。'(接着转向他的朋友)'喂,汤米,三二口径的子弹伤口大不大?真倒霉,不是吗?你能不能到餐具柜那儿替我斟一杯酒,汤米?不,纯的,不要掺东西。'"

"还有,"编辑紧接着又说,"当布兰尼丝打开她丈夫给她的信,得知她丈夫已经跟修指甲的姑娘逃跑时,她说的话是——让我想想——"

"她说,"作家插嘴说,"'嘿,你看怎么样!'"

"荒唐而不恰当的话,"威斯特勃罗克说,"冲淡了故事的气氛——使它降到了毫无希望的程度。更糟糕的是,它歪曲了现实生活。人们面临突如其来的悲剧时,从来不说平凡通俗的话的。"

"错啦,"胡子拉碴的道威固执地咬紧牙床说,"我说不论男女,碰到真正的紧要关头,从来不会夸夸其谈的。他们仍像平时那样说得很自然,可能比平时糟一些。"

编辑带着宽容和自以为是的神气从椅子上站了起来。

"喂,威斯特勃罗克,"道威拉着他的上衣翻领说,"如果你觉得我们刚才讨论的那几个地方,人物的行为和语言是真实的,你会不会采用《灵魂的警报》?"

"如果我有这种感觉,很可能接受,"编辑说,"但是我已经向你解释过,我并不觉得它是真实的。"

"假如我能向你证明我是正确的呢?"

"抱歉得很,夏格,恐怕我眼前没有时间再争论了。"

"我并不想争论,"道威说,"我要用现实生活向你证明我的观点是正确的。"

"怎么证明?"威斯特勃罗克惊讶地问道。

"听着,"作家认真地说,"我想出一个办法。我要杂志社承认我的有关现实主义小说的理论是正确的,这一点对我很重要。我已经为它奋斗了三年,现在我一文不名,还欠了两个月房租。"

"我替《密涅瓦杂志》编审小说时,"编辑说,"依据的原则正好同你的相反。发行量却从九万上升到——"

"四十万,"道威说,"事实上应该到一百万。"

"你刚才不是说,你要向我证实你的那套理论吗?"

"是的。只要你肯抽出半小时左右的时间,我就可以向你证明给我是对的。我可以用露易丝来证明。"

"你的妻子!"威斯特勃罗克嚷道。

"哎,说得确切一些,不是用她,而是和她一起证明,"道威说,"你知道露易丝一向全心全意地爱着我。她认为我是市面上惟一有老医师签字商标的货真价实的东西。自从我扮演了怀才不遇的天才角色以来,她比以往更爱我,更忠实了。"

"她确实是个可爱可敬的终身伴侣,"编辑同意说,"我还记得她和我太太一度形影不离。我们有这样的妻子,夏格,真是福气。你一定要找个晚上,带道威太太来我们家,我们再像以前那样随便吃一顿火锅,聚一聚。"

"以后再说吧,"道威说,"等我能买一件新衬衫的时候。现在我把我的打算告诉你。今天早饭后——如果茶和麦片也能算是早饭的话——我要离家的时候,露易丝说她要去第八十九街看她的姑妈。她说三点钟回家。她一向很守时,分秒不差。现在是——"

道威望望编辑的表袋。

"三点缺二十七分。"威斯特勃罗克看了表说。

"刚好来得及,"道威说,"我们立刻回我住的公寓去。我写一张便条给她,放在桌子上,让她一进门就能看到。你和我躲在有门帘隔开的餐室里。我在便条上写我跟一个相好的跑了,再也不回来了,那个女的比她更了解我的艺术灵魂的需要。当她看到便条的时候,我们可以观察她的举动,听她说什么话。那我们就可以知道谁的理论正确了——你的还是我的。"

"哦,不行!"编辑摇摇头说,"那是不可饶恕的残酷。我不同意用这种方式来捉弄道威太太。"

"大胆些,"作家说,"我想我是像你一样体贴她的。这不但是为我,也是为她的好处着想。我总得想些办法替我的小说找出路。这不会对露易丝造成什么损害。她很健康。她的心脏像一块九十八分钱的表一般正常。并且只要一分钟就行了,我立即出来向她解释。你应该给我这个机会,威斯特勃罗克。"

编辑威斯特勃罗克虽然不太愿意,终究还是同意了。在他勉强同意的心情中,潜伏着我们都有的喜欢解剖活体的心情。让那些没有试过解剖刀的人来代替他吧。可惜的是兔子和豚鼠总是不够。

那两个艺术的实验者离开了广场,匆匆向东走去,然后向南拐一个弯,到了格拉牟赛附近。高高的铁栅栏里的小公园已经披上了新绿的春装,正在泉水的镜子面前顾影自怜。栅栏外面荒凉的广场上几幢东倒西歪的、威风扫地的房子仿佛在交头接耳谈着昔日的繁华。城市的壮丽就是这样消逝的。

从公园往北走了一两个街口后,道威又领着编辑向东走了几步路,来到一座高而窄的公寓房子,门面的装饰过分繁复,显得几乎不胜负担。他们辛辛苦苦爬到五楼,道威上气不接下气地掏出钥匙,打开了一套面街的公寓的房门。

门一打开,编辑威斯特勃罗克怀着几分怜悯看到房间里的布置是多么简陋寒酸。

"你找得到椅子的话就请坐吧,"道威说,"我来找钢笔墨水。呃,这是什么呀?露易丝写的便条。一定是她早晨出去时留下的。"

他从房间中央的桌子上拿起一个信封,把它撕开。他开始看信,不禁念出声来,一直念完。下面是编辑威斯特勃罗克听到的话:

亲爱的夏格福特:

你看到这封信时,我已经离开了百来英里。我在泰西歌剧团的合唱队里找到了一个位置,我们是今天十二点钟启程的。我不希望饿死,因此决定自谋生路。我不回来了。威斯特勃罗克太太和我一起走。她说她和一个留声机、冰山和字典的混合体一起生活,实在腻烦透了,她也不打算回来了。两个月来,我们一直秘密地练习唱歌。我希望你成功,一切顺利!再见吧。

露易丝

那封信掉落下来,道威哆嗦的手蒙住脸,声音深沉而颤抖地嚷道:

我的天哪,你为什么给我喝这杯苦酒?既然连她都不忠实,那么让你最美好的礼物——忠诚和爱情——成为叛徒和恶鬼的戏称吧!

编辑威斯特勃罗克的眼镜落到地板上。他一手抚摸着上衣的纽扣,苍白的嘴唇里漏出了这些话:

嘿,夏格,这封信真他妈的该死!岂不是要你的命,夏格?哎,真该死,夏格——可不是吗?

午夜一点钟后

惟独纽约的下西区才有残存的不共戴天、睚眦必报的卡普勒特和蒙泰古家族①。在下西区,你只要对敌对家族的支持者做一个侮辱性的手势,就准备动刀子吧。在百老汇路上,你可以揪着对手的鼻子走十来个街口,他只嚷嚷着叫警察;但在西区,当酒吧的顾客当中有你的家族和亲友的敌人时,你一举一动都必须符合规矩,连眨一下眼睛和胳臂肘支在酒吧柜台上的位置都得注意。

因此,当埃迪·麦克马纳斯(卡普勒特家族称他为考克·麦克马纳斯)逛到"荷兰人"迈克的酒吧来喝一杯、遇上一批蒙泰古家族的人也在喝啤酒作乐时,他开始严格地循规蹈矩。如果不喝酒就离开,他又不甘心。于是他提防着走到酒吧前,冷淡的目光似乎藐视一切,其实从他所在的位置可以从镜子里看到敌人的一举一动;经验悄悄地告诉他,今晚在"荷兰人"迈克这里喝酒聊天的人中间肯定会惹麻烦。紧挨在他身边的是他的游伴"好汉"克利里。他们两个属于浮坞帮,同四个桑丘帮的人对峙着,双方都谨小慎微,以致"荷兰人"迈克一只眼睛注意着他的主顾,另一只眼睛瞅着酒吧下面的空档,每逢可怕的拘谨凝结成枪弹和匕首时,那下面就是他安身立命之处。

---

① 卡普勒特和蒙泰古是莎士比亚悲剧《罗密欧与朱丽叶》里两个势不两立的家族,械斗时,卡普勒特家族的朱丽叶的表哥泰鲍特被蒙泰古家族的罗密欧刺杀。

毫 不 通 融

我们不想谈桑丘帮和浮坞帮之间的明争暗斗。我们必须去鲁尼的酒吧,那里生活之树的遭受最严重摧残的枝丫上还开着一朵苍白的花。

绷得太紧的礼节终于破裂了。不清楚是谁首先发难的,但后果却立竿见影。"公羊"马隆像杜威①那样迅速地把八英寸口径的大炮拖上了上甲板。麦克马纳斯却好比鱼雷。他在大炮底下钻过去,在桑丘帮巡洋舰的肋骨之间插进了三英寸长的匕首。与此同时,善于运用战略的"好汉"克利里绕过便餐柜台,拉下电门,让战斗只在枪火的闪光下进行。"荷兰人"迈克从避难所爬出来,没有跑到街上去请莎士比亚把这场黑咕隆咚的混战载入史册,而是召唤了警察。

警察来时,发现一个蒙泰古家族的成员倒在地上流血,周围是三个苦恼而守口如瓶的支持者。他们忠于帮规,谁都不说行凶的人是谁。现场没有卡普勒特家族的人。

"用不着查问,""公羊"马隆对警察说,"我当然知道是谁干的。我一向眼观四方,当然看到是谁把我这个五金店改成陈列橱的。我不说出名字。我要自己解决。喔唷唷!别把它当一回事,哥儿们!我自己同他算账。我不提出申诉。"

午夜时分,麦克马纳斯来到东区码头一堆木料附近,在一个消防龙头旁边徘徊。十分钟后,"好汉"克利里来到约会地点。"他也许死不了,""好汉"说,"当然,他不会开口的。但是'荷兰人'迈克会告发。他对警察说,他的酒吧经常被砸烂,他腻烦透了。不巧的是蒂姆·科里根眼下在欧洲和国王们一起度周末。他要下星期五才乘'威廉皇帝号'回来。在此以前,你得避一避风头。蒂姆回来后,会替我们把事情摆平的。"

---

① 杜威(1837—1917),美国海军上将,美西战争中马尼拉湾一役的英雄。

这说明了考克·麦克马纳斯为什么有一晚去了鲁尼的酒吧，并且在他的危险生涯中第一次看到了浪漫史的明亮而奇特的面庞。

在蒂姆·科里根结束他同国王亲王们的游览、回到私人办公室、举起粗大白皙的手指发号施令之前，考克在他那帮人经常出没的场所露脸是不安全的。因此，他百无聊赖地待在卡普勒特家族一个成员家的后屋楼上，看看报刊粉红色的运动新闻版，诅咒"威廉皇帝号"缓慢转动的明轮。

星期四晚上，考克再也不能忍受与世隔绝的生活了。他像公鹿渴望泉水似的渴望汩汩流出的清凉的啤酒，渴望把脚搁在横档上的踏实的感觉，以及金光锃亮的酒吧柜台上平静友好的打趣和应对。但他必须避开有熟人的地区。警察到处在寻找他的下落，消息很少，报上老调重弹，指责警方在打黑除恶方面的无能。假如他们在科里根回来之前把他缉捕归案，粗大白皙的手指就举不起来了，一切都晚了。不过科里根明天回来，考克认为今晚在外面找一点小小的生活乐趣不至于有什么危险。

十二点半，麦克马纳斯来到一条横贯全市的幽暗的街道，望着二楼窗口上一块有白炽灯光照明的"鲁尼酒吧"的招牌。他听说过这个名声不佳的场所，但不熟悉具体地点和顾客是些什么人。他凭这种场共有的准确的迹象，爬上楼梯，走进酒吧楼上的大房间。

房间里有二三十张桌子，这时候一半左右是空的。侍者端着饮料侍候鲁尼的主顾们。房间一头有个眼神迷茫的人机械地在敲打着钢琴键，错误百出的音符简直让听的人受罪。时不时有个侍者扯起嗓子唱歌——歌词全是保证真正非洲旋律的"约翰逊先生""宝贝""黑人"等等，谱曲的则是西二十八街的出生在棉花地和沼泽稻田的、穿红坎肩的年轻人。

毫 不 通 融

你我必须欣赏一下鲁尼招呼客人、安排他们入座、同他们开开小玩笑的老练。其实他只有二十九岁。他长着韦林顿的长鼻子、但丁的翘下巴、易洛魁印第安人的高颧骨,他的笑容像塔莱朗,步法像科比特①,姿态像东区中央公园选出的十一岁的五月皇后。他的副手弗兰克是个脾气特好的矮胖子,衣着十分讲究,老是在各张桌子中间转悠,不让顾客们感到无聊。鲁尼酒吧的坏名声是怎么来的呢?酒吧白天里十分正派;肥硕的太太们带着孩子、大包小裹和杂种狗下午会进来喝一杯啤酒,聊聊天。即使上灯以后,消遣也是乏味的——喝酒和拉格泰姆音乐,以及侍者擦去你的黏糊糊的杯子底下的啤酒沫时给你的诧异。另有一个原因。灵魂轮回!沃尔特·罗利爵士②的灵魂从他的紧身上衣里转移到了和他气质相同的鲁尼的花呢坎肩里。鲁尼的意识超前了二十年。鲁尼取消了禁令。鲁尼把他的斗篷铺在公众舆论的泥泞的路口,任何一个踩上去的伊丽莎白都像是女皇。请注意我现在要透露的秘密:在鲁尼酒吧,女士也能抽烟!

麦克马纳斯找了一张空桌子坐下,要了一杯啤酒,付了钱,把窄檐的常礼帽推到他砖红色头发的后脑勺上,脚搁在椅子横档上,满足地舒了一口大气;因为这杯浊酒对他说来却是净化的甘露。虚假的欢乐,伪装殷勤的潮红的笑脸,并非出自内心的尴尬的笑声,酒后的燥热,不时打破可怕沉寂的喧闹的音乐,由于鲁尼取消禁烟而得益的、衣着讲究、神情坦然的女士们,浸泡在酒里的柠檬

---

① 韦林顿公爵(1769—1852),英国将领、政治家,1815 年在滑铁卢大败拿破仑;塔莱朗(1754—1838),法国外交部长,1815 年代表法国参加维也纳会议,凭出色的外交手腕保持了法国领土完整;科比特(1866—1933),美国职业拳击家,1892 年击败世界拳击冠军沙利文,连续五年保持了冠军称号。
② 沃尔特·罗利(1552?—1618),英国伊丽莎白女皇的宠臣,传说女皇走到一个泥泞的路口,罗利脱下自己的斗篷让女皇踩在上面过去,女皇为了进一步满足她的虚荣心,盼咐罗利再穿上肮脏的斗篷。

皮、走气的啤酒、家具的西班牙皮革的气味——这一切对于在卡普勒特家族成员的后屋楼上憋了一星期的考克·麦克马纳斯都仿佛是沙漠中天上掉下来的灵食。

一个单身姑娘进了鲁尼酒吧，不经心地四周扫了一眼，在麦克马纳斯对面的空位置上坐下。她像女人打量所有初次见面的男人那样，眼光在他身上停留了两秒钟，在这段时间里，她在两者择一的反应中做出了决定——或者尖声叫警察，或者可以考虑以后同他结婚。

姑娘结束短暂的视察后，把一个破旧的红摩洛哥皮手提包放在桌子上，皮包一角露出一块像中桅帆似的破旧的花边手帕。她吩咐最近处的侍者来一小杯啤酒，然后从手提包里取出一盒香烟，有点故作随便地点燃了一支香烟。然后，她再直视着考克·麦克马纳斯，嫣然一笑。

刹那间，两个人的命运都注定了。

男人初次见到一个女人就愿意一辈子死心塌地为她添置衣服、为她生火取暖的情况，在那些不关心布拉德斯特里特①、家庭出身，或者萧伯纳戏剧的比较卑微的人中间并非罕见。上层社会偶尔也有一见钟情的事；但一般说来，这种即兴的癫狂多半出现在鸽子、流浪汉和周薪十元的小职员之类思想不复杂的生物中间。诗人、小说杂志的订户和媒人，你们要注意了。

他们互通了神秘的磁流后，立即产生了撒谎、伪装、使对方眼花缭乱和欺骗的欲望，后者是那种所谓爱情的言不由衷的症状中最糟糕的。

"再来一杯啤酒好吗？"考克提议说，在他的圈子里，这句话等于是名片和介绍信。

---

① 布拉德斯特里特（1613—1672），美国女诗人，作品多带清教徒的宗教色彩。

毫 不 通 融

"不啦,谢谢,"姑娘扬起眉毛,小心地选择常规用语,"我——只是顺便进来——解解乏。"她似乎替手指夹着的香烟做出解释。"我的婶子是位俄罗斯贵族,"她说,"我们家里有时候在饭后抽支烟。"

"得啦吧!"考克不顾社交礼仪说,"你的手指熏得同我的一样黄。"

"嘿,"姑娘突然发火,但仍压低声音说,"你把我当成什么人了?嘿,你以为你是在跟谁说话?嗯?"

她很好看。棕色的眼睛又大又亮,无畏无惧。扁平的水手帽得意洋洋地歪向一侧,拳曲的黄褐色头发从当中分开,朝后一束,蓬松地挂在脑后。她的下颔和脖子还像小女孩那样丰满,但脸颊和手略微偏瘦。她带着反抗、怀疑和阴沉的好奇面对世界。她的棕色的短外套式样漂亮,料子也昂贵,但是穿得很脏。黑衣服里面穿了一条最便宜的淡紫色绸衬裙,露出的荷叶边有两英寸长。

"请原谅,"考克羡慕地看着她说,"我没有冒犯的意思。你完全可以抽烟,莫迪。"

他一道歉,姑娘的态度立刻缓和下来,她说:"据我所知,惟独在鲁尼这儿女士们可以抽烟。抽烟也许不是好习惯,但是婶子让我们在家里抽。我不叫莫迪,对不起,我的名字是鲁比·德拉米尔。"

"好名字,"考克赞同说,"我叫麦克马纳斯——考——呃——埃迪·麦克马纳斯。"

"哦,那是没办法的事,"鲁比笑着说,"不必道歉。"

考克特意看看鲁尼酒吧墙上的大钟。眼观四方的姑娘注意到了他的动作。

"我知道时间太晚了。"她伸手去拿手提包,"可是你知道,想抽烟的时候忍不住。鲁尼这儿不好吗?我从没有发现有什么不对劲。我是第二次来这儿。我在三马路一家装订厂干活。许多女工每星期有三个晚上要加班加点。当然,装订厂里是不准抽烟的。我回家路过这里,顺便进来抽一口。这儿有问题吗?如果有,我以后就不来了。"

"你独自一人到任何地方都太晚了一些,"考克说,"我对这个地方不熟悉,不管怎么说,你总不希望你在这里的照片被人拍下来,送给你主日学校的教员吧。再喝一杯啤酒,让我陪你回家。"

"可是我不认识你呀,"姑娘谨慎地说,"我不接受不认识的先生陪伴。我的婶子从来不允许我这么做。"

"哎,"考克·麦克马纳斯说,"在陪伴女士方面,我是最合适不过的人了。你准会发现我没问题,鲁比。我不妨告诉你我是什么人。我的老板是华尔街那帮最得法的人之一。老板每次从窗口探头出来时,替摩根拉车的马每次都会受惊,掉一块马蹄铁。我吗!我在华尔街当练习生。明年我过生日时,老板要在证券交易所替我安排一个经纪人的位置,作为生日礼物。但是我觉得毫无意思。我喜欢的是高尔夫和游艇,还有——呃——重量级选手戴薄手套的十回合的快速比赛。"

"我想你可以送我到家门口,"姑娘犹豫而稍稍有些不安地说,"不过有关华尔街经纪人或者职业拳击赛的赌徒,我从没有听到过特别好的评价。你还有什么别的特长吗?"

"我认为你是我在纽约看到的最棒的姑娘了。"考克令人感动地说。

"够了,够了。你真会骗人!"她一改嗔怪的口气,带着灿烂的笑容,深沉而久久望着她的骑士,"我们喝了啤酒再走,好吗?"

一个侍者唱了歌。房间里的烟草雾气更加稠密了,像螺旋、波浪、斜层、积云、瀑布和浓雾似的漂移升腾,仿佛是地、水、火、风四元素里衍生出来的第五元素。在鲁尼的酒类饮料和鲁尼对尼古丁夫人殷勤奉承之下,笑语声更响了。

挂钟敲响了一点。楼下传来关门上锁的声音。弗兰克小心地拉下前面的绿窗帘。鲁尼下楼到黑暗的门厅里,站在前门口,用掌心窝着点燃的香烟。想进来的人必须有一张在鲁尼锐利的眼里看来比较熟的脸——真正玩家的脸。

考克·麦克马纳斯和装订厂的姑娘把胳臂肘支在桌子上,专心致志地谈话。他们的啤酒几乎没有喝,给推在一边,上面的泡沫缩成了一层薄薄的白膜。一点钟过后,鲁尼酒吧里走了气的乐趣得到了更新,有了新的内涵;倒并不是因为添了什么新的娱乐项目,而是因为从那时开始一切都变得偷偷摸摸似的。最乏味的啤酒有了非法的意味,最柔和的红酒潘趣给了法律和治安击倒的一拳,温顺无害的人成了违法乱纪的不法之徒。因为一点钟后,在鲁尼这种不供应住宿膳食的场所是不准向人口四百万的干渴的城市提供酒类饮料的。这是法律。

"喂,"考克·麦克马纳斯的上半身和胳臂肘几乎伏在桌子上说,"你说你在装订厂干活,住在自己家里——偶然来这里——还有——还有你对我说的那些话,全是真的吗?"

"当然是真的,"姑娘煞有介事地说,"怎么啦,你是怎么想的?难道你以为我在骗你吗?你去车间问他们。我对你说的全是实话。"

"实话实说?"考克说,"我要的正是这样,因为——"

"因为什么?"

"我彻底服了,"考克说,"你让我动了心。你就是我一直想找的那种姑娘。你愿意和我结伴吗,鲁比?"

"你希望这样吗——埃迪?"

"太希望了。但是你知道,我要了解——了解你的真实情况。你知道,当男人同女人建立稳定的关系时,女人必须毫无保留。她必须真心实意。"

"你会发现我是真心实意的,埃迪。"

"你当然会,我相信你说的话。但是你不能责怪我想了解你。像你这样过了午夜还在鲁尼这种场所抽烟的姑娘是不多的。"

姑娘有点脸红,垂下了目光。"我明白了,"她温顺地说,"以前我不知道这有多么不好。以后我不这样了。以后我每晚直接回家,待在家里不出来。只要你一句话,我可以把烟戒了,埃迪——我从现在开始就戒。"

考克的神情显得慎重、关切、谴责然而抱有同情。"女士在一定的时间和地点可以抽烟,"他缓缓地做出结论说,"为什么?因为正由于她是女士才能克制自己。"

"我要戒烟了。没有问题。"姑娘说着把烟蒂扔到地板上。

"在一定的时间和地点可以抽,"考克重复说,"我晚上来看你时,我们可以在斯泰弗森特广场找一条幽静的长椅抽一两口。但是午夜一点钟别在鲁尼酒吧抽——明白吗?"

"埃迪,你真的喜欢我吗?"姑娘急切地察看他严厉而坦率的面孔。

"千真万确。"

"你什么时候来看我——到我住的地方?"

"星期四——后天晚上。那时间合适吗?"

"好。我等你。七点左右来。今晚你陪我到我家门口,我把我住的地方指点给你看。别忘了。那之前不要去看别的姑娘了,先生!不过我相信你仍会去的。"

"绝对不会,"考克说,"和你一比,她们都成了布娃娃了。确实是这样。我知道谁适合我。确实是这样的。"

楼下使劲敲前门的声音传到了楼上的房间。只有杵锤或者警察的靴子才能发出这么响的声音。鲁尼像牛蛙似的蹦到房间一角,关掉电灯,迅速下了楼。

房间里漆黑一片,只见香烟和雪茄烟头忽明忽暗的红光。遭到袭击的前门传来第二阵撞击声。被困的客人们发出一些惊恐的说话声和衣服的窸窣声。在燃着的烟头粉红色的光亮下,可以看到弗兰克冷静自信的身影敏捷地在桌子中间走动。

"大家都别动!"他警告说,"别说话,别发出任何声音!不会出任何事情。千万不要惊慌。我们会照顾好大家的。"

鲁比在桌子上伸出手去,考克有力的手把它握住。"你害怕吗,埃迪?"她悄声说,"你怕乘免费警车吗?"

"根本没有怕的问题,"考克说,"我想大概是鲁尼的钱塞得晚了一些。不必担心,姑娘,我会照顾好你的。"

但是麦克马纳斯先生只是故作镇静。警方到处在搜捕攻击"公羊"马隆的凶手,科里根还在海洋上航行,考克知道,在警方突击搜查中被捕意味着前程就此断送。而且正是在他遇见鲁比的时候!他想早知如此,宁肯待在忠诚的卡普勒特成员家楼上的后屋看看粉红色运动副刊了。

鲁尼似乎已经开了楼下的前门,在黑暗的门厅里同警察谈话。他们低沉的咆哮声传上楼梯,但听不清是什么话。弗兰克在二楼的房门口成了无线新闻广播站。他突然关上门,跑到房间的最后端,点燃了一个幽暗的煤气灯。

"大家到这里来!"他厉声说,"赶快,可是别出声!"

客人们纷纷向后面挤去。鲁尼的副手打开一块朝向后院的壁板,露出一张早已准备好用来逃跑的梯子。

"大家爬梯子下去!"他命令说,"女士先走!请少说几句了!别拥挤!没有危险的。"

考克和鲁比在打开的墙板那里排在最后。她突然把他拉过一边,使劲靠近他的胳臂。

"我们出去之前,"她凑在他耳边悄声说——"在万一出什么事情之前,埃迪,再对我说一声,你真的爱——真的喜欢我吗?"

"千真万确,"考克一手搂紧她说,"我一见到你就喜欢得不得了。"

他们转过身时发现黑暗里只剩下他们两个人。最后几个逃跑的顾客都下去了。他们扛着梯子,吃吃笑着,跌跌撞撞地穿过院子,把梯子靠在毗邻一座矮房子的墙头,准备翻过房顶到安全的地方。

"我们还是坐下来吧,"考克冷冷地说,"也许鲁尼能把警察打发掉。"

他们坐在一张桌子旁,两人的手又握在一起。

这时候,有几个人进了房间,在暗地里摸索。其中一个,也就是鲁尼本人,找到开关,打开了电灯。另一个是那种老式的警察——身材高大魁梧,态度粗暴横蛮,不是那种机灵活络的警察。他走到两人坐的桌子前,放肆地朝姑娘冷笑。

"你在这里干什么?"他问道。

"顺便进来抽支烟。"考克温顺地说。

"喝酒没有?"

"一点钟以后没有喝。"

"你们给我出去——快!"警察命令说。接着又下了相反的命令:"给我坐下!"

他粗暴地掀掉考克的帽子,狡猾地察看他的脸。"你姓麦克马纳斯。"

"猜错了,"考克说,"我姓彼得森。"

"考克·麦克马纳斯,或者相似的名字,"警察说,"一星期前你在'荷兰人'迈克的酒吧用刀子捅了一个人。"

"啊,别开玩笑!"考克从警察的口气里听出他没有绝对把握,

"你把我的相貌同什么人搞混了。"

"是吗？不管怎么样，你跟我去一趟局子，核对一下。相貌特征和你完全符合。"警察揪住考克的衣领。"走吧！"他粗暴地命令说。

考克看看鲁比。她脸色发白，小巧的鼻子翕动着。那两个男人说话或者动作时，她灵活的目光从这个人的脸跳到另一个人的脸。真不走运！考克心想——科里根还在海上，刚遇到鲁比就要失去她，前后一小时都不到！毫无疑问，警察局里肯定有人会认出他。真不走运！

但是那姑娘突然跳了起来，伸出两臂，朝警察扑去。警察揪住考克衣领的手松开了，往后趔趄了两三步。

"别这么快就走，马圭尔！"她怒冲冲地嚷道，"别碰我的男人！你知道我，知道我一向给你有用的消息。不准你再碰他！他不是你们要的人——我可以担保。"

"喂，范妮，"警察气红了脸说，"你不收敛一点，我把你也带走！你怎么知道他不是我要的人？你跟他一起在这里干什么？"

"我怎么知道？"姑娘激动得脸上一阵红一阵白，"因为我认识他有一年了。他是我的人。我能不知道吗？你问我跟他在这里干什么？那容易解释。"

她弯下腰，把手伸进纷乱的黑色和淡紫色的衣裙里面。松紧吊袜带啪的一响，她把一叠卷起来的钞票扔到考克面前的桌上。钞票徐徐扭动舒展开来。

"杰米，收好钱，咱们走，"姑娘说。"我像平时那样在分红，马圭尔，"她对警察说，"今晚十点钟，你在值勤的街角上已经领到了你的五块钱。"

"撒谎！"警察气得脸色发紫，"我以后巡逻时再碰到你，见一次就抓一次。"

"不,你不敢,"姑娘说,"我告诉你什么道理。今晚有人看到我给你钱,上星期也有人看到。他们愿意作证。我早就安排好了。"

考克小心地把那卷钞票放进口袋说:"来吧,范妮,我们去吃点夜宵,然后回家。"

"你们两个快给我滚,不然我——"

警察的咆哮逐渐低下来,不了了之。

他们两人在街角上停下。考克一言不发,把钱还给了姑娘。她接过来,慢慢塞进手提包。她的表情仍像当晚走进鲁尼酒吧时那样——她带着反抗、怀疑和阴沉的好奇面对世界。

"我想我就在这里同你告别吧,"她呆滞地说,"你当然不想和我再见面了。你愿意——握握手吗——麦克马纳斯先生?"

"假如你不是突然发作的话,我也许还不明白呢,"考克说,"你干吗要那样做?"

"我不那样做,你就给抓走了。就是那个理由。这难道不够吗?"她突然哭起来,"说实话,埃迪,我正要改过自新,做世界上最规矩的姑娘。我恨以前的我,我恨男人;我看见你的时候,几乎想死。你和别人都不一样。我发现你喜欢我的时候,我想我要让你觉得我是好姑娘,事实上我确实要改过自新。你说你要来我家看我时,我宁可死掉也不愿意再做坏事了。可是讲这些又有什么用呢?如果你愿意的话,我要同你告别了,麦克马纳斯先生。"

考克抓耳挠腮地说:"是我用刀子捅了马隆,我是警方要抓的人。"

"哦,无所谓,"姑娘淡淡地说,"那改变不了什么。"

"有关华尔街的话全是吹牛。我除了同东区的一帮人鬼混之外,什么都不干。"

"那也无所谓,"姑娘重复说,"那改变不了什么。"

考克挺直腰杆,拉下帽檐。"我可以在奥布赖恩那儿找一份工作。"他大声说,但仿佛是自言自语。

"再见了。"姑娘说。

"跟我来,"考克拉住她的胳臂,"我知道一个地方。"

他带她走了两个街口,到了一幢面对小公园的红砖房屋的台阶。

"这是什么地方?"她后退着问道,"你来这儿干吗?"

房屋门前有一盏明亮的街灯。关着的前门一侧有块黄铜的姓名牌。考克用力把她拉上台阶。"你自己看。"他说。

她看看铜牌上的姓名,发出一声呻吟似的尖叫。"不,不,埃迪!哦,天哪,不!我不让你那么做——不是现在!让我走!你不能那样!你不能——不可以那样!尤其是你知道以后!不,不!赶快走!哦,天哪!埃迪,求你啦,走吧!"

她两腿一软,半晕了过去,被考克一把抱住。考克伸出右手去按电铃。

另一个路过的警察——遇有麻烦时他们的嗅觉多么灵敏!——看到他们,立刻跑上台阶。"嗨!你把那姑娘怎么啦?"他气势汹汹地喝道。

"她很快就会好的,"考克说,"我们做的是规矩事。"

"杰里迈亚·琼斯牧师。"警察以真正侦探的机灵看了姓名牌说。

"不错,"考克说,"千真万确,我们要结婚了。"

风 险 家

如果不可避免的话,让短篇小说在"不合逻辑"铁路公司的迤逦而去的铁轨上翻车吧,眼前你必须在"存在的理由"观光车上坐一会儿。好在费时不多,只要浏览一篇短文的时间就够了——短文的题目不妨叫做:"附近见闻"。

世上的人分为两大部分:一部分人穿橡胶套鞋、交纳人头税,另一部分发现新大陆。如今没有新的大陆可以发现了;等到套鞋过了时、人头税发展成为所得税的时候,另一部分人将用镭射线扫描火星上平行的运河。

词典把幸运、机遇和冒险列为同义词。但在饱学之士看来,每个词的意义各各不同。幸运是值得争取的奖赏。冒险是通向它的道路。机遇是潜伏在路边暗处的东西。幸运的面孔漂亮迷人;冒险的面孔兴奋英勇。机遇的面孔是我们早餐时在茶杯里看到的、吃肉排和烤面包时对之发牢骚的美丽的容貌——由于模糊虚幻而显得完美。

风险家是那种走在寻求幸运的路上眼睛一直盯着路边的树篱、树丛和草地的人。他同冒险家之间的区别就在于此。吃禁果是风险家创造的最高记录。试图证明世上确有吃禁果之事,是喜欢冒险的人的最高成就。成为二者之一,会搅乱开天辟地的宇宙起源论。因此,作为市民姓名地址录上的平头百姓,我们还是老老实实点燃烟斗,呵斥孩子和猫,坐在靠近窗口的柳条摇椅上,在摇曳的煤气灯下看看这篇有关两个寻求机遇的现代人的小故事吧。

"你有没有听过那个西部人的故事?"你走进波瓦坦俱乐部时,比林格恰好在左边有深色橡木家具的小房间里问道。

"当然听过。"约翰·雷金纳德·福斯特说着就站起身,要离开小房间。

福斯特从衣帽间服务员手里接过他的草帽(在这篇小说刊出之前,草帽也许已经流行,也许又过时了),走出了是非之地(哈姆雷特语)。反正比林格的故事一向遭到冷落,他是不会在意的。福斯特的心情现在很好,不想在任何地方多待下去。人如要保持良好的心态,必须有别的什么人附和他的观点,具备同他相仿的心态。(我本来想写"别人",但有次打电报时,电报局的人说,少几个字可以省一点钱。写稿子的情况恰好相反,多几个字可以多一点稿费。)

福斯特的好心情就是迫切希望做机遇的追随者。他生来喜欢冒风险,但是习俗、出身、传统以及曼哈顿部族的日益狭隘的影响不让他充分享受权利。他走遍了据说能解除生活烦闷的大街小巷。但不起作用。原因在于他清楚走到每条街道的尽头时会发现什么。他凭经验和逻辑几乎精确地知道,偏离路线后必然导致的结果。他觉得他圈子里的音乐嫁接到生活的主旋律后,产生的变调一概沉闷得让人泄气。他并不了解,虽然地球是圆的,虽然圆已经成方,但只有在"附近见闻"里才能找到真正的乐趣。

福斯特漫无目的地离开了波瓦坦俱乐部,既不费心去判断他走在什么街上,也不考虑想去的地方。如果真的迷了路反而会使他高兴,但他不存这种希望。纽约到处都是冒险和幸运,招之即来;但机遇富有东方情调。她是一位坐在轿子上的蒙面贵妇,由通译组成的特别交通疏导队保护。你走遍全市的住宅区和商业区,不一定能见到她。

福斯特溜达了一小时后,在一条宽阔平坦的马路拐角上停下,郁闷地瞅着对面一家光线明亮、但不晃眼的别致的饭店。他之所以郁闷,是因为他知道他必须进餐,而在那家饭店进餐没有一点刺激。那是他经常光顾的场所,环境安静,服务敏捷,菜肴美味,靠那个场所的"精美绝伦"的烹调来果腹未免有点遗憾。而且那里演奏的音乐似乎老是在返始重复。

他忽发奇想,要到城里比较偏僻、便宜、甚至靠不住的饭馆去吃饭,在那里,来自世界各地的厨师向无所不吃的美国人提供他们的民族风味食品。那里可能发生一些异乎常规的事情——他可能遇到没有宾语的主语,没有尽头的路,没有答案的问题,没有后果的前因,生活的咸水海洋里可能有一股淡水湾流。那时他没有穿晚礼服,身上是一套平常穿的深色衣服,即使在侍者只穿衬衫端意大利通心粉的饭馆里,他的打扮也不太显眼。

约翰·雷金纳德·福斯特开始摸摸口袋里有没有钱;越是在便宜的小饭馆吃饭,越是要付现钱。他摸遍了身上大大小小的十三个口袋,可是一分钱都没有。他在老伊恩赛德信托公司的存款余额有五位数,但是——

福斯特注意到左边有个人颇感兴趣地看他。那人三十来岁,穿得很整齐,像是生意人,在等电车。但那条马路上并没有电车路线。因此,福斯特觉得那人挨得这么近、又不掩饰好奇的样子,不免有干涉的嫌疑。但作为"附近见闻"的坚定不移的追求者,他非但没有表示不满,反而对那个觉得有趣的人窘迫地笑笑。

"都没有吗?"干涉者更走近一些说。

"看来如此,"福斯特说,"我以为哪个口袋里有一元钱——"

"我了解,"那人哈哈一笑说,"可是没有。刚才我走到拐角上,也摸过所有的口袋。只在坎肩上面的口袋里找到两分钱——不知怎么会塞到那里去的。两分钱能吃什么!"

"你也没有吃晚饭吗?"福斯特问道。

"没有。可是我很想吃。嗨,我跟你提个建议。你像是愿意接受的人。你的衣服很整齐,上得了台面。请原谅我冒昧对你做出评价。我认为我的衣服也经得起侍者领班的打量。你我去对面那家饭店,一起吃顿饭。我们不妨像百万富翁——或者像境况一般但偶尔大吃一顿的人那样点菜。吃完后,我们拿我的两分钱来掷正反面,决定由谁去应付那家饭店的怒气和报复。我姓艾夫斯。我想我们两人的社会地位差不多——在我们口袋里有钱的时候。"

"一言为定。"福斯特高兴地同意说。

在神秘的机遇之地的范围内,这至少也是一次风险——反正比倒胃口的客饭好些。

两人随即到了那家饭店的餐厅,在角落里挑了一张桌子坐下。艾夫斯把他的一枚分币扔到福斯特面前。

"掷一下,由谁点菜。"他说。

福斯特输了。

艾夫斯笑笑,开始吩咐侍者上什么酒和菜,一副专心致志、权衡斟酌的样子看来就是点菜的老手。福斯特在旁边听着,表示钦佩和同意。

"我这个人,"上牡蛎的时候,艾夫斯说,"一辈子都在寻求'欲知后事如何'。我不像那种普通的探宝冒险家。也不像那种确定输赢数额而下注的赌徒。我要的是不能预测结果的冒险。我生活中必不可少的是敢于面对命运的各种盲目的表现。世界的运转越来越机械、越有规律,以致所有的机遇小径上几乎都有标明终点是哪里的指示牌。我几乎成了拖拉衙门①里的差役,有人来问讯时,

---

① 拖拉衙门,英国作家狄更斯在长篇小说《小杜丽》里虚构的英国官僚机关,讽刺机关办事拖拉推诿。

总是发牢骚,总是推给同事说:'这个人要了解情况!'我不要知道,我不要推究,我不要猜测——我要的是不看手里的牌就下注。"

"我明白,"福斯特快活地说,"我常常希望能用语言表达我的思想。你做到了这一点。我喜欢拿即将到来的事情碰碰运气。我们吃下一道菜时来瓶莫赛尔白葡萄酒怎么样?"

"同意,"艾夫斯说,"你明白我的意思,我很高兴。它会增加饭店对没钱付账的人的憎恨。如果你不嫌烦的话,我们继续谈下去。我难得碰到真正的风险家——也就是那种出发前不问命运要日程表和地图的旅行者。由于世人变得更开化、更聪明,现今不能预见结果的冒险越来越少了。在伊丽莎白女王时代,你可以袭击警卫,拧下门环,随便在哪个墙角拔出剑来同人打斗一番,然后扬长而去。现今只要你对警察出言不逊,你所能做的最浪漫的想象只有猜测他会把你带到哪一个警察局。"

"我知道——我知道。"福斯特赞同地点头说。

"我漫游世界,今天刚回纽约,"艾夫斯接着说,"外面的情况不比国内好多少。结论似乎在全世界泛滥成灾。我最感兴趣的是前提。我在非洲打巨兽。我了解高速步枪的射程和性能;当一头大象或者犀牛饮弹倒地时,我得到的乐趣像小时候被罚留校在黑板上做复杂的算术题一样。"

"女人呢。"福斯特微笑说。

"三个月前,"艾夫斯说,"我在君士但丁堡的一个集市闲逛。我注意到一位妇女,当然是蒙着面纱的,但露出一对特别美丽的眼睛,在一个摊位看琥珀和珍珠饰物。她后面有个皮肤漆黑、身材高大的努比亚随从。过一会儿,那个随从一点一点地挨近我身边,塞给我一张字条。我抓住机会就看。上面有几行匆忙潦草的铅笔字:'夜莺花园拱形门,今晚九时'。你认为那是不是一个有趣的前提,福斯特先生?"

"说下去。"福斯特急于知道下文。

"我打听后得知夜莺花园是一个土耳其老头——一个大臣之类的人物的邸宅。我先去拱形门踩了点,九点钟到了那儿。努比亚随从准时开了园门放我进去,我同那位蒙面纱的妇女坐在芳香扑鼻的喷泉旁边的长凳上。我们谈了很久。她名叫默特尔·汤普逊,是女记者,替芝加哥一家报馆采写有关土耳其后宫女眷的报导。她说她在集市上注意到我的衣服是纽约式样,想知道我能不能设法让她的文章在纽约报纸上发表。"

"原来如此,"福斯特说,"原来如此。"

"我在加拿大许多急流和瀑布里划皮艇,"艾夫斯说,"但似乎没有得到我所要的,因为我知道的结果只有两种——不是沉到水底,便是漂到海上去。我玩过各种纸牌赌博,但数学家算出概率,败了我的兴。我在火车上搭识陌生人,我应征广告,我按过陌生人家的门铃,我试过许多找上门来的机会;但结果总是老一套——前提的合乎逻辑的结论。"

"我知道,"福斯特说,"这种感受我都有过。可是我没有机会碰碰运气。世界上有哪个城市像这里一样,如此缺少不可能发生的事?检验不确定性的机会似乎千千万万,但是不符合预期结果的比率连千分之一都不到。地下铁路和电车难得停运。"

"天方之夜出了太阳,"艾夫斯说,"再也没有什么哈里发了。渔夫的铜瓶变成了保温瓶,保证任何沸腾的,或者冷冻的精灵能保温四十八小时。生活机械地运行。科学使冒险绝迹。再也不会有哥伦布和第一个吃牡蛎的人的机会了。惟一可以确定的是,世上没有不能确定的事。"

"哎,"福斯特说,"我是城里人,经历有限。我见的世面不如你那么多,但是我们的观点似乎相同。我告诉你,我们这次踏进偶然性的领域,冒了一个小小的风险,我感到非常愉快。这顿晚餐的账单拿来时,至少会有一个屏息的瞬间。说到头,香客不带度牒和钱包就上路,得到的生活乐趣也超过于圆桌骑士,因为圆桌骑士去国外时带着扈从,头盔的衬里夹着亚瑟王的保付兑票。如果你的咖啡已经喝完,我们是不是用你的分币赌一下,由谁来承受命运的即将到来的打击。你赌正面还是反面?"

"正面。"艾夫斯说。

"果然是正面,"福斯特举起手说,"我输了。刚才我们忘了商量赢家脱身的办法。我建议等侍者过来时,你说要给朋友打个电话。我守住城堡和账单,坚持到你拿了帽子离开为止。我和你一起过了这个不同寻常的夜晚,十分感谢,希望以后还有机会一起聚聚。"

"假如我没有记错的话,"艾夫斯笑着说,"最近的警察局好像在麦克杜格尔街。说真的,我也十分愉快。"

福斯特弯弯手指,招呼侍者。维克多迅速滑步过来,把账单正面朝下放在输家的咖啡杯旁边。福斯特拿起来,磨磨蹭蹭地累计总额。艾夫斯悠闲地朝椅子后背一靠。

"对不起,"福斯特说,"我记得你好像要打电话给格兰姆斯,谈谈星期四晚上看戏的事。你忘了吗?"

"哦,"艾夫斯坐得更舒服一些说,"待会儿打,不着急。侍者,给我一杯水。"

"你想看到事情的结果,是吗?"福斯特问。

"希望你不要反对,"艾夫斯央求说,"我这辈子还没有见过一位绅士因为蒙吃蒙喝而在饭店里被捕。"

"好吧,"福斯特平静地说,"你有资格看到一个基督徒死在竞技场上,作为咖啡后的小酌。"

维克多端了一杯水过来,像不屈不挠的讨债人似的待着不走。

福斯特迟疑了十五秒钟,从口袋里掏出一支铅笔,在账单背面草草地签了名。侍者鞠了一躬,把账单拿走了。

"事实是,"福斯特不好意思地笑笑说,"我恐怕是人们称之为'大玩家'的那种人,也就是那种追求名利的冒险家。我得说老实话。一年多来,我每星期在这家饭店吃两三次饭。我一直是签单的。"接着,他带着赞赏的口气说:"你知道我身上没有带钱,却冒着可能一起被带进警察局的危险坚持到底,确实了不起。"

"恐怕我也得说实话,"艾夫斯咧嘴笑着说,"我是这家饭店的老板。当然,我并不亲自管理,但我在三楼保留了一套客房,供我偶尔来纽约时专用。"

他叫一个侍者过来说:"吉尔摩先生在办公室吗?好。通知他,艾夫斯先生在这儿,让他吩咐下去,替我把套房准备好,先通通风。"

"必然性打断了又一次风险,"福斯特说,"下次还有没有解不开的谜呢?假如你愿意,我们继续谈一会儿。我喜欢挑生活中的毛病,难得碰上理解我的人。我准备一个月后结婚。"

"我不作评论。"艾夫斯说。

"对,我还有话要补充。我衷心喜欢那位女士,可是没有决定举行婚礼的那天我在教堂露面呢,或是溜到阿拉斯加去。你知道,还是我们谈的问题:就可能性而言,结婚对一个人会产生什么后果。谁都知道日常的惯例——早餐后,妻子给你一个带有锡兰红茶味道的亲吻;你去办公室上班;回家换了衣服去外面吃晚餐——每周去两次剧院——支付各种账单——大多数夜晚去亲友家串门,郁闷地没话找话——和妻子偶尔拌几句嘴——有时也许大吵一场,然后分手——或者安生下来凑合过日子,那是最不可取的情况。"

"我知道。"艾夫斯明智地点着头说。

"叫我不安的正是事物的必然性,"福斯特说,"再也没有意想不到的事情了。"

"婚礼之后确实没有意想不到的事了,"艾夫斯说,"我知道。"

"你要明白,"福斯特说,"我绝不怀疑我对那位女士的感情。我可以说我真的深深地爱她。但我的血流里有什么在使劲反对任何可以预料的东西。我不知道我要什么;但知道我要。我这些话像白痴,但我知道我想说的意思。"

"我理解你,"艾夫斯徐徐一笑说,"我想我该到我的套房里去了。如果哪天你能来和我同进晚餐,福斯特先生,我会很高兴的。"

"星期四怎么样?"福斯特提出。

"七点钟,如果你认为合适。"艾夫斯说。

"说定七点。"福斯特同意说。

八点半钟,艾夫斯叫了一辆出租马车,来到西区七十几街上的一份人家。他递了一张名片,给请进一幢老式房屋,那里是幸运、机遇和冒险的鬼魂从来不敢进去的地方。会客室墙上挂着惠斯勒①的蚀刻版画,不知名画家的钢版画,葡萄和菜蔬的静物画,桌上的西瓜籽栩栩如生,还有格勒兹②的肖像画。那是一个住家。壁炉旁边甚至还有黄铜的柴架。桌上有一本摩洛哥皮的半精装的照相簿,簿面四角有闷光银片保护。壁炉架上的座钟发出很大的滴答声,九点缺五分时会卡嗒一响。艾夫斯好奇地瞅着,想起祖母家也有这么一个会报警的钟。

这时,玛丽·马斯登从楼上下来,进了会客室。她二十四岁,模样让你们自己去想象。不过我必须说的是:青春、健康、纯真、勇

---

① 惠斯勒(1834—1903),美国画家,1863 年起定居英国。
② 格勒兹(1725—1805),法国罗可可派风俗画和肖像画家。

敢和紫绿色的眼睛是美丽的,她恰好具备这一切。她带着老朋友的甜蜜和热诚向艾夫斯伸出手。

"你每隔三年左右来一次,"她说,"难以想象我有多么高兴。"

他们谈了半小时。我承认我不能在这里重复他们的谈话。那些话在流动图书馆的书里都可以找到。谈完后,玛丽说:

"你在国外有没有找到你要的东西?"

"我要的东西?"艾夫斯说。

"不错。你知道你一向很古怪。即使小的时候,你也不愿意玩弹子、打棒球,或者做一切有规则的游戏。你喜欢跳进你不知道是十英寸还是十英尺深的水里。长大后仍然这样。我们常常谈起你的怪僻。"

"我想我大概无可救药了,"艾夫斯说,"我反对宿命论,反对比例的运算法则,反对引力定律,反对税收和诸如此类的一切东西。我觉得生活像是连载小说,只不过每一期前面都登出后面几期的摘要。"

玛丽开心地笑了。

"有一次,鲍勃·埃姆斯把你干的好笑事讲给我们听,"她说,"你和他在南方乘火车,你突然在一个本来不打算逗留的小镇下了车,仅仅是因为司闸员在车厢尾部挂出下一站地名的牌子。"

"我记得,"艾夫斯说,"我一直要逃避的就是那个'下一站'。"

"我知道,"玛丽说,"你一直在干傻事。我希望你在外面的这三年里没有找到你不想找的东西,没有在根本不存在的火车站下车,也没有遇到你指望的任何事情。"

"我离开之前想要一样东西。"艾夫斯说。

玛丽露出一丝淡淡的、然而十分甜蜜的微笑,瞅着他的眼睛。

"是啊,"她说,"你要我。你十分清楚,你早就可以得到我。"

艾夫斯没有回答,只是慢慢地扫视着房间。房间里的摆设同他三年前最后一次看到的模样没有任何区别。他清晰地回忆起他当时的想法。那个房间里的东西像不老的青山似的固定了下来。除了时间和衰败造成的变化之外,一切都保持原样。镶银角的照相簿放在桌上的老地方,版画和图画挂在墙上,每天早晨、中午和晚上,只要家里的人都在,椅子都会放在老地方。黄铜和铁制的器具是秩序和安定的标记。到处都有一百年前的遗迹,现在和今后若干年都将是活生生的纪念物。从那幢房子来、到那幢房子去的人永远不需要预测或者怀疑。他将发现他留下的东西,并且留下他发现的东西。那位蒙面纱的妇女,也就是机遇,永远不会来叩门。

他面前坐着那个属于这个房间的女士。她清新、甜蜜、不会改变。她不会使人感到意外。她头发会变白,脸上会有皱纹,但和她一起过日子的人永远不会察觉她的变化。他同她分开了三年,她仍旧像房子本身那样始终不渝地等着他。他确信她是关心他的。正因为他知道她会始终不渝,所以才离开了她。他就这样思绪万千。

"我不久就要结婚了。"玛丽说。

星期四下午,福斯特匆匆来到艾夫斯下榻的饭店。

"老兄,"他说,"我们的饭局要往后推迟一年左右;我要到国外去了。轮船四点钟启航。我们那晚的谈话太有意思了,它使我下了决心。我要漫游世界,消除压在你我心头的沉重负担:害怕知道将要发生的事情。我做了一件使我良心稍稍不安的事;但是我知道那对我们两人都是最好的。我写了一封信给那位和我订了婚的女士,向她解释——我坦白地告诉她我离开的理由——我永远不会接受单调的婚姻生活。你觉得我做得对吗?"

"这件事不好由我来说,"艾夫斯说,"如果你认为打大象能给你的生活带来机遇的因素,你就去吧。这类事情应该由我们自己决定。可是我有一件事要告诉你,福斯特,我找到了办法。我找到了世上最大的风险——一场永远不会结束的游戏,一件结果可能是九重天,也可能是无底深渊的风险。那件事会使一个人紧张不安,直到他的棺材被土掩埋,因为他至死都不会知道,甚至死了也不会知道。那是没有船舵和罗盘的航行,无论日夜,你自己必须充当船长、船员和守望,没有谁能接替你。我找到了风险。你不必因为离开玛丽而担心,福斯特。昨天中午我已经和她结了婚。"

决 斗

诸神斜躺在奥林匹斯山上,啜着甘露;他们从悬崖边缘俯视着大千世界,发现城市起了一些变化。在他们眼里,城市照说应该像是没有特点的大大小小的蚁冢,其实不然。神话里说,甘露是诸神惟一的安慰,同这种不含酒精的饮料相比,从这么高的地方观察蚂蚁的习性只是无聊的消遣罢了。毫无疑问,他们把村落和城镇加以对比时会觉得有趣;而且他们知道(许多凡人或许也知道),在地球上所有的城市中,纽约具有独一无二的特点。这将是我们的小故事的主题,听故事的人是周末穿着拖鞋、坐在椅子上抽烟的男人,以及坐在另一张椅子上抓过报纸看一眼的女人,这时她正在熬白菜,哭闹的婴儿睡熟了,不再缠着她。我喜欢和这种人坐在一起,给他们讲讲国王之死的悲惨故事。

纽约城里住着四百万神秘的陌生人,比天堂多出三百万,外加五六个缪斯女神。他们通过不同方式、出于各种理由,来到这里——亨德里克·哈得孙①、艺术学校、新鲜蔬菜、送来婴儿的鹳鸟、服装制造商年会、宾夕法尼亚铁路、爱财、舞台、便宜的旅游报价、智囊、征聘广告、结实的旅行鞋、野心、货运车皮——这一切对于增加人口都起了作用。

---

① 哈得孙(? —1611),英国航海家、探险家,发现起源于阿迪龙达克山脉、经纽约州东部、注入海湾的河流,该河流及海湾遂以哈得孙命名。

寻常百姓杰克一踏上曼哈顿的石子就不得不奋斗。他必须立刻开始奋斗,直到他或者对手获胜。没有回合之间的休息,因为根本没有回合可言。一开头就是一场恶战,直到结束。

你的对手是城市。从轮渡把你载到岛上之时起,你就得同它交战,直到它落入你手中,或者你被它征服。不论你口袋里有一百万元,或是只有一星期的客栈钱,都是这样。

交战的目的是决定你是否能成为纽约人,或者成为最低微的外来人口和庸人。二者必居其一。你不能保持中立。你必须拥护或者反对——成为亲爱者或者敌人——心腹朋友或者被排斥的人。这个城市在拳击场上是员大将。它非但想用打击来压垮你。它还用塞壬的狡猾把你搞得死心塌地。它是迪莱勒①、黄绿色的荨麻酒、贝多芬、麻醉剂和巅峰时期的约翰·劳②的混合体。

在别的城市里,你可以到处转悠,爱待多久就待多久。你在芝加哥可以住到头发变白,如果波士顿善待你,你可以以公民的身份大发厥词而不遭到驳斥。除了纽约以外,你在任何别的城市都可以成为社会中坚,公然耻笑它的建筑物,把它同你家乡密苏里州杰克逊县特尔菲尔上校的住宅建筑相比,而不至于受到攻击。然而在纽约,你不是纽约人,便是藏在自以为是的乡土气的木马里、进攻现代特洛伊城的入侵者。这段枯燥的引子目的只是介绍两个无足轻重的小人物——威廉和杰克。

他们是老朋友,一起从西部到这个大城市来碰运气。

纽约老爸在轮渡码头迎接他们,右手朝一人的鼻子打出直拳,左手给另一个人的下巴来了一记上击拳,为的是让他们明白争斗

---

① 迪莱勒,《圣经》中把力士参孙出卖给腓力斯人的坏女人。
② 约翰·劳(1671—1729),苏格兰金融家,因决斗杀人,逃亡欧洲,建立了第一家法国银行,设计了许多融资方案,包括垄断密西西比河两岸殖民开拓的"密西西比计划",曾拥有造币厂,最后因过量发行纸币导致破产,身败名裂。

已经开始。

威廉想从事商业,杰克想投身艺术。两人都年轻气盛,握紧拳头进行反击。我想他们是内布拉斯加,密苏里,或者明尼苏达州的人。他们是出来寻求成功和金钱的,两人像洛钦法尔①似的,戴着黄铜护指,找了市政厅的门路,同城市大干一场。

四年后,威廉和杰克吃午餐时又见面了。那个生意人一阵风似的进了饭馆,把大礼帽扔给侍者,在侍者推给他的椅子上一坐,拿起菜单,一口气点完了他要的菜,直到佐酒的奶酪,这时候,艺术家才有机会同他点点头。招呼后,艺术家眼里露出幽默的笑意。

"比利,"他说,"你完了。城市吞没了你,以它的方式改造了你,在你身上打了它的印记。你同我今天看到的千千万万的人太相似了,假如不凭洗衣店的标志,简直无法把你区别出来。"

"你刚才点的卡曼堡②是什么?"威廉最后说,"哦,你仍旧在和纽约拼搏,是吗?地铁上的噪音村对我够照顾的。它给了我所要的。以前我认为西部就是整个地球,只不过上下两头稍稍扁一些。我老是声嘶力竭吹嘘西部如何辽阔,把我的帽子挂在地平线上;我在镇上的杂货铺里对东部来的肥皂推销员说些尖酸刻薄的话。当时我根本没有到过纽约,杰克。现在我爱纽约的一切,从地下室餐馆直到地面上。你有没有听过那个名叫鲁滨孙的家伙唱的歌?他爱荒岛,就让他在荒岛上待着吧,反正我的妻子要我走。我随时都爱听梅·欧文和 E.S. 威拉德的歌。"

"可怜的比利,"艺术家摆弄着一支香烟说,"你记不记得,我们来东部的路上是怎么谈论这个奇妙的大城市的?我们决心征服它,不让它打垮我们。我们还是以前的我们,永远不让它主宰我

---

① 苏格兰小说家司各特的长诗《玛米昂》中的人物,他在所爱的姑娘被迫举行婚礼时,策马冲进现场,抱起新娘绝尘而去,使得"新郎"和仆役们措手不及。
② 卡曼堡是法国诺曼底卡曼堡出产的一种灰白外皮、黄心的软乳酪。

们。可是,老兄,它把你打倒了。你从一头走失的小牛变成了奶牛。"

"我不完全明白你想说什么,"威廉说,"如今我在该穿正装的场合,不会像在家乡时那样穿羊驼皮大衣、蓝布裤和泡泡纱坎肩。你说城市以它的方式改造了我——难道城市的方式有问题?入乡随俗么,你到了罗马就得像意大利人的样子。我觉得别的都市和纽约一比,都成了铁路线上的信号停车站了。据我记得的火车时刻表,芝加哥、圣约翰斯和法国的巴黎都曾是信号停车站——也就是说每两星期的星期二,你在车站上挥挥红旗,火车才停站。我喜欢这个哈得孙河畔的塔里顿的小郊区。这里随时都有新鲜事、新人物。我现在销售自动水泵,每年净收入八千元,我的日子过得像国王。昨天经人介绍,我认识了约翰·W.盖茨。我同一位酒类代理商的妹妹乘过汽车。我见过一辆电车轧了两个人,我见过埃德纳·梅的晚场演出。说起西部,有天夜里我做梦,走在奥什科什的一条木板铺的人行道上,惊奇地大叫起来,把旅馆里的人都吵醒了。你对这个城市有什么不满,杰克?我只有一样不赞成,那就是轮渡。"

艺术家出神地瞅着墙上的图画纸。"这个城市是水蛭,"他说,"它吸国家的血。谁来这里都得接受决斗的挑战。如果不用水蛭的比喻,它就是讫里什那神像,是莫洛克神①,是全国所有清白的人、有才华的人和美貌的女人都必须顶礼膜拜的怪物。新来的人必须携起手来,向这个怪物斗争。你已经输了,比利。可是它永远征服不了我。我恨它,像恨罪恶、瘟疫,或者——廉价杂志的彩色版那样恨它。我蔑视它的辽阔强大。它有我在任何城市都未

---

① 讫里什那是印度教三大主神之一毗湿奴的化身,教徒每年用彩车载神像游行,据说被车碾死的人可以白日飞升,因而人们争先恐后投身轮下。莫洛克是古代腓尼基人的火神,以童男童女为祭品。

曾见过的最穷的百万富翁、最卑微的伟人、最傲慢的乞丐、最难看的美女、最低的摩天大厦、最凄凉的欢乐。老兄,它迷住了你,可是我永远不会跟在它的车轮旁边傻跑。它像华人的硬领那样浆洗熨烫得光洁挺括。我只要一般的处理就行了。我可以忍受一个由财富或者贵族统治的城市,但不能忍受由档次最低的成分控制的城市。它声称有文化,它的文化却是最粗俗的;它断言自己卓越,其实是最卑劣的;它否定外面的价值观和道德观,它是最狭隘的。我要西部的纯净空气和开阔的心胸。如果可能,我明天就想回西部去。"

"你喜欢这道烤里脊肉吗?"威廉说,"得啦,何必找这个城市的岔子?它是有史以来最伟大的。我在萨克拉门托时,从哈里斯堡到汤米·奥基夫的酒吧,连一台自动水泵都卖不掉,在这里我一下子就卖出二十台。你看了萨拉·伯恩哈特演的《安德鲁·麦克》没有?"

"这个城市迷住你啦,比利。"杰克说。

"好吧,"威廉说,"我打算明年夏天在隆孔科马湖畔买一座别墅。"

午夜时,杰克打开窗子,坐在窗前。眼前的景色使他屏住呼吸,虽然他已经见过了上百次了。

远看出去,下面和周围仿佛是参差不齐的紫色的梦境。不规则的房屋轮廓像是深谷和河边犬牙交错的悬崖。有些建筑似乎是连绵不断的山脉;有些则像是一排排俯视着荒凉峡谷的玄武岩峭壁。这就是奇妙、冷酷、使人心醉神迷的大城市的背景。背景上有无数透出彩色光亮的平行四边形、圆形和方形。组成市民整体的声音、气息和激动,无节制的欢乐、爱和憎、人的七情六欲,仿佛是城市的灵魂似的,盘旋在这片迷茫的紫色上空。他下面是能从世界各处买来的,给人以启发、愉悦、激动、充实、削弱、提高、贬低、营养或死亡的各种各样的好坏东西。这一切升腾到他身边,渗入了他的血液。

有人敲门。他有一份电报。西部发来的,内容是:

速回,同意。多丽。

他让送电报来的小厮等了十分钟,写了回电:"目前无法离开。"接着,他又在窗前坐下,让城市把它那杯向阳花①汤递到他唇边。

说到头,这只是一个故事而已,但我想知道两个主人公中间,是谁赢得了对城市的争斗。我去找了一位有学问的朋友,请他公断。他的答复是:"请别打扰我,圣诞节快到了,我还要买礼物呢。"

故事只好到此为止,请读者自己判断吧。

---

① 向阳花,参茄属植物,根有麻醉作用。

"人各有志"

  夜晚降临到那个叫做"地铁上的巴格达"的美丽的大城市。与夜晚同来的迷人的魅力，并不是阿拉伯半岛独有的。这个充满了传奇色彩的西方城市的街道、市集和房屋，外貌虽然不同，内里却还是同一类人。他们曾使我们的老朋友——已故的哈·亚·拉希德极感兴趣。他们的衣着比拉希德在老巴格达见到的要时髦一千一百年，但衣服里面的人还是大同小异。诚则灵。你带着诚心的眼光就不难看到小驼背、水手辛巴德、裁缝菲巴德、波斯美人、独眼托钵僧、各个地盘上的阿里巴巴和四十大盗、理发师和他的六兄弟，以及《天方夜谭》里所有的人物。
  我们还是言归正传吧。
  老汤姆·克劳里是个哈里发。他拥有四千二百万元的优先股票和稳妥可靠的证券。如今能够被人称做哈里发的先决条件是要有钱。拉希德充当的老式哈里发的事业是不保险的。现今你在市集、土耳其浴室或者小街上拦住一个人，盘问他个人的隐私是行不通的，违警罪法庭会找你的麻烦。
  老汤姆已经厌倦了俱乐部、剧院、宴会、朋友、音乐、金钱和一切。那正是造就哈里发的条件——你必须蔑视金钱所能买到的一切，然后出去寻找金钱所买不到的东西。
  "我要独自上街去溜达溜达，"老汤姆想道，"看看能不能搞出一些新花样——我仿佛在书上看到古代一个皇帝或者哈里发之类的人,他老是戴着假胡子在外面转悠,同他素不相识的人进行波斯式的约会。那个主意挺新鲜。我熟悉的一些玩意儿已经使我感到厌倦。那个老哈里发微服出巡时总是找些穷困的人,给他们钱——我想给的是古金币吧——让他们结婚,或者委派他们当大官。我也可以做些类似的事情。我的钱同他的一样光明正大,尽管杂志上每个月都质问我的钱是怎么搞来的。对,我今晚不妨当一回哈里发,见识见识。"

老汤姆·克劳里换上朴素的衣服,离开他的坐落在麦迪逊路上的宫殿,先朝西,然后折向南面。他走上人行道时,在所有中了魔法的城市里掌握全局的命运之神拉动了一根牵线,二十个街口以外的一个年轻人看了看墙上的挂钟,穿上了外衣。

詹姆斯·特纳在六马路一家小洗帽店干活。你推门走进那种店铺时,门铃便像报火警似的响起来。他们洗帽子是立等——两天——可取。詹姆斯整天站在一台电动机器旁边,机器把帽子转得晕头转向,效力比最醇的香槟酒还大。你对于陌生人的相貌感到好奇,有些失礼的地方是可以原谅的。我不妨把他大致描绘一下。体重,一百一十八磅;特征,头发浅色,头脑浅薄;身高,五英尺六;年龄,二十三岁左右;身穿价值十元的青蓝色哔叽衣服;口袋里有两把钥匙和六十三分零钱。

这番描述有点像是警察局发布的有关詹姆斯失踪或者死亡的公告,可是你别胡思乱想。

詹姆斯整天站着干活。他的脚很荏弱,对于加在它们上面或者下面的负担十分敏感。它们整天热辣辣的发胀,使他觉得痛苦不便。但是他每星期挣十二块钱,不管他的脚愿不愿意支持他,他总是需要这笔钱来支持他的脚。

正如你我一样,詹姆斯·特纳有他自己的幸福观。你喜欢乘游艇和汽车去世界各地观光,用金币扔野鸭。我喜欢在黄昏时分抽一斗烟,看一头獾、一条响尾蛇和一只猫头鹰相继回到草原上它们共同的宿地。

詹姆斯·特纳对幸福的概念却不同,他有独特的见解。他干了一天后,立刻回到寄宿所。晚饭是小排骨、炸焦的土豆、煮苹果(不是炖的)和泡菊苣①。饭后,他爬到五楼的后穿堂间,脱掉鞋袜,把热辣辣的脚底板搁在铁床冰凉的横档上,开始看克拉克·拉瑟尔②的海洋小说。冰凉的金属给他脚板的愉快的慰藉是每晚的乐事。他喜爱的小说也从来没有扫他的兴;海洋和航海冒险是他惟一的精神寄托。詹姆斯·特纳休息时的乐趣是任何百万富翁不能企求的。

詹姆斯离开了洗帽店,拐到离他住处有三个街口的一个旧书摊去浏览。在那些街头书摊上,他不止一次地找到一本纸面平装的克拉克·拉瑟尔的小说,售价只有原定价的一半。

当他带着学者的风度弯着腰在挑选那些五花八门的削价旧书时,哈里发老汤姆恰好经过附近。他那双由于制造了二十年洗衣肥皂(洗衣肥皂节约了包装成本!)而变得精明的眼睛立刻看到了这个穷困而精明的学者,认为正是他发泄哈里发情结的合适对象。他跨下人行道边的两级石阶,毫不犹豫地同他企图行善的对象攀谈起来。开头只属于招呼和试探性质。

詹姆斯·特纳一手拿着《成衣匠的改制》③,另一手拿着《疯狂的婚姻》,冷冷地抬起眼睛。

"走开,"他说,"我不想买什么衣架或者新泽西州汉基坡的地皮。去玩你的绒毛熊吧。"

---

① 菊苣的根可作咖啡的代用品。
② 克拉克·拉瑟尔(1844—1911),英国小说家,曾在商船上工作多年,写了许多海洋小说。
③ 《成衣匠的改制》,英国散文家托马斯·卡莱尔(1795—1881)的自传体作品。

"小伙子啊，"哈里发并不计较洗帽店伙计的轻率，自顾自说，"我注意到你很好学。学习是世界上最有益的事情之一。我自己的学问不值一提，但我佩服别的有学问的人。我是从西部来的，西部人除了事实以外不考虑别的。也许我不懂你正在挑选的那些书本里的诗句和隐喻，但是我喜欢看到有人懂得它们的意思。现在我有一个建议。我的财产有四千万左右，并且一天比一天更多。我是制造'帕蒂姑妈银光皂'发家的。我发明了这种肥皂的配方。我试验了三年，发现该把多少分量的氯化钠溶液和苛性钾混合起来才能凝成肥皂。我在肥皂生意上赚了九百多万，其余的钱是从玉米和小麦期货交易里赚来的。你似乎爱好文学，有研究学问的气质，我把我的打算告诉你。我要资助你上全世界最好的大学。我出钱让你游历欧洲，参观所有的美术陈列馆，最后扶持你办一个大企业。你如果有反对意见，完全可以不做肥皂生意。从你的衣着和破旧的领带来看，你穷得很；你不至于拒绝这个建议的。嘿，你打算什么时候开始？"

洗帽店的小伙子用大城市的眼光瞅着老汤姆，这种眼光既含着冷漠而无可非议的怀疑，也含着像哈曼①那样挂得老高的、悬而未决的判断，还含着自卫、挑衅、好奇、反抗和猜疑；奇怪的是，居然还含着一种对友谊和交情的孩子气的渴望，人们同陌生人相处时，这种渴望总是藏而不露的。人们要在新巴格达活下去，必须怀疑他们附近的椅子、屋子、桌子、座位、道路或者房间里坐着、住着、喝着、乘车、行走或者睡觉的人。

"喂，迈克，"詹姆斯·特纳说，"你到底是干什么的——推销鞋带吗？我可不打算买。你最好脚底抹些油，赶快跑开，免得自找

---

① 《旧约·以斯帖记》记载，哈曼是犹太人的仇敌，设计杀害犹太人，被末底改和以斯帖挫败，挂在五丈高的木架上处死。

没趣。你休想在我面前兜售你说是从路上捡来钢笔和金丝边眼镜,或者信托公司的证券。喂,难道我像是从疯人院虚幻的防火梯上爬下来的人?你究竟有什么毛病?"

"老弟,"老汤姆用十足的哈里发式的语气说,"刚才我已经讲过,我的财产有四千万。我不打算死后把钱带进棺材。我想用它来做些好事。我注意到你在这里翻阅文学书籍,便决定成全你。我捐赠了两百万元给传教团体,可是换来了什么?只不过是一张由秘书签署的收据。你正是我要找的那种年轻人,我想看看金钱能有什么作为。"

那晚,旧书摊上很难找到克拉克·拉瑟尔的小说。詹姆斯·特纳那双胀痛的脚更不能改善他的心情。尽管他只是一个微贱的洗帽店伙计,他的气质却同任何一个哈里发一样。

"喂,老骗子,"他怒冲冲地说,"走开些。我不知道你在耍什么花招,总之无非是想兑换一张四千元的假钞票。我身边可没有带着许多钱。不过我带着很好的左长拳,你再不走开,就要领教它的滋味了。"

"你真是个不识好歹的野小子。"哈里发说。

这一来,詹姆斯使出了他颇为自负的长拳,老汤姆揪住他的领子,踢了他三脚,洗帽店的伙计鼓起劲头扭打,两个书摊给掀翻了,旧书散落了一地。警察赶来,揪住一人一条胳臂,把他们带到最近的警察局。"斗殴和扰乱治安。"警察对值班警官说。

"每人三百元保释金。"警官不容分辩地立即宣布。

"身边只有六十三分。"詹姆斯·特纳干笑一声说。

哈里发摸遍了口袋,只凑出四元钱的小票子和辅币。

"我的身价,"他说,"值四千万,不过——"

"把他们押起来。"警官命令说。

詹姆斯·特纳躺在监禁室里的床上寻思。"他也许有钱,也许没有。不管有没有钱,他干吗跑来干涉别人的事?一个人知道自己需要什么,并且能满足他的需要,就等于有了四千万元。"

他想出一个主意,脸上泛起愉快的笑容。

他脱掉袜子,把小床拖到门前,惬意地再躺下去,把一双胀痛的脚搁在冰凉的铁栅门上。小床的褥子底下有什么鼓鼓的硬东西,硌得他的肩膀怪不舒服。他伸手去摸摸,拿出来的是一本平装的克拉克·拉瑟尔的小说,书名是《水手的情人》。他心满意足地叹了一口气。

没过多久,看守过来对他说:

"喂,小伙子,同你打架一起给抓进来的那个老家伙好像很有办法。他给朋友打了电话。现在他在办公室,拿着和火车卧铺枕头一般大的一捆钞票。他要保你出去,让你去看他。"

"对他说我不会客。"詹姆斯·特纳说。